TABLE DES GENERALITEZ

Caudebec, 36
Montivilliers, 40

GENERALITE DE CAEN, 44

Caen, 45
Bayeux, 49
Carentan, 53
Valognes, 55
Coutances, 59
Avranches, 62
Mortain, 64
Vire, 66
S. Lo, 69

GEN. D'ALENCON, 72

Alençon, 73
Bernay, 76
Lizieux, 79
Conches, 82
Verneuil, 86
Dompfront, 89
Falaize, 90
Argentan, 95
Mortagne, 99

ET ELECTIONS.

GEN. DE MONTAUBAN, 103

MONTAUBAN, 104
CAHORS, 106
FIGEAC, 110
VILLEFRANCHE, 113
RHODEZ, 118
MILHAUD, 123
COMINGES, 127
LOMAGNE *ou* FLEURANCE, 133
RIVIERE VERDUN *ou* GRENADE, 137
ARMAGNAC *ou* AUCH, 140
ASTARAC *ou* MIRANDE, 146

GENERALITÉ DE DIJON, 151

DIJON, 152
CHAALONS SUR SAONE, 155
AUTUN, 158
MACON, 159
AUXERRE, 163
BAR SUR SEINE, 164
CHATILLON SUR SEINE, 165
ARNAY-LE-DUC, 167
AVALON, 169
AUXONNE, 171

ã iij

DÉNOMBREMENT DU ROYAUME

PAR GENERALITEZ, ELECTIONS, PAROISSES ET FEUX.

Où l'on trouvera fur chaque lieu, les Archevêchez, Evêchez, Univerſitez, Parlements, Chambres des Comptes, Cours des Aydes, Cours & Hôtels des Monoyes, Bureaux des Finances, Maîtriſes des Eaux & Forêts, Capitaineries des Chaſſes, Amirautez, Préſidiaux, Bailliages, Sénéchauſſées, Prevôtez, Vicomtez, Châtelenies, Vigueries, Juges-Conſuls, Maréchauſſées, & autres Juſtices Royales : Les Bureaux des Droits des Aydes, Gabelles & Greniers à Sels, Douannes & Traittes Foraines : Les lieües de diſtance de Paris, aux autres Villes du Royaume.

Par M.*** Employé dans les Finances.

TOME SECOND.

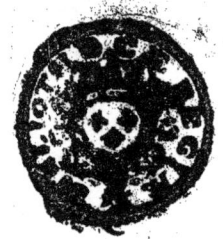  

A PARIS, QUAY DES AUGUSTINS, Chez CLAUDE SAUGRAIN, du côté du Pont S. Michel, à la Fleur de Lis.

M. DCCIX.
AVEC PRIVILEGE DU ROY.

TABLE
DES GENERALITEZ
ET ELECTIONS
Du second Tome.

GENERALITE' DE ROUEN, page 1 a les Elections de

Rouen,	2
Arques,	7
Eu,	11
Neufchatel,	13
Lyons,	16
Gisors,	17
Chaumont & Magny,	18
Andely & Vernon,	21
Evreux,	24
Pont de l'Arche,	27
Pont l'Evesque,	29
Pont-au-de Mer,	33

ã ij

TABLE DES GENERALITEZ

Semur en Brionnois,	172
Montcenis,	174
S. Jean de Losne,	ibid.
Beaune,	175
Nuits,	177
Bourbon Lancy,	178
Noyers,	ibid.
Semur en Auxois,	179
Charolles,	183
Bresse,	184
Bugey & Valromey,	189
Gex,	193

GENERALITE' DE NANTES, 194

Nantes,	200
Rennes,	195
Vannes,	205
S. Malo,	208
S. Paul de Leon,	212
S. Brieux,	214
Dol,	217
Treguier,	218
Quimpercorentin,	221

ET ELECTIONS.
GEN. DE TOULOUZE, 225

Toulouze,	226
Alby,	228
Castres,	232
Carcassonne,	235
Limoux,	237
Aleth,	238
Mirepoix,	239
Rieux,	241
Lavaur,	243
S. Papoul,	244
Partie de Montauban,	245
Partie de Cominges,	246

GEN. DE MONTPELLIER, 247

Montpellier,	248
Le Puy,	250
Mende,	253
Viviers,	257
Alais,	262
Usez,	263
Nismes,	268
Agde,	270
Beziers,	ibid.

à iiij

TABLE DES GENERALITEZ

Narbonne, 275
S. Pons, 276
Lodeve, 277

GEN. DE GRENOBLE, 279

Grenoble, 280
Vienne, 284
Romans, 287
Valence, 291
Montlimar, 292
Gap, 297

GENERALITE' D'AIX, 304

Aix, 305
Annot, 307
Apt, ibid.
Arles, 321
Aulps, 308
Barjoulx, ibid.
Brignolles, 309
Castelanne, ibid.
Colmars, 310
Digne, 311
Draguignan, 312
Forcalquier, 313

ET ELECTIONS.

Grasse,	314
Guillaume,	315
Hyeres,	316
Lorgues,	ibid.
Moustiers,	ibid.
Sisteron,	317
S. Maximin,	318
Tarascon,	319
Toulon,	ibid.

LES COMTEZ DE ROUSILLON ET DE CERDAIGNE, 322

Le Roussillon & Valespir,	323
Conflans & Caspir,	325
La Cerdaigne Françoise,	327

APPROBATION.

J'AY lû par ordre de Monseigneur le Chancelier un gros Manuscrit qui a pour titre, *Dénombrement du Royaume de France par Generalités, Elections, Paroisses & Feux*, &c. Je n'y ay rien trouvé qui m'ait paru devoir en empécher l'impression. FAIT à Paris le 2. Novembre 1708.

SAURIN.

PRIVILEGE DU ROY.

LOUIS par la grace de Dieu, Roy de France & de Navarre : A nos amez & feaux Conseillers, les Gens tenans nos Cours de Parlement, Maîtres des Requestes ordinaires de nôtre Hôtel, Grand Conseil, Prevôt de Paris, Baillifs, Sénéchaux, leurs Lieutenans Civils & autres nos Justiciers qu'il appartiendra, Salut. CLAUDE SAUGRAIN, Libraire à Paris, Nous a fait exposer qu'il desireroit faire imprimer un Livre intitulé, *Dénombremens du Royaume de France, par Generalitez & Elections, Paroisses & Feux*, s'il nous plaisoit luy accorder nos Lettres de Privilege sur ce necessaires. Nous avons permis & permettons par ces Présentes audit Saugrain de faire imprimer ledit Livre en un ou plusieurs volumes, en telle forme, marge, caractere, & autant de fois que bon luy semblera, & de le vendre, faire vendre & débiter par tout nôtre Royaume pendant le temps de huit années consecutives, à compter du jour de la datte desdites Présentes. Faisons défenses à toutes personnes de quelque qualité & condition qu'elles puissent être, d'en introduire d'impression étrangere dans aucun lieu de nôtre obéïssance, & à tous Imprimeurs, Libraires & autres, d'imprimer, faire imprimer, vendre, debiter, ny contrefaire ledit Livre, en tout ny en partie, sans la permission expresse & par écrit dudit Exposant, ou de ceux qui auront droit de luy, à peine de confiscation des exemplaires contrefaits, de quinze cens livres d'amende contre chacun des contrevenans, dont un tiers à nous, un tiers à l'Hôtel-Dieu de Paris, & l'autre tiers audit Exposant, & de tous dépens, dommages & interests, à la charge que ces Présentes seront enregistrées tout au long sur le Regîstre de la Communauté des Imprimeurs & Libraires de Paris, & ce dans trois mois de la datte d'icelles: que l'impression dudit Livre sera faite dans nôtre Royaume & non ailleurs en bon papier & en beaux caracteres, conformément aux Reglemens de la Librairie. Et qu'avant que de l'exposer en vente, il en sera mis deux Exemplaires dans nôtre Bibliotheque publique, un dans celle de nôtre Château du Louvre, & un dans celle de nôtre tres-cher & feal Chevalier,

Chancelier de France le Sieur Phélypeaux, Comte de Pontchartrain, Commandeur de nos Ordres : le tout à peine de nullité des Presentes. Du contenu desquelles, Vous mandons & enjoignons faire joüir l'exposant ou ses ayans cause pleinement & paisiblement, sans souffrir qu'il leur soit fait aucuns troubles ou empêchemens. Voulons que la copie desdites Presentes qui sera imprimée au commencement ou à la fin dudit Livre, soit tenuë pour düëment signifiée, & qu'aux copies collationnées par l'un de nos amez & feaux Conseillers & Secretaires foy soit ajoûtée comme à l'Orignal. Commandons au premier nôtre Huissier ou Sergent, de faire pour l'execution d'icelles tous Actes requis & necessaires sans demander autre permission, & nonobstant clameur de Haro, Charte Normande, & Lettres à ce contraires : CAR tel est nôtre plaisir. DONNE' à Versailles le dix-septiéme jour de Novembre, l'an de grace mil sept cens huit, & de nôtre Regne le soixante-sixiéme. Par le Roy en son Conseil, LE COMTE.

Regiftré sur le Regiftre n. 2. de la Communauté des Libraires & Imprimeurs de Paris, page 347. n. 851. conformément aux Reglemens, & notamment à l'Arrest du Conseil du 13. Aoust 1703. A Paris ce 12. Février 1709.

Signé, L. SEVESTRE, Syndic.

GENERALITE'

DÉNOMBREMENT DU ROYAUME

PAR GENERALITEZ, ELECTIONS, PAROISSES ET FEUX.

Tome II.

GENERALITE' DE ROUEN.

Composée de quatorze Elections.

SÇAVOIR,

ROUEN,
ARQUES,
EU,
NEUFCHATEL,
LYONS,
GISORS,
CHAUMONT & MAGNY,
ANDELY & VERNON,
EVREUX,
PONT DE L'ARCHE,
PONT L'EVESQUE,
PONT-AU-DE MER,
CAUDEBEC,
MONTIVILLIERS,
} Toutes en la Normandie Orientale.

ELECTION DE ROUEN.

Divisée par Sergenteries.

Paroisses.	Feux.	Paroisses.	Feux.
Anceanville.	72	Fontaine-Preaux.	35
Augeville.	25	Fresnay.	49
Beaumont-le-Hareng.	55	Frichemenil.	45
		Gouville.	39
Beuzeville.	40	Graigneuseville.	55
Biennettre.	51	Grugy.	36
Blouille Bon Secours.	105	Houpeville.	128
		Isneauvillée.	120
Boisguillaume.	165	Labocasse.	93
Bosclehard.	117	La Houssaye Berenger.	105
Bosquerard.	75		
Braquetuit.	133	Lamyevoye.	49
Canleleu. B.	298	Laprée.	37
Carville. B.	289	Le bosc Berenger.	57
Claire.	110	Letot.	34
Claville.	50	Les Austrieux.	39
Cordelleville.	38	Locüilly.	36
Cotteverard.	64	Long-Paon.	60
Estempuis.	43	Maronce.	87
Eslettes.	49	Mesnil-Enart.	90
Esville.	90	Monteauvere.	89
Eville.	69	Montuille.	142
Fontaine-le-Bourg.	126	Montreüil.	113
		Mont-aux-Malades.	53

Paroisses.	Feux.	Paroisses	Feux
Montigny.	70	dr̃en du Bouhe-	
Ne De de Bonde-		roude.	180
ville.	85	S. Jacques surDer-	
Ne De de Franque-		netal.	140
ville.	57	S. Maclou de Fol-	
Ormenil.	23	leville	79
Quevilly, Grand		S. Martin du Vi-	
& Petit.	195	vier.	74
ROUEN, V. Arch.		S. Martin de Bo-	
Parl. C d C. C d A.		cherville.	143
B d F. H C d M.		S. Maurice.	147
Mon. de Rouen J n r.		S. Pierre de Fran-	
Pref. Vic. ou Bail.		queville.	79
J R n r. T d M. M		S. Suplix de la	
P. Am. J C ou la		Pierre.	4
Bourse. G à S. Mes.		S. Victor en Caux.	128
T F. Mar. 7200.		Touffreville.	28
mais. 28. l.		Tendos.	36
Ratieville.	23	Varneville.	66
Roncherolles.	90	Vassonville.	79
Sotteville. B	255	*Serg. de Cailly.*	
S. Agnan.	90	Ambourville.	50
S. Aubin.	150	Barentin.	158
S. Etienne de Rou-		Beaumont.	42
vray.	135	Berville sur Seine.	87
S. Georges du Val-		Bierville.	34
Martin.	82	Blainville.	34
S. Georges sur Fon-		Bois-l'Evêque.	67
taine, les Ha-		Boissay.	73
meaux de S. A-		Bouley.	23

A ij

Paroisses.	Feux.	Paroisses.	Feux.
Cailly.	57	Longuerüe.	63
Castenay.	63	Manquenchy.	94
Christot.	60	Mathonville.	34
Collemare.	28	Morgny.	42
Crevon.	34	Mourville.	54
Duclair.	200	Nôtre Dame des Champs.	35
Elbœuf sur Andelle.	67	Nôtre-Dame de Varengeville.	51
Ernemont.	44	Pierreval.	33
Eseales sur Cailly.	26	Pissy.	97
Espinay.	45	Posville.	58
Hautot.	45	Preaux.	185
Henouville.	124	Pubeuf.	16
Heronchel.	21	Quieureville.	43
Heron.	83	Quincampoix.	116
Jumieges, B. Ab.	400	Rebetz.	48
La Pommeraye.	28	Roncherolles.	183
La Ruë S. Pierre.	73	Roquemont.	89
Lavaupaillere.	80	Rouveray.	77
La vieille Ruë.	70	Roumare.	96
Le Bois Dennebourg.	83	Salmonville le Sauvage.	16
Le Houme,	62	Salmonville le Leage.	9
Le Menil de Jumieges.	110	Sahurs.	133
Le Monteraulier.	142	S. Aignan sur Ry.	58
Le Montmain.	70	S. André sur Cailly.	58
Le Quay de Leau.	18	S. Arnoux.	15
Le Val de la Haye.	140	S. Aubin sur Cailly.	16
Le vieux Manoir.	70		

DU ROYAUME.

Paroisses.	Feux.
S. Denis de Bonneville.	19
S. Germain sur Cailly.	58
S. Jacques sur Dernetal.	92
S. Jean sur Cailly.	16
S. Jean du Carderonnay.	124
S. Martin de Boscherville.	56
S. Martin du Plessis.	37
S. Martin de Quevillon.	77
S. Nicolas de Malaunay.	48
S. Nicolas du Verbois.	18
S. Pierre de Varengeville.	117
S. Pierre de Meneville.	187
S. Thomas de la Chaussée.	92
Villers sur Escalles.	101
Yainville.	43
Yquebœuf.	28
Ysneauville.	98

Paroisses.	Feux.
Serg. du Pont S. Pierre.	
Amperoix & Bourbaudoüin.	166
Anfreville.	72
Auzouville.	110
Bellebœuf.	82
Boos.	159
Canteleu le Boccage.	25
Cellouille.	91
Croisy & la Haye en-Lions.	211
Ernainville.	50
Espreville.	39
Fleury sur Andelle.	45
Franquevillette.	72
Fresne les-Plen.	91
Gournets.	26
Goüy.	86
Grainville sur Ry.	76
Laideguive.	65
Laveufville Champ Doisel. B.	304
Le Becquet.	43
Le Hamet de Bonnemarre.	39
Le Mesnil-Raoult.	120
Les Authieux prés Buchy.	48
Martinville.	50

A iij

DE'NOMBREMENT

Paroisses.	Feux.	Paroisses.	Feux.
Perruel.	67	Butot.	46
Perrieres sur Andelle.	157	Cydeville.	67
		Cydetot.	13
Pitres.	157	Esmanville.	104
Radepont.	67	Esqueto Lauber.	99
Rouvilly.	80	Frestemeulle.	35
Ry.	60	Freiquennes.	184
Sayneville.	36	Goupilliete.	31
Seraville.	96	Guetteville.	31
S. Aubin la Campagne.	67	Hardouville.	22
		Heugleville.	87
S. Denis Lethibouft.	120	Le Menil Duresat.	52
		Limezy.	212
S. Germain des Essours.	58	Pavilly.	158
		Ranfeugere.	36
S. Nicolas du Pont S. Pierre.	64	Sauffay.	53
		Sierville.	189
S. Pierre du Pont S. Pierre.	30	S. Austeberte.	89
		S. Etienne le vieil.	10
S. Suplix de Fontaine.	11	S. Martin.	94
		S. Oüen en Breüil.	90
Vaudrimarre.	42	S. Victor la Campagne.	51
Vascœüil.	57		
Ymare.	61	Yerville.	154
Serg. de Pavilly.		*Serg. de Couronne.*	
Ancquetierville.	58	Grand Couronne.	153
Anzouville.	68	Moulineaux.	71
Bautot.	52	Orival.	114
Bertrimond.	46	Oysel. B.	423
Bourdainville.	82	Petit Couronne.	210
Breteville.	49		

ELECTION D'ARQUES.

Divisée par Sergenteries.

Paroisses.	Feux.	Paroisses.	Feux.
Serg. de Longueil.		Tourville.	104
Ambrumesnil.	70	Vaudreville.	7
Blumenil.	41	*Serg. de Brachy.*	
Gevres.	92	Auzouville.	46
Guiberville.	68	Beauvill.	17
Le Thil.	192	Biville.	31
Longueil.	157	Boudeville.	56
Ouville la Ri-		Brachy.	62
viere.	79	Brametor.	62
Ribœuf.	8	Breteville.	49
Saucqueville.	92	Canteleu.	23
Serg. de Longueville.		Crasville.	124
Aubermenil.	25	Englesqueville.	42
Auveville.	83	Gonneton.	70
Boschulin.	29	Gourel.	40
Crosville.	50	Grainville.	30
Denestanville.	39	Greuville.	120
La Chaussée.	54	Imbleville.	89
Les cens Acres.	23	La Fontelaye.	47
Linetor.	46	Le Mesnil Rury.	76
Longueville.	22	Letorp.	84
Maneauville.	36	Luneray.	134
S. Crespin.	43	Lindebœuf.	47
Ste Foy.	94	Montebourg.	22

A iiij

DE'NOMBREMENT

Paroisses.	Feux.	Paroisses.	Feux.
Rainfreville.	33	Martigny.	80
Reuville.	61	Menil S. Germain.	17
Saenne.	14		
Saffetot.	53	Muschedem.	42
S. Just.	15	Orival.	21
S. Laurent en Caux.	149	Polletot.	27
		Ricarville.	65
S. Oüen.	24	Sevys.	66
Thibermenil.	31	S. Honoré.	52
Tirdeville.	40	S. Hellier.	47
Tocqueville en Caux.	53	S. Marin sous Belcombre.	
		S. Ouen	31
Varvannes.	83	Torchy le Grand.	104
Veveftanville.	65	Torchy le petit.	106
Viboeuf.	113	*Serg. de Basqueville.*	
Serg. de Bellecombre.		Basqueville. B.	329
Aubmesnil le bas.	34	Beaunay.	110
Bellecombre.	39	Belleville.	67
Beaumes.	32	Bel Mesnil.	53
Boscrobert.	71	Bertreville.	76
Cressy.	63	Biville le Begnard.	134
Estables.	18		
Laheuse.	29	Bonnetot.	71
La Chap. du Bourgueil.	43	Calleville.	99
		Crespeville.	25
La Crique.	41	Criquetot.	40
La Fresnaye.	10	Draqueville.	37
Les Authieux.	29	Evrnille.	47
Les Innocens.	48	Gonneville.	158
Louvetot.	42	Herbouville.	29

DU ROYAUME.

Paroisses.	Feux.
Hermanville.	62
La Chap. de Bonnouville.	36
Lamberville.	65
Lammerville.	146
Lestanville.	42
Omonville.	58
Royville.	80
S. Marc.	133
S. Oüen.	63
S. Oüen le Mauger.	61
S. Pierre de Benouville.	36
S. Vaast du Val.	57
Ste Geneviéve.	95
Toltres.	115

Serg. d'Auffé.

Paroisses.	Feux.
Auffé & les Hameaux.	211
Heugleville.	124
Le Catelier.	34
Ne De du Parc.	35
S. Denis sur Seyne.	93

Serg. d'Arques.

ARQUES, V. Ch. J. R. n. r. M. P. Am. 135

Serg. d'Amuremeu.

| Ancourt. | 85 |

Paroisses.	Feux.
Angreville.	23
Archelles.	14
Ardouval.	50
Auberville.	14
Augmenil.	84
Aumay.	49
Belleville sur Mer.	42
Berengreville.	36
Berneval le grand.	181
Bours Burettes.	104
Braquemont.	165
Cauchen.	67
Crodalle.	98
Ctopus.	88
Dampierre.	77
Dorsigny.	22
Douvrand.	139
Eavis.	34
Esquiqueville.	50
Estrang.	35
Freulleville.	163
Fresle.	101
Glicourt.	76
Gouchaupré.	46
Graincourt.	49
Gregs.	47
Guillemelcourt.	107
Intraville.	87
Le Menil & Folempoise.	86

A v

DÉNOMBREMENT

Paroisses.	Feux.	Paroisses.	Feux.
Les Ventes Deauy.	392	Auvremenil.	141
Maintru.	58	Aupegar.	154
Martin Eglise.	42	Bouteilles.	44
Meullers.	122	Colmesnil.	23
Neuville & Puys.	115	Hotot.	96
Ne De d'Amuremeu.	188	Les Hameaux de Janval. Espinay, Vaudruel & Caudecoste.	120
Ne De d'Alihermont.	135		
Pommereval.	102		
S. Aubin le Gauf.	124		
S. Dallery.	23	Offranville. B.	309
S. Jacques d'Alihermont.	71	Pourville.	25
		Quievremont.	53
S. Laurent d'Amuremeu.	11	Roumenil.	6
		S. Aubin sur Scye.	79
S. Martin.	157	S. Denis de Haclon.	29
S. Nicolas d'Alihermont. B.	400	Varengeville.	60

Serg. de Valdedun.

S. Oüen sous Bally.	60	Blosseville.	120
S. Quentin.	47	Cruchet S. Simon.	69
S. Suplix de Ber.	29		
S. Vaast d'Esq.	70	Dun, B.	131
Ste Agathe.	88	Epineville.	4
Tourville la Chapelle.	119	Fontaines le Dun.	97
		La Chapelle sur Dun.	45
Veuchy.	108		

Serg. d'Offranville.

		La Gaillarde.	120
Appeville.	45	Sotteville. B.	252

Paroisses.	Feux.	Paroisses.	Feux.
S. Aubin sur Mer.	84	S. Pierre le Vieil.	215
S. Denis du Val.	23	Yclon.	40
S. Martin &	187	*Serg. de Blangy.*	
S. Nicolas de Veulles.	112	Aubignimont.	116
S. Pierre le Petit.	50	Auber-menil & les Herables.	116
S. Pierre le Viger.	110	Blangy, *B.*	281
		Basinval.	11

ELECTION D'EU.

Paroisses.	Feux.	Paroisses.	Feux.
Allenay.	80	Broutelle & Hautel.	7
Aubermesnil & les Erables.	119	Campneuseville.	132
		Capval.	50
Auberville sur Yere.	21	Comte d'Eu.	132
Aubigny Monts.	116	Criel,	349
Avenes.	52	Cuverville, *B.*	199
Bailly en Riviere.	57	Dargnie & Cornehotte.	80
Barosmenil.	30	Eu, *V.* 858. *Feux.*	
Basinval.	11	Com. Pair. Bail. G. à S. 5 g f.	
Beaugeoffroy.	76		
Betencour sur Mer.	103	Ecotigny & la Pierre.	22
Blangy, *B.*	281	Estaloudes.	68
Boisly.	36	Fanencourt.	95
Bouvincourt.	18		

DENOMBREMENT

Paroisses.	Feux.	Paroisses.	Feux.
Floques.	50	Nillemot.	59
Fonteny.	45	Ne De de la Jonquiere.	35
Foucarmont.	85		
Frementel.	14	Onival & Andebut.	35
Frenoy Desville.	96		
Grandcourt.	88	Pierre-Pont.	11
Goufenville.	14	Pontheraucourt & Borofcourt.	38
Guerville.	122		
Hainfeville.	50	Puiffenval.	33
Hemié.	21	Rieux.	77
La Berquerie.	6	Realcamp.	150
La Bellioys.	50	Richemont.	118
La Croix au Bailly.	69	Ruffigny & Romeval.	81
La Lande.	56		
La Leuqueüe.	18	Sauchay & Riviere.	36
Le Bourgd'hault.	56		
Le Caul.	126	Sauchay au Bofc.	50
Le Menil Réaume.	68	S. Agnan.	60
Le Prieuré S. Martin au Bolc.	13	S. Leger.	131
		S. Leonard.	62
Les Rendus.	91	S. Martin le Gaillard.	94
Le Treport, B. 5 g f.	300		
		S. Martin au Bofc.	129
Linemarre.	26	S. Pierre en Val.	77
Longroy.	43	S. Pierre de la Jonquiere.	20
Melleville.	105		
Mert.	111	S. Remy en Campagne.	134
Milbofc.	78		
Mouceaux.	59	S. Remy en Riviere.	65
Mouchy.	115		

Paroisses.	Feux.	Paroisses.	Feux.
S. Suplix sur Yere.	14	Varimpré.	14
Tocqueville.	72	Vaudricourt.	57
Touffreville.	75	Villy.	106
Tully.	8	Woignarue.	102
Val du Rose.	22		

ELECTION DE NEUFCHATEL.

Divisée par Sergenteries & Terres de Chapitres.

Paroisses.	Feux.	Paroisses.	Feux.
Serg. de Neufchâtel.		S. Martin le Blave.	122
Aullage.	12		
Bailleul.	72	S. Martin Lortier.	60
Bresmoutier.	35	S. Saire.	210
Broüelles.	87	Ste Genevieve.	207
Bully.	364	*Serg. de S. Saen.*	
Esclavettes.	149	Rozay.	91
Fontaines.	92	S. Saen, B.	455
Freauville.	65	*Serg. de Mortemer.*	
Massy.	105	Auviller.	69
Maucombles.	111	Daucourt.	86
NEUFCHATEL, V.	652	Epiney.	19
Vic. J R. n r. M. R.		Fesques.	95
Grurie. G à S.		Graval.	44
Nogent.	30	La Jonquiere.	19
Osmonville.	17	Lucy.	95
Quievrecourt.	108	Menouval.	55

Paroisses.	Feux.	Paroisses.	Feux.
Mouchy le preux.	14	Fossé.	115
Nelle Normandeuse.	57	Gaille Fontaine Caudeau.	210
Neufville sur Eaulne.	29	Haucourt.	111
Ormenil.	44	Haudenc.	58
Parfondeval.	13	La Belliere.	50
Preudeville.	55	Long-Menil.	49
Sauseuzemare.	33	Louvicamp.	20
Semermenil.	73	Menil-Mauger.	46
Ste Bœufve aux Champs.	59	Nelle en Bray.	119
Ste Bœufve en Riviere.	57	Neufville Ferrieres.	140
S. Germain.	51	Noyers.	71
S. Martin & Ne De de Mortemer.	65	Pierrement.	124
		Riberpré.	47
		Sarqueux.	68
		S. Maurice.	57
S. Reqnier.	84	Thil-en-Bray.	83
Vatierville.	55	Tres-Forests.	55
Vieil-Roüen.	75	*Terres de Chapitres.*	
Ser. de Gaille Fontaine.		Baillolet.	81
Baubec.	145	Bailly.	72
Beaussaut, B.	240	Claidet.	65
Compainville.	106	Londiniers.	164
Couteville, Neuville & Gouvion.	126	*Serg. d'Aumale.*	
		Aumale, V. Duché. Pair. G à S. Feux.	443
Criequets.	132	Beaucamp le Jeune.	173
Forges.	151		

DU ROYAUME.

Paroisses.	Feux.	Paroisses.	Feux.
Beaufresne.	79	Montmarqueto.	45
Bouasses.	55	Morviller, B.	290
Bourbel.	19	Orival.	71
Bure.	41	Pierrecourt.	119
Coupigny.	37	Restonval.	83
Ellecourt.	80	Rothois.	25
Excle.	76	Rouchoy.	60
Flancets.	83	S. Germain.	117
Fœüilloy.	70	S. Vallery.	30
Foursignies.	76	Ste Marguerite.	151
Gohauville.	90	Tailly.	48
Gourchelles.	49	Val de la Haye.	57
Guille-merville.	46	Villers sur Au-	
Haudicourt.	145	male.	70
Hodenc au Bosc.	76	*Terres de Pleuville.*	
Illoix.	68	Fretencourt.	33
Launoy.	54	Guemicourt.	16
La Frenoye.	180	Ville-Dieu.	47
Les Fretis.	16	Villers sur Four-	
Mare.	74	camont.	58
Menil-David.	47		

ELECTION DE LYONS.

Divisée par Sergenteries.

Paroisses.	Feux.
Serg. de Lyons.	
Beauvoir, B.	392
Beauficel.	149
Bezu la Forest.	197
Bosc Quentin.	20
Boucheviller.	43
Ernemont.	82
Fleury la Forest, B.	285
Lyons, *Vic.*	280
Jnr. M P.	
La Feüillye, B.	446
La Lande sur Lyons.	4
La Neuve Grange.	154
Le Mesnil.	49
Le Montroty.	110
Le Roulle.	20
Le Tronquey, B.	263
Les Hogues.	73
Lilly.	155
Lisors.	97
Lonchamps, B.	304
Lorleau.	160
Maineville.	159
Martagny.	83

Paroisses.	Feux.
Morgny, B.	285
Neufmarché.	158
Noyon le Secq.	117
Oustrebosc.	1
Puchey, B.	227
Rozey.	124
Tansieres.	18
Vardes.	66
Serg. de Buchy.	
Boscherout.	78
Bosc Guillebert.	72
Bosque de Linne.	108
Bosc-Bordel.	97
Bocasseline.	12
Bosc-Roger.	143
Bosc-Menil.	74
Bosc-Gautier.	16
Bradfaucourt.	50
Buchy.	118
Bruquedalle.	24
Castillon.	30
Estouteville.	34
Foy.	63

DU ROYAUME.

Paroisses.	Feux.	Paroisses.	Feux.
La Chap. S. Ouen.	22	Nolleval.	69
La Ferté S. Samson.	160	Orgüeil.	69
		Perdiville.	24
La Halotiere.	40	Pommezeux.	96
La Roziere.	38	Sigy.	174
Le Menil Lieubrey.	64	Sommery, B.	234
		S. Lucien.	78
Mazengueville.	103	Ste Croix.	112
Montagny.	38	Vimont.	20
Neufbosc.	65		

ELECTION DE GISORS.

Divisée par Sergenteries.

Paroisses.	Feux.	Paroisses.	Feux.
Serg. de Guitry.		Forests.	171
Aveny.	29	Fourges.	71
Autheverne.	60	GISORS, V.	627
Berthenonville.	32	Vic. J R n r. M	
Bosroger.	33	P. G à S. Marech.	
Bray.	49	14 l.	
Cantiers.	65	Gisaucourt.	37
Château sur Epte.	44	Guerny.	31
Civieres.	69	Le Bus S. Remy.	86
Dampmenil.	63	Le Tillez.	55
Dangu.	125	Le Valcorbon & Bionval.	13
Escots.	116		
Fontenay.	67	Mollaincourt.	19

DÉNOMBREMENT

Paroisses.	Feux.	Paroisses.	Feux.
Noyers.	59	Hacqueville.	143
Quitry.	90	Hebecourt.	155
Requiecourt.	20	Heudicourt, B.	295
S. Martin de Bau-		Lethil.	44
demont.	27	Neaufle.	163
Velly.	154	Prouvemont.	22
Villers en Vexin.	93	Saucourt.	83
Serg. d'Estrepagny.		Sauffay.	101
Amecourt.	130	S. Denis de Fre-	
Bazincourt.	74	mont.	148
Bernonville.	39	S. Eloy.	38
Bezu.	91	S. Martin d'Elt.	30
Coudray.	127	S. Pair.	28
Chauvicourt.	53	Ste Marie des	
Doudeauville.	87	Champs.	47
Douxmenil.	22	Thierceville, B.	227
Estrepagny.	130	Vathimenil.	57
Gamaches.	50		

ELECTION DE CHAUMONT & MAGNY.

Prevôté de Chaumont.

Paroisses.	Feux.	Paroisses.	Feux.
BAschevilliers.	52	Bellay.	58
Bauchevillers.	29	Bouris.	90
Beaumont.	81	Boconviller.	48
Beauseré.	7	Boutencour.	63

DU ROYAUME.

Paroisses.	Feux.	Paroisses.	Feux.
Boubiers.	68	Laillerie.	54
Boissy.	56	La Lande en Son.	65
CHAUMONT, V. Bail. ou Vic. Prev. J. R. n r. Foraine de Chaumont.		Latainville.	26
		Le Mesnil Teribus.	69
		Levemont.	22
		Le Villetarte.	54
Chambors.	82	Liencourt.	113
Courcelles.	82	Lierville.	49
Delincourt.	99	Loconville.	22
Droittecourt.	12	Marquemont.	96
Esnancourt Leage.	49	Mons.	38
		Montharlen.	32
Esnancourt le Secq.	28	Montjavoult.	148
		Montagny.	40
Estaigny.	75	Neucourt.	38
Fay.	48	Parnes.	87
Flavacourt, B.	219	Porcheux.	49
Fleury.	52	Poüilly.	25
Fresnes.	118	Reilly.	13
Fresneaux.	154	Resson.	22
Hadencourt.	70	Senots.	54
Hallincourt.	18	Serens.	71
Hordiviller.	113	Seriffontaine.	158
Hardiviller.	34	S. Brice.	2
Jameticour.	35	S. Cir sur Chaumont.	3
Ibouviller.	92		
Joüy.	136	S. Jean de Chaumont.	101
Jury.	67		
La Bosse.	136	S. Martin de Chaumont.	58
La Fayel.	17		

DE'NOMBREMENT

Paroisses.	Feux.	Paroisses.	Feux.
Tallemontier.	146	Genenville.	87
Thibiviller.	74	Gommecourt.	160
Tourly.	33	Guernes.	172
Trye, B.	212	Guiry.	38
Valdampierre.	97	Hoden.	36
Vaudencourt.	57	La Rocheguyon.	
Vaumoing.	99	V. D P. G à S.	156
Viller sur Trye.	87	La Chapelle.	49
Accroissement.		Limais, B.	212
Aincourt.	101	MAGNY, V. Bail.	
Ambleville.	107	ou Vic. Prev.	
Amenucourt.	44	5 g f. Mar.	336
Arthie.	51	Maudetour.	65
A...nieville.	55	Moisson.	158
Autil.	74	Monceaux.	146
Bantelu.	44	Omerville.	88
Benecourt, B.	260	Rouleboise.	59
Blamecourt.	37	S. Cir en Artie.	37
Buhy.	60	S. Clair.	158
Clery.	67	S. Germain.	122
Chauffy, B.	207	S. Gervais.	122
Charmont.	16	S. Martin de la	
Coppierre &		Garenne, B.	264
Montrevel.	84	Velanne.	12
Cherance.	64	Velanne-le-Bois.	10
Drocourt.	62	Vetheüil.	199
Freneuze & Ma-		Vienne.	127
ricourt.	270	Villers.	151
Frocourt.	17	Vy.	99

ELECTION D'ANDELY & VERNON.

Divisée par Sergent. & Châtellenies.

Paroisses.	Feux.	Paroisses.	Feux.
Châtellenie d'Andely.		Villiers & Man-	
Andely le Grand & le Petit, *V.*	494	telle.	54
Pres. *Vic. J Rn r. G* à *S. M. P.*		*Serg. de Heuqueville.*	
		Andé.	58
		Anfreville.	67
Boisemoute.	124	Bacqueville.	136
Bouafle.	89	Cœuvreville.	71
Clery.	62	Connelle.	56
Corny.	59	Corsanville.	43
Courcelles.	36	Daubœuf.	88
Feuquerolles.	24	Douville.	38
La Magdelaine.	165	Escoüis.	109
La Riviere.	12	Flipou.	41
Le Mesnil Bellen-ger.	19	Fresnes l'Arche-vêque.	100
Les Planches.	19	Gaillarbois.	57
Longuemare.	15	Grainville.	69
Noyer.	42	Herqueville	22
Pormor.	198	Heuqueville.	62
Radeval.	19	Houville.	37
Verillon.	54	Le Mesnil Veur-quelive.	127

Paroisses.	Feux.	Paroisses.	Feux.
Mareonville.	22	Gaillon.	181
Menesqueville.	48	S. Aubin sur Gaillon.	190
Muids.	116		
Muchegros.	51	Ste Barbe sur Gaillon.	81
Noyon sur Andelle.	96	Thosny.	80
Orgeville.	24	Villers sur le Roulle.	73
S. Martin de la Fontaine.	35	*Serg. de Vernon.*	
S. Martin de la Roquette.	65	Bizy.	136
		Cahaignes.	60
Touffreville.	56	Corbie.	19
Vasteville.	61	Fouret.	67
Villerets.	40	Gasny, B.	220
Serg. de Richeville.		Giverny.	104
Fraceaux.	77	Haricourt.	50
Flumesnil.	29	Heubecourt.	66
Guiseniers & la Bucaille.	129	La Chap. S. Oüen.	41
		Le Bois Jerosme.	64
Harquency.	51	Mercey.	81
Hennesis.	148	Mezieres & Nezay.	86
La Londe.	24	Ne De de la Garenne.	4
Monflaine.	68		
Neufville.	24	Ne D de l'Isle.	173
Richeville.	68	Presaigny Lorgueilleux.	116
Susay.	73	Peneleuse.	84
Travailles.	20	Surcy.	58
Serg. de Thosny.		S. Etienne de Bailleul.	58
Aubevoye.	127		
Bernieres.	33		

DU ROYAUME.

Paroisses.	Feux.	Paroisses.	Feux.
S. Pierre de Baillieul.	31	Cuy S. Fiacre.	63
S. Marcel.	145	Dampierre.	107
S. Pierre de la Garenne.	79	Elbœuf en Bray.	98
S. Pierre d'Autheüil.	178	Ferrieres.	180
S. Just.	58	Fricourt & Boshavot.	20
Ste Geneviéve.	71	Gournay, V.	350
Tilly.	64	G à S.	
Tourny, B.	228	Gousmenil.	136
VERNON, V.	983	Hodenq.	63
Bail. Vic. J R n r.		Hodenger.	19
G. à S. M. P.		Hincourt.	27
Venable.	140	Manthois.	29
Vernommel.	120	Meverval.	115
Villers sous Baillieul.	58	Merval.	60
Châtellenie de Gournay.		Rozay Doudeauville.	9
Aages.	19	Sougeons & Loüeuse.	82
Abancourt.	14	Somone la Poterie.	110
Avesnes.	75	Sullys.	15
Beaulevrier.	50	S. Aubin en Bray.	43
Bellozanne.	17	S. Clair en Bray.	18
Beuvreil.	13	S. Michel de Halcourt.	58
Bezancourt.	119	S. Mannevieu.	5
Boshyon.	83	S. Samson & Héricourt.	44
Bouricourt.	19	Torchy.	9
Bresmoutier & Merval.	61		

ELECTION D'EVREUX.

Divisée par Sergenteries.

Paroisses.	Feux.
EVREUX, V.	1958
Duc. Ev. Pref.	
Bail. ou Vic. J R n r.	
M P. G à S. Mar.	
Serg. d'Aurilly.	
Arnieres.	74
Authoüillet.	67
Autheüil.	84
Aurilly.	55
Berou.	10
Caër.	21
Cailly.	42
Campenard.	47
Cracouville.	10
Cierré.	66
Escardenville.	83
Fauville.	33
Fontaine Heudebourg.	46
Gautiel.	59
Gravigny.	47
Guichenville.	53
Hardencourt.	90
Heudreville.	173

Paroisses.	Feux.
Hueft.	54
Joüy.	91
La Croix S. Leufroy.	191
La Trinité.	16
La Vacherie.	112
Le vieil Evreux.	28
Le Coudré.	16
Le Plessis Groshan.	152
Miseré.	84
Normanville.	50
Perez.	43
Sassey.	44
S. Aubin.	20
S. Germain.	29
S. Julien.	73
S. Luc.	38
Ste Croix des Baulx.	68
Serg. de la Boneville.	
Aulnay.	68
Bacquepuis.	55
Berengeville la Ch.	58
Berengeville.	

Paroisses.	Feux.	Paroisses.	Feux.
Berengeville la Riv.	28	Eure.	54
Bois-Gencelin.	37	Droisy.	78
Branville.	19	La Madelaine de	
Caugé.	63	Nonancourt.	171
Cavoville.	47	La Sougne.	35
Champdollent.	23	Marcilly.	318
Claville.	129	Nonancourt. M P.	242
Ferrieres haut Clocher.	81	*Serg. de Garentieres & de Maubuisson.*	
Glisolles.	79	Boisset les Preven-	
Houdonville.	139	chez.	75
Houetteville.	63	Bretaignolle.	39
La Bonneville.	61	Cissey.	23
La Croisille.	49	Garentieres.	52
La Haye le Comte.	11	Grosseure.	67
Le Menil Fuguet.	31	La Neufville des Vaux.	39
Le Ménil Pean.	24		
Morsem.	36	La Boissiere.	67
Neufville.	42	Le Plessis Hebert.	78
Oyselle.	19	Mouceaux.	63
Parville.	25	Quessigny.	27
Quicrebœuf.	158	S. Aquillain prés Pacy.	110
Sacquenville.	78		
S. Martin la Champagne.	25	S. Eloy des Ventes.	128
Tournedos.	83	*Serg. de Brosville.*	
Tourneville.	45	Angerville.	40
Serg. de Nonancourt.		Aviron.	36
Coudres.	187	Brosville.	42
Dampierre sur		Bernienville.	42

Tome II.

Paroisses.	Feux.	Paroisses.	Feux.
Esmalleville.	49	Chanu.	34
Gauville.	50	Chaignes.	36
Melleville.	16	Chaignolles.	9
Pithienville.	20	Cravent.	67
Serg. de Pacy.		Hecourt.	50
Boisset Hennequin.	13	Heurgeville.	20
Boncourt.	50	Lorey.	30
Brecourt.	7	Passel.	45
Caillouet.	62	S. Cherou.	34
Croissy.	85	S. Eslier le Bois.	55
Chambray.	94	Villers en Desseu-	
Doüains.	101	vre.	68
Fains.	73	Ville le Gast.	87
Gadencourt.	71	*Serg. d'Illiers.*	
Houllebec & Co-		Champigny.	50
cherel.	105	Courdemanche.	140
La Huenniere.	40	Grateul.	14
Le Bosc-Roger.	19	Illiers, B.	247
Menillert, B.	290	La Madelaine.	75
Merey.	51	Lignerolles.	57
Pacy. J R.	156	Loüye.	71
Rouverey.	24	Marcilly sur Eu-	
S. Vincent.	21	re, B.	205
Vaux.	63	Muzy.	148
Vironney.	43	Osmoy.	9
Serg. de Villers		S. George sur Eu-	
en Desseuvre.		re.	114
Angleville.	28	S. Laurent des Bois.	54
Breüil du Pont.	68	*Serg. d'Ivry.*	
Bueil.	51	Bastigny.	33

DU ROYAUME.

Paroisses.	Feux.	Paroisses.	Feux.
Berniencourt.	2	Fresney.	51
Bœsleroy.	173	Garennes.	113
Boussey.	98	Jumelles.	126
Espieds.	42	La Cousture.	66
Foucrainville.	35	La Forest du Parc.	95
Ivry.	197	La Fulestaye.	24
Le Cormier.	100	Le Lhabit.	35
Martainville.	18	Les Authieux.	38
Mouette.	78	Le Val-David.	38
Neufville S. André.	39	S. André.	137
Neufvillette.	25	S. Georges des Champs.	28
Neüilly.	57	S. Germain de Fresnay.	43
Orgeville.	51	Thosmer.	60
Serez.	56	*Serg. d'Ezy.*	
Vaudreville.	94	Croth.	81
Serg. de S. André.		Ezy, *J R. M P.*	147
Bailleul.	56		

ELECTION DE PONT-DE-L'ARCHE.

Divisée par Sergenteries.

Paroisses.	Feux.	Paroisses.	Feux.
Sergenterie de Pont de l'Arche.		Caudebec, *B.*	395
Bec-Thomas.	38	Criquebœuf sur Seine.	133
Bocasselin.	9	Criquebœuf la	

B ij

DENOMBREMENT

Paroisses.	Feux.
Champagne.	70
Fouqueville.	119
La Harangere.	72
Le Thuillenger.	86
Limbœuf.	35
Marthot.	30
PONT-DE-L'ARCHE, V. 270 Feux. Bail. Vic. J R n r. M P. G à S. 30 l.	
S. Amand.	41
S. Cir.	37
S. Germain.	15
S. Martin.	43
S. Oüen.	9
S. Pierre de Serqueus.	39
S. Pierre de Lieroult.	9
Serg. de Craville.	
Amfreville sur Iton.	126
Cesseville.	109
Cretot.	73
Daubœuf.	46
La Haye Malherbe.	142
Mandeville.	48
Mesnil Jourdain.	44
Montore.	127

Paroisses.	Feux.
Pinterville.	52
S. Desire.	60
Ste Anne de Totes.	38
Venon.	33
Vrayville.	68
Serg. de Lery.	
Lery, B.	200
Les Damps.	62
Poses, B.	200
Serg. de Valdreuil.	
Incarville.	30
Ne De de Valdreuil.	102
S. Cir.	106
Tournedos.	40
Serg. de Vauvray.	
Ailly.	152
Fontaine Bellanger.	45
Heude-Bouville.	84
Porte Joye.	50
S. Etienne de Vauvray.	68
S. Pierre de Vauvray.	56
Ste Colombe.	24
Vieuvillers.	17
Serg. de Tourville.	
S. Meslain & Roncheville.	20

Paroisses.	Feux.	Paroisses.	Feux.
Tourville la Champagne.	138	Surville.	58
		Surtaville.	49
Serg. d'Acquigny.		*Serg. de Freneuse.*	
Acquigny.	168	Alizay.	97
Dardez.	12	Boscoger.	164
Fontaine sous Jouy.	142	Cleon.	128
		Freneuse.	80
Ireville.	33	Igoville.	50
La Chap. du Bois Faux.	46	Le Manoir.	45
		Les Authieux.	76
Le Boullay Morin.	51	Le Thuissimer.	52
Les Planches.	35	Quievreville.	46
Louviers, V. G à S.	872	Sotteville.	62
Ruilly.	57	S. Aubin.	150
S. Vigor sur Eure.	35	S. Etienne & S. Jean d'Elbeuf. V. D.	350 508
Serg. de Quatremare.			
Craville.	60		
Damneville.	10	Tourville la Riviere.	110
Quatremare.	80		

ELECTION DE PONT-L'EVEQUE.

Divisée par Sergenteries.

Paroisses.	Feux.	Paroisses.	Feux.
Serg. de Pont-l'Evêque.		Cauquinvillier.	197
Auvillers.	145	Clarbec.	188
Bonne-Bosc.	169	Drubec.	73

DÉNOMBREMENT

Paroisses.	Feux.	Paroisses.	Feux.
Le Fournet.	42	*Serg. de Cambremer.*	
Le Torquesne.	138	Cambremer, B.	202
PONT-L'EVESQUE, V. Vic. 40 l.	553	Corbon.	29
		Estrez.	90
Pierrefitte.	164	Fourmentin.	77
Repentigny.	41	Grandouet.	30
Reux.	97	La Boissiere	77
S. Eugene.	60	La Roque.	79
S. Ymer.	184	Leau Partye.	36
Valsemey.	68	Le Prédauge.	55
Serg. de S. Julien de Foulcon.		Les Authieux.	27
		Livaye.	27
Grand-Champ.	50	Manerbe.	219
La Gaulde.	122	Montreüil.	22
La Houblonniere.	106	Ponfol.	42
La Motte.	48	S. Gilles de Livet.	12
Le Chesne.	48	S. Laurent du Mont.	43
Le Mesnil-Eude.	93		
Le Mesnil-Limon.	85	S. Oüen le Peint.	87
Les Monceaux.	35	S. Paix du Mont.	84
Lessard.	40	S. Vigor de Crevecœur.	73
Livet le Boudoüin, B.	270		
		Serg. de Beaumont.	
Monteilles.	42	Beaumont.	137
Serqueux.	35	Benerville.	32
S. Aubin sur Algo.	79	Blonville.	65
S. Crespin.	11	Braneville.	53
S. Loup.	79	Bourgeauville.	199
S. Pierre des Ifs.	57	Deauville.	19
		Glanville.	102

Paroisses.	Feux.	Paroisses.	Feux.
Roncheville.	42	Serg. de Beuveron.	
S. Arnoult.	45	Beaufour.	60
S. Clou.	22	Beuveron, Marq.	95
S. Étienne la Tillaye.	122	Brocottes.	34
		Caudemuche.	26
S. Pierre Asifs.	109	Clermont.	11
S. Vaast.	62	Cresseveule.	52
Tourgeville.	189	Dozuley.	43
Vauville.	57	Durval.	46
Villers.	112	Gerrots.	26
Serg. de Dive.		Hotot.	95
Angerville.	55	Le Ham.	22
Angouille.	25	Les Groiselieres.	14
Annebault.	98	Pictot.	37
Basneville.	35	Rumesnil.	50
Beuzeval.	82	S. Aubin le Bizé.	57
Brucourt.	48	S. Jouin.	65
Criqueville.	35	S. Leger du Bois.	70
Danestal.	93	Victor.	46
Douville.	113	Serg. de S. Julien	
Dive.	110	sur Calonne.	
Gonneville.	131	Launay.	58
Goustrainville.	34	Les Authieux.	161
Grengues.	97	Le Menil sur Blangy.	179
Heulland.	80		
La Chapelle.	41	Le Vieil Bourg.	43
Periez.	32	Maneville.	169
S. Clair.	51	Surville.	80
S. Samson.	60	S. André de Hebertot, B.	253
Trousseauville.	47		

B iiij

Paroisses.	Feux.	Paroisses.	Feux.
S. Benoist.	84	S. Thomas de Toucques.	135
S. Julien.	99	Ferouville.	87
Serg. d'Aragon.		Villerville.	112
Englesqueville.	47	*Serg. de Honfleur.*	
Le Couldray.	37	Barneville.	83
Rabu.	26	Forneville.	133
S. Malaigne.	30	Gonneville.	162
S. Martin aux Chartrains.	76	Honfleur, *V.*	1500
S. Pierre de Toucques.	58	Feux. Port de Mer. Vic. G à S. Am. g. f. B. d T. 60 l.	5
Tourville.	53	Hecqueneauville.	77
Serg. de Bonneville & Canapville.		Le Theil.	38
Bonneville.	125	S. Grâtien.	163
Canapville.	64	Vazoüy.	165
Serg. de Toucques.		La Riviere sur Honfleur fait partie de l'Abonnement d'Honfleur.	
Criquebœuf.	29		
Daubœuf.	22		
Hennequeville.	68		
Penne de Pie.	96		

ELECTION DE PONT-AU-DE-MER.

Divisée par Sergenteries.

Paroisses.	Feux.
PONT-AU-DE MER, V.	1350.
Feux. Vic. J R n r.	
G à S. 5 g f. 40 l.	
Serg. de Quillebœuf.	
Aizier.	30
Bouquelon.	60
Blacarville.	55
Le Marez Vernier.	130
Le Vieil Port.	30
Quillebœuf, V.	340
5 g. f.	340
S. Aignan.	12
S. Aubin.	40
S. Marets.	50
S. Oüen.	80
S. Samson de la Roque.	50
S. Samson sur Rille.	35
S. Vrioult.	90
Ste Croix.	95
Ste Opportune.	58
Trouville.	170
Serg. du Rommois.	
Blicquethuit.	195
Bosgouet.	150
Bourneville.	160
Bouquetot.	180
Bourg-Achard, B.	260
Brestot, B.	240
Colletot.	50
Corneville.	200
Espreville.	140
Eturquetaye.	120
Fournetot.	160
Guerbaville.	196
La Haye au Bercé, B.	220
La Haye de Routot.	55
Le Leudin.	36
Litterot.	30
Maneville.	112
S. Paul de la Haye.	36
Tocqueville.	45
Vatteville, B.	320

B v

DÉNOMBREMENT

Paroisses.	Feux.	Paroisses.	Feux.
Serg. de Monfort.		Anneville.	120
Appeville, B.	300	Appetot.	10
Bosbenard de Cressy.	85	Bardouville.	70
		Barneville.	165
Brionne, V. Com.	280	Basville.	20
Castellon.	50	Berville.	92
Cauverville.	55	Bœssey-le-Châtel.	80
Esquaquelon, B.	230	Bonneville.	60
Flancourt.	90	Bosbenard-Comin.	75
Freneuse.	160	Bosc-Robert.	70
La Chapelle Becquet.	60	Bosc-Cherville.	42
		Bosc-Normant.	60
Monfort, B.	100	Bosc-Regnoult.	40
S. Benoist.	65	Bourg Theroulde.	110
S. Christophe, B.	280	Caumont.	110
S. Denis.	65	Estreville.	260
S. Etienne, B.	250	Glos sur Rille.	80
S. Georges.	160	Gonnoville.	55
S. Gregoire.	180	Hauville, B.	408
S. Jean.	80	Houguemare.	80
S. Leger.	45	Houllebec.	63
S. Philbert, B.	250	Illeville, B.	240
S. Pierre.	160	Imfreville.	90
Tierville.	70	Le Bechelouyn.	110
Thouville.	40	La Bouille, B. G.	
Valleville.	40	à S. 36 l.	112
Vattetot.	128	La Londe.	50
Voues-Creville.	35	La Trinité.	115
Serg. de la Londe.		Le Thuiebert.	60
Angouille.	36	Malleville.	92

Paroisses.	Feux.	Paroisses.	Feux.
Marcouville.	48	Berville sur Mer.	55
Manlny.	36	Beuzeville, B.	515
Pont-au-Toul.	42	Boulleville.	80
Rougemoutier, B.	210	Conteville.	120
Routot, B. M P.	240	Cremanville.	35
S. Denis de Bosguerard.	110	Esquainville.	68
		Fastouville.	88
S. Eloy de Fourqueres.	124	Ficquefleur.	38
		Foullebec.	100
S. Georges du Teil, B.	240	Fourneauville.	180
		Geneville.	82
S. Martin du Parc.	18	Graistain.	27
S. Michel de la Haye.	42	La Lande.	152
		Le Trop.	130
S. Oüen de Thuiheubert.	60	Maneville.	120
		Martainville.	160
S. Oüen de Thouberville.	110	Ne De du Val.	65
		Quetteville.	160
S. Paul de Fourqueres.	48	S. Maclou.	104
		S. Martin.	22
S. Philbert sur Bœsley.	66	S. Pierre.	110
		S. Suplix.	46
S. Pierre de Bosguerard.	115	Thonnetuict.	19
		Toustainville.	180
S. Taurin.	31	Triqueville.	180
Theillement.	60	Vanescroq.	40
Yville.	170	*Serg. de Preaux.*	
Serg. du Mesnil.		Campigny.	180
Ableville.	30	Condé.	200
Ablou.	52	Les Villages S.	

36 DENOMBREMENT

Paroisses.	Feux.	Paroisses.	Feux.
Germain.	120	Espaigne, *B.*	400
Ne De de Preaux.	58	La Noé.	110
Selles.	122	La Poterie Mathieu.	110
S. Leger & Michel de Preaux.	56	*Serg. du petit Moyard.*	
S. Martin.	140	Bonneville la Loüet, *B.*	420
S. Paul sur Rille.	75	S. Leger.	80
S. Simeon.	80	S. Pierre, &	200
S. Simphorien.	72	S. Silvestre &	140
Tourville.	72	Ste Croix de Cormeille.	170
Serg. d'Espaigne.			
Bois-Helain.	125		

ELECTION DE CAUDEBEC.

Divisée par Sergenteries.

Paroisses.	Feux.	Paroisses.	Feux.
Serg. de Caudebec.		Freville.	87
Betteville.	96	La Folletiere.	20
Blasqueville.	107	Le Verbosc.	25
Bonville.	130	Launay.	14
CAUDEBEC, *V.*	660	Le Mondelis.	38
Feux. Pref. Vic. J.		Les Ifs.	55
R n r. M. P. 5 gf.		Les Wifs.	16
B du T. Mar. 36 l.		Le Vaurouy.	24
Carville.	75	Le Traict.	77
Crois-Mare.	120	Maulevrier.	99
Espinay.	62	Renneville.	40

DU ROYAUME.

Paroisses.	Feux.	Paroisses.	Feux.
Ranchon.	28	La Trinité du Mont.	38
S. Gertrude.	13	Le Mesnil.	34
S. Paer.	196	Lintot.	140
S. Vandrille.	80	Les Manoirs de Vallasse.	15
Ste Marguerite.	200	Milleville.	45

Serg. de Bollebec.

Paroisses.	Feux.	Paroisses.	Feux.
Aluimare.	103	Milleville.	45
Anquetierville.	32	Ne De de Gravanchon.	37
Alliquerville.	50	Ne De de Lislebonne.	90
Auberville.	46	Nointot.	104
Auberbosc.	46	Norville.	80
Auzouville.	24	Petitville.	45
Bollebec, *B*.	590	Radicastel.	40
Bebec.	35	Raffetot.	90
Beuzeville.	155	Ricarville.	56
Bernieres.	110	Rouville.	100
Beuzevillette.	90	S. Arnout.	120
Bermonville.	105	S. Aubin.	60
Belle-Fosse.	38	S. Denis.	120
Bielleville.	30	S. Georges.	57
Bolleville.	100	S. Gilles.	60
Cleville.	52	S. Maurice.	34
Esquimbosc.	15	S. Nicolas.	44
Foucard.	66	S. Pierre.	47
Grandcamp.	60	S. Silvestre.	28
Gruchet, *B*.	208	Touffreville.	42
Gillerville.	28	Triquerville.	23
Hastenville.	106	Trouville.	78
La Frenaye.	104		
Lanquetot.	120		

DENOMBREMENT

Paroisses.	Feux.	Paroisses.	Feux.
Vadetot.	87	Valliquerville.	150
Villequier.	130	Veauville.	100
Ybleron, B.	225	Yvetot.	40
Serg. des Baons.		*Serg. de Cany.*	
Allouville.	170	Angeans.	135
Autretot.	120	Anglesqueville.	45
Auvronville.	87	Authigny.	30
Au se-Bosc.	60	Barville, B.	295
Baons le Comte.	70	Bosville.	150
Clipouville.	100	Bourville.	60
Dosevimont.	36	Cany, B. Feux	220
Escalles Alix.	75	*Vic. J. R.*	
Escreteville.	90	Calleville.	100
Esquetot.	70	Crasville.	63
Estouteville, D.	135	Drozey.	120
Flamenville.	55	Ermenonville.	60
Gremonville.	80	Flamenvillette.	25
Haultot le Vattois.	70	Gueutteville.	110
Haultot S. Suplix.	125	Haultot Lauvray.	100
		Harville.	50
Louvetot.	110	Heberville.	60
Motteville Lesneval.	100	Houdetot.	70
		Ingoville.	115
Roquefort.	80	Le Menil Deurdan.	25
S. Cler.	10	Le Mesnil Geufray.	17
S. Denis.	60	Maneville Esplains.	112
S. Requier.	26		
Ste Marie des Champs.	50	Neville, B.	220
		Ocqueville.	140
Touffreville.	130	Palluel.	132

Paroisses.	Feux.	Paroisses.	Feux.
Plaine Seve.	50	Clanville.	140
Sasseville, B.	280	Clasville.	62
S. Requier.	120	Cleuville.	62
S. Silvain.	70	Criquetot le Mau-	
S. Vaast.	130	conduit.	48
S. Vallery, V.	750	Criquetot sur Ou-	
Feux. G à S. 5 g f.		ville.	110
Ste Colombe.	60	Crosville.	25
Tonneville.	50	Doudeville, B.	300
Veauville.	50	Escrettevillette.	45
Vittefleur.	140	Eslettot.	83
Serg. de Grainville.		Estalleville.	55
Admesnil.	20	Fultot.	75
Ancretteville.	70	Gerponville.	100
Ancretteville sur		Gonseville.	38
la Mer.	57	Grainville, B.	160
Angerville.	180	Hanoüard.	46
Anfreville.	50	Harcanville.	72
Anneville.	88	Malleville.	46
Auberville.	52	Monteville.	25
Baudribosc.	25	Normanville.	150
Bonneville.	95	Oüainville.	110
Berville.	125	Ouville l'Abbaye.	90
Berteville.	25	Ourville.	145
Beuzeville.	66	Prettot.	32
Bondeville.	47	Quenonville.	60
Boudeville.	1	Riville.	62
Bretauville.	40	Robertot.	200
Buttot.	38	Routtes, B.	515
Carville.	43	Roux-Menil.	10

DE'NOMBREMENT

Paroisses.	Feux.	Paroisses.	Feux.
Saffetot.	190	Maillots.	130
Senneville.	85	Thionville.	90
Sommefnil.	42	Troudeville.	90
S. Martin aux Buneaux, B.	250	Vatecrie.	18
		Veulettes.	70
S. Oüen en Bosc.	18	Vesneville.	40
S. Pierre en Port.	140	Vicquemare.	35
Ste Helene.	90	Vinemerville.	60
Teuville aux		Yvecrique.	82

ELECTION DE MONTI-VILIERS.

Divisée par Sergenteries.

Paroisses.	Feux.	Paroisses.	Feux.
Serg. de Montiviliers.		Lheure,	52
Beleville.	145	Limbertot.	38
Bruneval.	12	MONTIVILIERS, V. Vic. J R n r.	500
Buglize.	38		
Claville.	44	Mannevillette.	60
Chef des Eaux.	50	Octeville, B.	250
Fontaine.	87	Porte Afficquet.	40
Fontenay.	50	Porte Castel.	54
Graville.	177	Porte & chef des Eaux.	80
Heuqueville.	59		
Igouville.	124	Rouelle.	72
La Poterie.	94	Sauvil.	68
Le Tilleul.	76	S. Barthelemy.	26

Paroisses.	Feux.	Paroisses.	Feux.
S. Jouin.	237	noir.	50
S. Sulpice.	22	S. Martin du Bec.	58
Serg. d'Harfleur.		Ste Marie du Bosc.	36
Beaurepaire.	63	Turetot.	40
Criquetot.	173	Vergetot.	23
Cuverville.	173	Vilainville.	46
Englesqueville.	69	*Serg. de S. Romain.*	
Epouville.	53	Angerville.	130
Esculetot.	23	Anxetot.	11
Escuquetot.	50	Beaucamp.	24
Gaineville.	60	Bornambuc.	46
Gonfreville Lor-cher.	63	Escrainville.	117
		Esmalleville.	42
Gonneville.	60	Espretot	76
Gournay.	8	Estainhus.	51
Harfleur, V. Bail.	450	Gommerville.	95
G à S. 5 g f. 50 l.		Grainbouville.	76
Habitans de Col-leville.	10	Gramesnil.	17
		Grosmenil.	24
Hermeville.	40	Houquetot.	48
La Pescherie.	15	Lacerlangue.	122
Le Coudray.	25	La Remuée.	119
Maneglise.	82	Landouville.	65
Ne De du Bec.	44	Les trois Pierres.	87
Pierre Ficque.	52	Le Herteley.	24
Porte de L heure.	17	Loiseliere.	30
Rogerville.	42	Maneville.	95
Rolleville.	76	Meslamare.	114
S. Laurent.	76	Oudalle.	52
S. Martin du Ma-		Parc Danxetot.	69

DÉNOMBREMENT.

Paroisses.	Feux.	Paroisses.	Feux.
Pretot.	19	Bec de Mortagne.	87
Routot.	22	Beccauchois.	11
Sainneville.	98	Benetot.	48
S. Antoine.	100	Bordeaux.	85
S. Aubin.	37	Bretteville.	156
S. Eustache.	114	Briauté, B. *Marq.*	137
S. Gilles.	97	Buiville.	34
S. Jean d'Aptot.	34	Colleville.	50
S. Jean de La-neuville.	59	Confreville.	43
		Contre-Moulins.	32
S. Jean des Effarts.	23	Courville.	20
S. Jean de Folleville.	70	Cretot.	33
		Criquebœuf.	100
S. Michel.	24	Daubœuf.	54
S. Nicolas de la Taille.	123	Espreville.	85
		Estretat.	78
S. Romain.	109	Fauville.	85
S. Sauveur.	49	Froberville.	86
S. Vincent.	58	Ganseville.	31
S. Vigor.	121	Gerville.	51
Tainemarre.	24	Godarville.	90
Tancarville.	68	Grainville.	49
Vireville.	34	Igneauville.	29

Serg. de Godarville.

		Le Havre, *V.*	1400
Annouville.	38	*Feux. Port de Mer.*	
Anzerville.	33	*Vic. J R n r. G à S.*	
Auberville.	49	*Am. B. du Tab.* 50 l.	
Baigneville.	16	Les Loges.	177
Benonville.	44	Les Habitans du Vallasse.	2
Benarville.	36		

DU ROYAUME.

aroisses.	Feux.	Paroisses.	Feux.
Limpiville.	70	S. Oüen.	29
Maniquerville.	34	S. Vallery.	35
Menteville.	43	S. Thomas.	43
Mesmoulins.	16	Ste Croix.	60
Sauseuzemare.	76	Ste Marguerite.	47
Serville.	12	Tiergeville.	60
Sorquainville.	63	Tietreville.	63
S. Benoist.	80	Tocqueville.	33
S. Clair.	23	Toussaints.	39
S. Etienne, B.	410	Tremauville.	18
S. Fremont.	176	Vallemont.	56
S. Leger.	44	Vattetot.	96
S. Leonard.	144	Ville-Menil.	15
S. Maclou.	57	Ymauville.	17
S. Nicolas.	90	Ypreville.	60

DÉNOMBREMENT

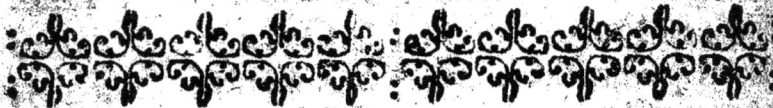

GENERALITÉ DE CAEN,

Composée de neuf Elections.

Sçavoir,

CAEN,
BAYEUX,
CARENTAN,
VALOGNES,
COUTANCES,   } En la Normandie Occidentale.
AVRANCHES,
MORTAIN,
VIRE,
S. LO.

ELECTION DE CAEN,

Divisée par Sergenteries.

Paroisses.	Feux.	Paroisses.	Feux.
CAEN, V.	5247	Douvre.	127
F. Un. B d F.		Hermanville.	113
H d M. Pres. Bail.		Lion.	159
ou Vic. n r. J C. G à		Luc.	120
S. T F. B d T. M P.		Mathieu.	91
Am. Mar. 46. l.		Oystreham.	85
Serg. de la Banlieuë.		Plumetot.	47
Authie.	48	Periers.	36
Breteville.	50	S. Aubin.	40
Cormelles.	20	*Serg. de Bernieres.*	
Herouville.	64	Anquerny.	40
Louvigny.	61	Anisy.	55
S. Contest.	71	Bassy.	56
S. Germain.	37	Beny.	63
S. Ursin des Pron.	18	Bernieres.	166
Venoix.	15	Cairon.	53
Serg. d'Oystreham.		Cambres.	35
Bieville.	56	Coulomby.	35
Benouville.	56	Courseulle.	115
Beuville.	60	Fontaine le Henry.	66
Bleville.	29	Langrune, B.	211
Colleville.	78	Lasson.	52
Cresserons.	45	Les Buissons.	14

DÉNOMBREMENT

Paroisses.	Feux.	Paroisses.	Feux.
Moulineaux.	35	Espinay.	98
Norray.	58	Grainville.	60
Rots.	111	Jurques.	106
Rozel.	53	Longuillers.	84
S. Loüet.	1	Le Locheur.	36
Tailleville.	14	Mayé.	75
Than.	74	Maisoncelles-Pel-	
Villons.	32	leusy.	50

Serg. de Crevilly.

		Missy.	97
Amblye.	63	Monts.	88
Brecy.	12	Mondrainville.	49
Cainet.	12	Moüen.	59
Coulomb.	61	Noyers.	148
Crevilly.	166	Parfourru.	32
Cully.	69	S. Georges d'Aul-	
Fresné le Croteur.	13	nay, B.	215
Lantheil.	36	S. Loüet.	35
Le Fresne.	99	S. Vaast.	35
Martragny.	57	Tessel.	54
Pierre-Pont.	13	Tourville.	32
Reviers.	69	Tournay.	89
Rucqueville.	21	Tracy.	68
Secqueville.	64	Vendes.	61
S. Gabriel.	39	Verson.	103
Ste Croix.	77	Villy.	117
Vaussy.	30	Villers.	90
Vaux.	28		

Serg. de Villers.

		Serg. de Cheux.	
		Audrieu.	159
Arry.	17	Bretheville Lor-	
Breteville.	10	gueilleuse.	94

Paroisses.	Feux.	Paroisses.	Feux.
Brouay.	48	Neully.	56
Carpiquet.	92	S. Aignan le Mal-	
Carcagny.	72	herbe.	36
Cheux.	156	Vascogne.	41
Christot.	86	Vaucougrin.	15
Ducy.	36	*Serg. de Preaux.*	
Fontenay le Penel.	104	Avenay.	53
Juvigny.	25	Bully.	22
Loucelles.	30	Curcy.	112
Le Mesnil Patry.	46	Fierville.	10
Putot.	63	Fuguerolles.	59
S. Manvieu.	116	Goupillieres.	36
Verolle & Tilly.	49	Hamars.	211
Serg. d'Eurecy.		Lacayne.	35
Baron.	68	Maltot.	50
Benneville.	55	Mayé sur Olne.	78
Bonne Maison.	81	Mayslet.	40
Bougy.	30	Ouffieres.	30
Courvaudon.	71	Preaux.	54
Eurecy, J R.	78	S. Benin.	31
Esquay.	42	S. Martin de Salan.	188
Esterville.	44	Ste Honorine.	123
Fontaine Etoupe-		Trois Monts.	70
Fours.	54	Vieux.	63
Gaurus.	26	*Serg. d'Argences.*	
Landes.	58	Allemagne.	70
La Bigne.	34	Argences.	122
Le Menil au Grain.	42	Bailly.	31
Maisoncelles.	25	Berengreville.	33
Montigny.	46	Bissieres.	31

DÉNOMBREMENT

Paroisses	Feux	Paroisses	Feux
Bourguebus.	32	Manneville.	14
Bras.	27	Sannerville.	50
Canthelon.	19	S. Paix.	24
Cleville.	109	Touffreville.	30
Conteville.	13	Troüard.	113
Colombelles.	38	*Serg. de Varaville.*	
Croiſſanville.	38	Anfreville.	89
Grenteville.	11	Bavent.	15
Huberfolie.	9	Breville.	48
Ifs.	45	Bures.	48
Mery & Corbon.	119	Cabourg.	40
Mondeville.	58	Gonneville.	86
Pouſſy.	30	Heronvillette.	82
Soliers.	38	Le Buiſſon.	16
S. Paix.	20	Merville.	54
Tilly.	13	Petitville.	37
Vaumeray.	7	Ranville.	120
Serg. de Troüard.		Robe-Homme.	45
Benneville.	3	Salnelles.	23
Cagny.	46	Varaville.	60
Cuverville.	16	*Serg. de S. Silvain.*	
Dencouville.	39	Fierville la Cham-	
Emieville.	33	pagne.	30
Ecouville.	63	Rene-Menil.	6
Fermentel.	8	S. Silvain, B.	135
Frenouville.	33	*Serg. de Breteville*	
Giberville.	34	*ſur Laiſe.*	
Guilerville.	12	Boulon.	83
Janvillé.	36	Cauvicourt.	38
Liroſſe.	1	Clinchamps.	114
		Eſtaviaux.	

DU ROYAUME.

Paroisses.	Feux.	Paroisses.	Feux.
Estaviaux.	13	Les Pins.	53
Fontenay le Mannion.	83	*Serg. de Bretheüil.*	
Fontenay le Puceux.	37	Le Mesnil Oger.	20
		Serg. de Croisilles.	
Gouvix.	73	Croisilles.	98
Grimboscq.	30	Les Mouthiers.	51
May.	28	*Serg. au Verrier.*	
Mutrecy.	47	Beneauville.	34
Ne De de Laisse.	30	Carselles.	41
Quilly.	42	Chischebouville.	25
Roquamcourt.	39	Cinq Autels.	8
S. André.	46	Heritot.	31
S. Agnan.	56	Hernetot.	10
S. Eaux.	42	Le Perrier.	14
S. Laurent.	62	Moult.	70
S. Martin.	60	Rupiere.	34
Serg. de Tournebus.		Sequeville.	19
Barbery.	112	S. Pierre du Jonquay.	35
Fresney le Vieil.	32	Vimont.	15

ELECTION DE BAYEUX.

Divisée par Sergenteries.

Paroisses.	Feux.	Paroisses.	Feux.
Bayeux, V.	1840	S. T F. M P. Mar.	
Feux. Ev. Bail. ou Vic. J R nr. G à		Barbeville.	50
		Cussy.	35

Tome II.

Paroisses.	Feux.	Paroisses.	Feux.
Damigny.	24	Neufville.	5
Gueron.	71	Port.	66
La Hamel Danglesqueville.	14	Russy.	78
		Surrin.	52
Monceaux.	56	S. Laurent.	91
Sully.	47	Ste Honorine.	219
S. Germain.	51	Tour.	112
S. Loup Hors.	52	Villiers.	22
S. Martin des Entrées.	25	*Serg. de Cerisy.*	
		Aagy.	62
S. Suplix.	29	Baisnes.	53
S. Vigor le Grand.	65	Bernesy.	117
Vaucelles.	43	Blay.	126
Vaux sur Eure.	03	Campigny.	94
Serg. de Tour.		Cerisy.	567
Argouges sous Bayeux.	11	Cottun.	86
		Croüay.	130
Argouges sous Masles.	17	La Haye Piquenot.	31
		Le Mollay.	83
Colleville.	92	Litry, B.	269
Commes.	105	Le Brueil.	76
Engranville.	27	Maneville.	138
Estreham.	77	Ne De de Blagny.	43
Formigny.	160	Noron.	94
Herils.	18	Renchy.	93
Housteville.	30	Rubercil.	77
Huppain.	20	Saon.	127
Maisons.	92	Saonnet.	144
Marigny.	73	S. Martin de Blagny.	101
Mosles.	115		

Paroisses.	Feux.	Paroisses.	Feux.
Thessy.	62	Beaumont.	3
Tournieres.	60	Cardonville.	94
Trevieres.	193	Caenchy.	129
Serg. de Gray.		Criqueville.	130
Annelles.	81	Deux Jumeaux.	75
Arromanches.	73	Escrammeville.	99
Banville.	85	Englesqueville.	127
Bazenville.	72	Fontenay.	71
Coulombie.	35	Grand-Champ.	89
Crepon.	66	La Cambe.	189
Esquay.	69	Lestanville.	136
Fontenailles.	38	Longueville.	181
Fresnay.	57	Louviers.	85
Gray.	93	Maisy.	174
Le Manoir.	42	Omanville.	101
Longues.	62	S. Clement.	63
Magny.	46	S. Germain.	94
Manvieux.	34	S. Pierre du Mont.	63
Meuvaines.	108	Veret.	25
Rye.	67	Vierville.	108
Sommervieu.	68	*Serg. d'Isigny.*	
Ste Croix.	27	Bricqueville.	121
Thierceville.	38	Cartigny.	171
Tracy.	84	Castilly.	100
Ver.	141	Colombieres.	109
Vienne.	50	Isigny, *B. s g f.*	125
Villiers le sec.	62	La Folie.	117
Serg. des Vez.		L'Espinay.	84
Aignerville.	107	Lizon.	100
Asnieres.	81	Les Hameaux d'I-	

C ij

DÉNOMBREMENT

Paroisses.	Feux.	Paroisses.	Feux.
signy.	215	Ivais.	138
Les Oubeaux.	107	La Bazoque.	97
Maistry.	77	Le Quesnay Guesnon.	57
Monfréville.	95		
Neüilly, B.	220	Livry.	185
S. Laurent.	11	Lingeure.	110
S. Marcou.	75	Longraye.	118
Voüilly.	103	Monfriquet.	67

Serg. de Briquesar.

Paroisses.	Feux.	Paroisses.	Feux.
		Nonant.	93
Anctoville, B.	209	Orbois.	40
Arguenchy.	62	Parfouru.	77
Balleroy.	157	Planquery.	138
Bernieres.	40	Sermentot.	58
Bucéel.	67	Subles.	30
Cahagnolles.	108	S. Amador.	13
Castillon.	159	S. Germain d'Ector.	89
Choin.	56		
Condé.	54	S. Martin le Vieux.	21
Couvert.	90	Ste Honorine.	71
Ellon.	115	Torteval.	85
Foullogne.	90	Trungy.	122
Fuguerolles.	43	Valbadon.	117
Hotot.	121		

ELECTION DE CARENTAN.

Divisée par Sergenteries.

Paroisses.	Feux.	Paroisses.	Feux.
Anfreville.	182	S. Martin des Champs.	86
Auville.	41	S. Marcou.	130
Besneville.	43	S. Pelerin.	50
Brevantre.	110	Tribehou.	175
Beuzeville.	113	*Serg. de S. Eny.*	
Canville.	73	Auxais.	105
CARENTAN, V.	540	Auvers.	158
F. Vic. 5 g f. & dép.		Baupt.	51
Cats.	35	Coigny.	78
Cauquigny.	19	Horteville.	41
Doüille.	100	Les Moustiers.	122
Emondeville.	96	Meautis.	153
Fontenay.	121	Mobec.	58
Foresville.	73	S. André de Bou-	
Gouberville.	124	hon.	129
Grangue.	180	S. Georges.	114
Jogenville.	37	S. Eny, B.	309
Le Hain.	6	Vide-Fontaine.	129
Mesnil Angot.	40	*Serg. de Varanguebec.*	
Mesnil Vernon.	37	Appeville.	126
Montmartin, B.	298	Beuzeville.	43
S. Aubin de Los-		Cretteville.	99
que.	85	Neuf-Mesnil.	55
S. Hilaire.	77		

DÉNOMBREMENT

Paroisses.	Feux.	Paroisses.	Feux.
Prettot.	149	S. Martin de Vareville.	90
Varanguebec.	18		
Serg. de Ste Marie du Mont.		Ste Mere Eglise, B.	300
Angoüille au Plain.	31	Turqueville.	98
Blosville	58	*Serg. de Perriers.*	
Boutteville.	32	Perriers, B.	285
Brucheville.	97	S. Patix.	127
Carquebu.	125	Vaudry-Mesnil.	79
Hiesville.	36	*Serg. de Courays.*	
Hirville.	10	Gorge.	163
Houesville.	69	S. Germain.	19
Liesville.	81	S. Iore.	160
Sebville.	44	*Serg. d'Aubigny.*	
S. Cosme du Mont.	144	Feugeres.	150
		Marchesieux, B.	252
Ste Marie du Mont.	276	S. Aubin du Perron.	98
Serg. de Ste Mere Eglise.		S. Christophe d'Aubigny.	30
Audouville.	46	S. Martin d'Aubigny.	93
Beuzeville au Plain.	28		
Chef du Pont.	69	*Serg. de la Haye du Puy.*	
Escoque Neauville.	40	Angoville Suray.	163
Foucarville.	44	Breteville.	120
Neuville	50	La Haye du Puis.	140
Ravenouville.	113	Montgardon.	150
S. Germain de Vareville.	86	S. Germain d'Ay.	136
		S. Simphorien.	54

Paroisses.	Feux.	Paroisses.	Feux.
Serg. de Lessay.		S. Germain le Vi-	
Gerville.	28	comte.	76
Gonfreville.	97	S. Sebastien.	67
Laulne.	125	Ste Opportune.	215
Lastelle.	34	Ste Suzanne.	26
Le Buisson.	11	Velly.	211
Le Plessis.	86	*Serg. de Montebourg.*	
Litehaire.	127	Azeville.	46
Ney.	57	La bonne Ville.	100
Rais.	105		

ELECTION DE VALOGNES,

Divisée par Sergenteries.

Paroisses.	Feux.	Paroisses.	Feux.
Alleaume.	170	Morsalines.	48
Aumeville.	49	Octeville	158
Crasville.	72	Ozeville.	42
Englesqueville.	136	Quatrehou.	245
Flotte Mainville.	89	Quinéville.	61
Greneville.	28	Rideauville.	30
Haumontier.	10	Saulce-Mesnil, *B.*	221
Huberville.	80	S. Cir.	63
Lieux-Aisnes.	30	S. Germain.	134
La Pernelle.	30	S. Martin.	50
Le Thil.	185	S. Vaast.	187
Montaigu, *B.*	222	Ste Croix au Bo-	
Montebourg, *B.*	315	cage.	21

Paroisses.	Feux.	Paroisses.	Feux.
Ste Flocel.	105	Urville.	74
Ste Marie Dandouville.	34	*Serg. de Beaumont.*	
		Baudreville.	40
Tamerville, B.	239	Baubigny.	42
Teurtheville, B.	209	Barneville.	135
Tourville.	12	Besneville, B.	223
VALOGNES, V.	682	Bolleville.	68
Feux. Vic. n r. M P. 5 g f. Mar.		Briquebec, B.	634
		Carterel.	68
Vauderville.	42	Catteville.	36
Vicel.	47	Denneville.	90
Vide Cosville.	45	Fierville.	117
Serg. de Pont-l'Abbé.		Glatigny.	70
Colomby.	122	Goüay.	137
Estienville.	155	La Haye d'Ector.	50
Escalleville.	47	Les Perques.	90
Freville.	161	Le Val Desis.	55
Golleville.	140	Le Vretot.	175
Gosville.	74	Maqueville.	187
Hauteville.	47	Neuville.	26
Hesmevée.	64	Ne De d'Allone.	76
Heroudeville.	37	Negreville.	135
Lehomme.	7	Nehou.	382
Morville.	104	Osmonville.	59
Orglandes.	129	Pierreville.	109
Picauville.	199	Porbail.	107
Raville la Place.	170	Senoüille.	70
Regneville.	47	Sorthosville.	122
Sorthosville.	37	Surtainville.	120
Ste Colombe.	77	Surville.	74

Paroisses.	Feux.	Paroisses.	Feux.
S. Maurice.	77	Digoüille.	99
S. Georges.	61	Formanville.	141
S. Pierre d'Art.	64	Gateville.	210
S. Pierre d'Alone.	77	Goneville.	153
S. Sauveur le Vicomte, *B. Vic.*	426	Gouberville.	65
		Le Mesnil au Var.	101
S. Sauveur de Pierre-Pont.	106	Le Vaast.	134
		Maupertus.	41
S. Lo Dourville.	146	Morsaville.	247
S. Remy des Londes.	81	Neuville.	74
		Reville.	228
S. Nicolas.	144	Rethorville.	59
S. Jean de la Riviere.	32	S. Pierre Eglise.	212
		Ste Geneviéve.	142
S. Martin du Mesnil.	57	Theville.	100
		Tocqueville.	126
S. Paul des Sablons.	7	Tour-la-Ville, *B.*	332
Taille-Pied.	34	Valcanville.	144
Yvetot, *B. Ch.*	212	Varouville.	72
Serg. de Val-de-Saire.		Vrasville.	12
Angoville.	9	*Serg. de Tollevast.*	
Anneville.	77	Acqueville.	89
Barfleur, *V. Vic.* 5 *g f.*	107	Auderville.	64
		Branville.	19
Bretteville.	89	Beaumont.	59
Brillevast.	122	Benoist-Ville.	104
Canteloup.	60	Biville.	51
Carneville.	78	Breuville.	92
Clitour.	72	Bricque-Boscq.	89
Coqueville.	120	Br x, *B.*	335

C v

Paroisses.	Feux.	Paroisses.	Feux.
Cherbourg, V. Vic. 5 g F. B du Tabac 70 l.	370	tite.	62
		Quetetot.	153
		Quierqueville.	112
Couville.	79	Rauville la Bigot.	123
Digulleville.	69	Rozel,	61
Esculleville.	14	Scionville.	61
Esqueudreville.	105	Sotteville.	68
Flamanville.	156	Sottevast, B.	227
Flotemanville.	97	Sydeville.	55
Greville.	98	S. Germain des Veaux.	96
Grouville.	145		
Hardivast.	64	S. Germain le Gaillard.	172
Hainneville.	106		
Heauville.	37	S. Christophe.	47
Helleville.	80	S. Martin le Hebert.	64
Herqueville.	37		
Jobourg.	83	S. Martin.	41
Les Pieux.	195	Ste Croix à la Hague.	76
Martinvast.	85		
Nacqueville & Urville.	136	Tonneville.	34
		Treauville.	145
Noüainville.	31	Theurtheville, B.	202
Octeville.	95	Tollevast.	90
Omonville la Roque.	97	Vasteville.	117
		Vauville.	84
Omonville la Pe-		Virandreville.	109

ELECTION DE COUTANCES.

Divisée par Sergenteries.

Paroisses.	Feux.	Paroisses.	Feux.
Agon.	218	Nicorp.	130
Annouville.	102	Orval.	201
Belval.	132	Ouville.	156
Bois-Roger.	84	Regneville.	41
Blainville, *B.*	238	S. Denis le Vestu.	231
Brainville.	75	S. Loüet.	30
Briqueville.	90	S. Nicolas.	265
Brehal.	168	S. Pierre.	81
COUTANCES, *V.*		Tourville.	141
1000 *Feux Ev. Pref.*		Tresly, *B.*	200
Vic. n r. 5 gf.		Vuille.	55
		Serg. de Mauffras.	
Campront.	133	Cametours, *B,*	200
Courcy.	181	Contrieres.	158
Gratot.	117	Carentilly.	247
Hauteville.	68	Cerizy, *B.*	445
Heuqueville.	124	Gouville.	101
Liverville.	62	Montpinchon, *B.*	377
Lingreville.	170	Ne De de Senil-	
Le Lorrey, *B.*	244	ly ; *B.*	353
Marrigny.	251	Quatreville, *B.*	275
Moncuit.	57	Quesnay.	29
Muneville.	106	Saucey.	161
Monaroville.	59	Savigny.	126
Monthuchon.	147		

C vj

DÉNOMBREMENT

Paroisses.	Feux.	Paroisses.	Feux.
S. Malo.	44	Champs.	155
S. Martin.	108	S. Martin le Vieil.	22
Serg. de Couraye.		S. Pair.	204
Cambernon, *B.*	292	S. Planchais.	179
Grimouville.	109	S. Ursin.	110
Hiemville.	62	*Serg. de Gauré.*	
La Lande d'Airou, *B.*	245	Gauré, *B. Vic. M. E f.*	124
Montmartin.	91	Gauré.	134
Monchaton.	113	*Serg. de Droüard.*	
Mont fur Vent.	136	Bourrey.	50
Muneville, *B.*	233	Le Lorreur.	39
Piron.	182	Ver.	152
Serg. de S. Pair.		*Serg. des Châlon.*	
Anctoüille.	36	Champrepus.	181
Briqueville, *B.*	215	Champ-Chevreüil.	100
Breville.	68	Dracqueville.	57
Chantelou.	95	Fleury, *C.*	205
Coudeville.	167	La Bloutiere.	125
Donville.	89	Mefnil-Amant.	93
Grandville, *V.*	360	Mefnil-Villeman.	125
Vic. 5 g. f. B du Tab. P. de Mer.		Mefnil-Garnier.	184
		Mefnil-Hüe.	79
Hocquigny.	50	Mefnil-Roques.	125
La Belliere.	76	Montagu.	92
Longueville.	89	*Serg. de Petuce.*	
Menildré.	91	Gris-Mefnil.	34
S. Aubin de Preaux.	70	Mefnil-Bonant.	62
S. Leger.	42	*Serg. de Periers.*	
S. Jean des		Cerances.	317

DU ROYAUME.

Paroisses.	Feux.	Paroisses.	Feux.
Guihebert.	128	*Serg. de Couraye Dirville.*	
Herengueville.	49		
Hudi-Mesnil, B.	281	Ancteville.	109
La Balaine.	68	Anneville.	57
La Haye Comtesse.	49	Créences, B.	226
Lengronne.	163	Geffosse.	167
Mesnil-Aubert.	163	La Ronde-haye.	126
Orbeville.	32	La Feüillie.	121
Pont Flambard.	36	Millieres.	142
Sourdeval.	60	S. Sauveur Leudelin, B.	269
S. Denis Legast.	341		
Ste Marguerite.	23	*Serg. de la Haye Paisnel.*	
Serg. de Blante.			
La Vandelée.	92	La Haye Paisnel.	126
Le Hommel.	53	Le Tanu.	149
Servigny.	72	S. Sauveur de la Pommeraye.	102
Serg. au Gascoin.		Yquelon.	57
Hauteville la Guichard.	278	*Serg. de Sabot.*	
Menil-Bus.	241	Beauchamp.	100
Mesnil-Vigot.	94	Esquilly.	49
Remilly,	198	Folligny.	107
S. Ebremont.	26	La Meuredraquiere.	114
S Loüet.	149		
S. Michel.	98		

ELECTION D'AVRANCHES.

Divisée par Sergenteries.

Paroisses.	Feux.	Paroisses.	Feux.
AVRANCHES, V. 717 Feux. Evêch. Bail. Vic. n r. 5 g f. 65 l.		doüin.	188
		La Trinité.	141
		Ne De de Livoye.	37
		S. Eugene.	35
Serg. de Pigace.		S. Georges.	89
Ducé, B.	363	S. Jean de Corail.	29
Le Val S. Pair.	159	S. Nicolas des Bois.	76
La Gohanniere.	66	Tier-Pied, B.	306
La Godefroy.	51	Vains S. Leonard.	200
Le Mesnil Adlée.	85	Vernix.	97
Ne De de Cresnay.	80	*Serg. de Ponts.*	
Pont-au-Bault.	49	Braffais.	112
Poillé.	178	Noir Palaud.	32
Precé.	115	Plomb.	152
S. Brix.	62	Ponts.	95
S. Loup.	146	S. Jean de la Haise.	160
S. Martin.	103		
S. Osvin.	151	Ste Pience.	121
S. Oüen.	85	*Serg. de Benoist.*	
S. Pierre.	80	Bois-Yvon.	65
S. Quentin, B.	376	Bourguenolles.	129
S. Senier.	142	Chavoy.	55
Serg. de Valdesée.		Cherencé S. Martin.	114
La Chaise-Bau-			

Paroisses.	Feux.	Paroisses.	Feux.
Le Luot.	100	Beaurais.	48
Marcê.	143	Boücés.	112
Rouffigny.	82	Ceaux.	160
Subligney.	118	Cormeray.	25
Serg. de Herault.		Courtils.	105
Angé.	51	Curé.	54
Bacilly, *B.*	340	Huines.	80
Boüillon.	97	Les-Pas.	37
Carrolles.	83	Macé.	52
Champeaux.	71	Mondré.	42
Champcé.	92	Mont-Anel.	160
Champceron.	128	Pontorson, *V. Vic.*	
Dragé.	136	5 g f.	300
Genets.	140	Sacé, *B.*	200
Lolif.	213	Servon.	115
La Rochelle.	160	Tanies.	70
La Luserne.	150	*Serg. de S. James.*	
Les Chambres.	28	Argouges, *B.*	200
La Mouche.	104	Carnet, *B.*	290
Le Grippon.	13	Croslon.	64
Montviron.	120	Ivillé.	153
Ronton.	105	La Croix.	185
Sartilly.	160	La Chapelle Ha-	
S. Jean le Thomas.	57	melin.	36
S. Michel des		Les Loges Mar-	
Loups.	66	chits, *B.*	275
S. Pierre Langer.	166	S. James, *B. Vic.*	
Serg. de Pont-Orson.		5 g. f.	440
Ardevon.	66	S. Aubin Ter-	
Auxé.	118	gaste, *B.*	380

Paroisses.	Feux.	Paroisses.	Feux.
S. Brix de Landelles.	170	joye.	100
S. Laurent Tergaste, B.	279	S. Sevier de Beuveron, B.	235
		Vergoncé.	102
S. Martin de Landelles, B.	270	Veslé, B.	200
		Villiers.	102
S. Martin de Mon-			

ELECTION DE MORTAIN.

Divisée par Segenteries.

Paroisses.	Feux.	Paroisses.	Feux.
Serg. de Halé.		Chalandray.	173
Blon.	139	Chevreville.	90
Ger, B.	395	Fontenay.	129
Le Rocher.	152	La Boulouze.	40
Le Fresne.	106	La Mancelliere.	163
Le Neuf-Bourg.	92	Le Buat.	104
MORTAIN, V.	262	Les Biards, B.	285
Feux. Com. Bail. Vic.		Les Cherits.	90
5 gf. Mar. 55. l.		La Bazoge.	90
Mesnil Gilbert.	105	La Chapelle.	55
Roumagney, B.	356	Marcilly, B.	212
S. Barthelemy.	52	Martigny.	120
S. Clement.	234	Mesnil-Ard.	120
S. Jean de Corail	163	Mesnil-Bœuf.	85
Serg. de Corbelin.		Mesnil-Ozenne.	60
Chaceguey.	59	Mesnil Raifrain.	83

DU ROYAUME.

Paroisses.	Feux.	Paroisses.	Feux.
Mesnil-Thibau.	109	Montigny.	100
Milly, B.	214	*Serg. de Doissée.*	
Mont Gattier.	139	Barenton, V.	610
Navetel.	30	Buais.	38
Parigny, B.	205	Ferrieres.	32
Reffuveille, B.	316	Huessé.	231
S. Hilaire, B.	354	Husson.	199
Vesins.	169	La Pentis.	253
Viré, B.	300	Le Bois.	66
Serg. de Roussel.		Moulines.	95
Beauficel.	113	Savigny, B.	305
Belle-Fontaine.	76	S. Cir du Bail, B.	473
Brecé, B.	489	S. Georges, B.	353
Brouains.	54	S. Simphorien.	108
Cellant.	198	Teteilleul, B.	345
Coullouray, B.	249	Touchet, B.	314
Cuves.	210	Vilchien.	169
Juvigny.	119	*Châtellenie de Tin-*	
Laingehard.	27	*chebray.*	
Les Loges.	78	Beauchesne.	195
Mesnil-Touë.	160	Jurandes.	76
Montjois.	160	La Bourgoisse.	209
Periers.	130	Le Village.	127
Sourdeval, B.	521	Mesnil-Ciboust.	71
S. Laurent.	240	S. Christophe.	64
S. Martin.	149	S. Cornier, B.	228
S. Pair.	125	S. Jean des Bois.	143
Vengeons, B.	214	S. Pierre.	47
Serg. de Martin.		S. Quentin.	212
Cherencey.	285	Trutemer.	85

ELECTION DE VIRE.

Divisée par Sergenteries & Bailliages.

Paroisses.	Feux.
Serg. de la Banlieuë.	
Coulonce, B.	329
La Lande	
Vaumon.	50
Ne De DE VIRE, V.	960
Feux. Bail. Vic. n r.	
M P. T F. Mar.	
50 l.	
Neufville.	147
Roullours.	141
S. Germain de Talvendre.	629
S. Martin de Tal.	136
Vauldry.	187
Serg. du Tourneur.	
Beaulieu.	35
Bresmoy.	124
Burcy.	158
Carville.	170
Chesne-Dolley.	107
Estry.	166
Le Tourneur.	277
La Graverie.	173
Le Desert.	60
Le Beny.	155
Le Recullé.	84
Le Theil.	170
Mesnil-Auzouf.	95
Montchamps, B.	288
Montamis.	48
Praisles.	157
S. Denis de Maisoncelles.	63
S. Martin de Chaulieu.	105
S. Pierre de Tarentaigne.	156
S. Sauveur de Chaulieu.	57
Truttemer.	205
Viessoix, B.	309
Serg. de Vassy.	
Aubusson.	60
Calligny.	291
Cerizy.	205
Clair-Fougere.	71

DU ROYAUME.

Paroisses.	Feux.	Paroisses.	Feux.
Flers, V. C.	439	Le Plessis.	143
Fresnes, B.	353	Les Nault.	98
Landisac.	158	Mesnil-Hubert.	163
La Chap. Biche.	108	Monchauvet.	240
La Bazoche.	63	Perrigny.	52
La Scelle.	161	Pont-Ecoullant.	40
Monsegré.	243	Roncamp.	74
Montilly.	215	Rouverou.	44
Moncy.	140	S. Jean le Blanc.	191
Pierres.	166	S. Lambert.	163
S. Clair.	166	S. Marc Douilly.	136
S. Germain, B.	319	S. Pierre.	198
S. Georges.	123	S. Vigor de Mesc.	142
S. Pierre.	170	*Serg. de Pontfarcy.*	
Vassy, B.	592	Asnebec.	108
Serg. de S. Jean le Blanc.		Beau-Mesnil.	152
		Campagnolle.	189
Arclais.	27	Estouvy.	22
Caham.	83	Gouvets.	186
Campaudré.	72	Landelles, B.	306
Cauville.	72	Margré.	65
Cauville.	116	Mesnil-Benoist.	58
Cullé.	161	Mesnil-Robert.	67
Clecy, B.	385	Morigny.	93
Danvou.	58	Montbray, B.	262
Lacy.	225	Ne De de Be-	
La Roque.	37	slon, B.	208
La Villette.	108	Pont-Bellanger.	49
La Chap. Enger.	82	Pont-Farcy.	198
La Feriere-du-Val.	24	S. Fraguiere.	69

68 DENOMBREMENT

Paroisses.	Feux.	Paroisses.	Feux.
S. Martin Don.	165	cher.	78
S. Vigor des Monts.	241	S. Sever, B.	290
		Ste Cecille.	116
Ste Marie des Monts	29	Ville-Dieu, V.	502
Ste Marie Laumont, B.	306	*Baillage de Condé.*	
		Athis, B.	618
Ste Marie outre-l'Eau.	112	Aulné & Bauqué.	345
		Berjon.	138
Serg. de S. Sever.		Bréel.	158
Bois-Benastre.	40	Cahagnes, B.	366
Champ du Boult.	290	Colvain.	77
Clinchamps, B.	348	Condé sur Noireau, V.	541
Courson B. Marq.	325	Meré.	192
Fontenermoult.	61	Proucy.	152
Gathemo.	102	S. Pierre du Regard.	163
La Chap. Cesselin.	93	Ste Honorine, B.	132
Le Gast, B.	240	*Paroisses Adjointes.*	
Mesnil-Caussois.	93	Bernieres, B.	237
Sept Freres.	170	Maisoncelles.	172
S. Aubin.	175	Rully.	160
S. Manvieu.	238	Unde-Fontaine.	137
S. Maur des Bois	71		
S. Pierre du Tron-			

ELECTION DE S. LO,

Divisée par Sergenteries.

Paroisses.	Feux.	Paroisses.	Feux.
Serg. de S. Lo.		La Chap. en Juger.	110
Le Mesnil Rouxelin.	51	Meauffe.	125
S. Lo & Nôtre-Dame, *Ville*,	1080	Mesnil-Amey.	77
Feux. Vicomté. n r. T F.		Mesnil-Durand.	51
		Mesnil-Urry.	34
		Mesnil-Veneron.	50
S. Georges de Monte-Cocq.	133	Montreüil.	126
S. Oüen de Baudre.	67	S. Aubin de Loque.	40
		S. Fremont.	156
S. Thomas.	71	S. Jean de Dais.	39
Ste Croix.	78	S. Pierre d'Artenay.	66
Serg. du Homet & de la Comté.		S. Martin des Champs.	50
Amigny.	44		
Bahaist.	20	Tribehou.	27
Cavigny.	103	Villers-Fossard.	110
Geffosses.	65	*Serg. de Torigny.*	
Graigne.	40	Berigny.	92
Hebecrevon, *B.*	236	Beuvrigny.	65
Le Homet.	13	Bieville.	89
Le Desert.	102	Bretouville.	21
Les Glandes.	52	Bures.	96

Paroisses.	Feux.	Paroisses.	Feux.
Campeaux.	155	Monfisquet.	40
Condé sur Vire, B.	468	Ne De de Torigny & S. Laurent de Torigny.	310
Cormolain.	228		
Cerisy.	50		
Dampierre.	175	Placy.	69
Domjant.	274	Pleine Sevre.	124
Fourneaux.	54	Pré-Corbin.	124
Giesville.	133	Rouxeville.	118
Guilleberville.	272	Sallen.	171
Lamberville.	61	Septuans.	207
La Chapelle Heuzebroc.	39	S. Amand.	203
		S. Germain d'Elle.	126
La Chapelle du Fest.	30	S. Georges d'Elle.	99
		S. Ebremont.	147
La Vaquerie.	148	S. Jean des Baisauts.	130
La Lande sur Drome.	17	S. Jean des Essartiers.	130
Le Fresne.	64		
Littean.	156	S. Loüet.	64
La Basoque.	40	S. Martin de Caumont.	84
Les Loges.	67		
La Ferriere au Doyen.	50	S. Martin de la Besace.	161
La Ferriere Harence.	144	S. Oüen de la Besace.	145
Mallouay.	59	S. Pierre de Cenilly.	129
Montbertran.	1010		
Montrabot.	63	S. Quentin d'Elle.	36
Montagu.	11	S. Simphorien.	28

Paroisses.	Feux.	Paroisses.	Feux.
Ste Suzanne.	92	Menil au Parc.	97
Vidouville.	92	Percy, B.	576
Serg. de S. Clair.		Roncey.	204
Airel.	97	Savigny.	50
Couvains.	317	Soulles.	243
Clovey.	22	S. Martin de bon-	
La Luzerne.	30	Foffez.	159
Moon.	163	S. Romphaire.	205
Ramparon.	94	S. Sauveur de	
S. Clair, B.	149	bon-Foffez.	33
Serg. de Moyon.		Teſſy, B.	328
Beaucoudré.	84	Treſgots.	99
Chevery.	68	Villebaudon.	111
Chef-Freſne.	145	*Serg. de S. Gilles.*	
Dangy & le		Aigneaux.	207
Pont-Brocard.	188	Canify, Marq.	182
Fervache.	118	Carentilly.	50
Hambie, B.	600	Gourfalleu.	180
La Colombe.	176	La Mancelliere.	181
La Haye-Belle-		Le Lorcy.	40
fonds.	76	Quiebou, B.	434
Le Guiſloin.	116	S. Gilles.	150
Lorbe-Haye.	47	S. Ebremont de	
Maupertuis.	109	bon-Foffez.	211
Moyon.	264	S. Samſon de	
Meſnil-Hermant.	49	bon-Foffez.	123
Menil-Raut.	102	Valjoüas.	30
Montabot.	184		

DENOMBREMENT

GENERALITE' D'ALENÇON,

Composée de neuf Elections.

SÇAVOIR,

ALENÇON,
BERNAY,
LIZIEUX,
CONCHES,
VERNEUIL,   } Au milieu de la Normandie.
DOMPFRONT,
FALAIZE,
ARGENTAN,
MORTAGNE,   dans le Perche.

ELECTION

ELECTION D'ALENÇON.

Divisée par Sergenteries & Châtellenies.

Paroisses.	Feux.	Paroisses.	Feux.
ALENÇON, V. Feux 1528 D. B d F. Pres. Vic. J C. M P. G à S. Mar. 45 l.		La Ferrière Bouchart.	170
		La Roche Mabille.	109
		Larray.	84
Beau-Mesnil.	45	Le Boüillon.	100
Bussard.	223	Le Froust.	50
Cerizay.	81	Le Perron.	80
Ciral, B.	210	Longuenots.	60
Condé.	109	Lonray.	131
Congé.	55	Livaye.	100
Coulombiers.	135	Mesnil-Erreux.	106
Cuissay.	88	Mieuxé.	160
Damigny.	180	Nulley.	80
Escheufflay.	50	Pacey.	92
Feugerets.	50	Rabon.	130
Forges.	66	Rouperoux.	80
Fontenay.	160	Samalley.	110
Gandelain.	213	S. Denis, B.	226
Hauterive.	114	S. Didier.	121
Heslou.	84	S. Eslier.	183
Lacelle.	163	S. Germain d'A-	

Paroisses.	Feux.	Paroisses.	Feux.
lençon.	70	S. Germain de Sais.	80
S. Germain de Corbis.	120	S. Gervais de Sais, *B*	465
S. Nicolas.	92	S. Lhomer.	106
Valframbert.	115	S. Liger sur Sarthe.	183
Vandes.	50	S. Oüen.	98
Vingt Hanaps.	50	S. Pierre de Sais, *B*.	334

Châtel. d'Essay.

		S. Pierre de Sais, *B*.	334
Annay.	89		
Aunou.	180	Tresmont.	117

Serg. d'Almenesche.

Boictron, *B*.	223		
Chaillouay, *B*.	235	Belfons.	91
Conlonges.	127	Bray & les Aulnais.	162
Courthomer.	251		
Essay, *Bail.*	203	Cleray.	53
La Chapelle.	65	Condé le Butord.	26
La Leu, *B*.	327	La Ferriere Beicher.	127
La Place, *B*.	218		
Le Mesle.	89		
Les Ventes de Bourses.	197	Le Château d'Almenesche.	113
Marche-Maisons.	150	Le Corquieu.	117
Menil-Guyon.	70	Macey.	117
Menil-Broust.	64	Medavy.	85
Mont-Perroux.	20	Montmerry.	172
Montront.	38	Surdon.	26
Neauphe.	108	S. Hilaire le Gerard.	80
Neufville.	100		
S. Aubin.	181	S. Liger de la Haye.	40
S. Cenery de Sais.	70		

Paroisses.	Feux.	Paroisses.	Feux.
S. Pierre d'Almeneſche, B.	266	Ferrieres, B.	226
		Le Plaintis.	169
Tenville.	159	S. Aignan.	103
Serg. de Ste Scolaſſe.		S. Vaudrille.	72
Bures.	142	Telliers.	79
Carnettes.	41	*Châtellenie de Bons Moulins.*	
Gaſprée.	106		
La Chalange.	86	Beaufay.	121
La Genevraye.	78	Bonnefoy.	90
La Muſſoire.	36	Bons Moulins.	116
Le Meſleraut, B.	247	Eſchaufour, B.	487
Les Oſtieux.	53	La Ferriere au Doyen.	159
Montchevrel.	156		
S. Germain le Vieil.	53	Les Loges.	72
S. Leonard.	72	Maheuru.	124
Ste Colombe la Petite.	63	Meſnil-Berard.	60
		Moulins, *Vic.*	216
Ste Scolaſſe.	178	Planches.	46
Tallonay.	69	Ronxoux.	35
Serg. de Jean du Cheſnay.		S. Acquelin.	100
		S. Gaubourge.	142
Brulemail.	106	S. Hilaire.	73
Fay.	116	Ste Colombe.	155

ELECTION DE BERNAY,

Divisée par Sergenteries & par Paroisses mixtes.

Paroisses.	Feux.	Paroisses.	Feux.
BERNAY, V.	1214	Neuville.	138
Feux. Bail. Vic.		Ne De d'Epine.	70
G à S. 40 l.		Plainville.	76
Berthouville.	194	Plasnel.	206
Boesnay.	135	Rostes	35
Boessy.	225	S. Leger.	74
Bournainville.	78	S. Martin le Vieil.	40
Camfleur.	20	S. Nicolas du Bosc.	61
Courbe-Espine, B.	203	S. Vincent.	121
Courcelles.	31	Vailles.	63
Drocourt, B.	229	*Serg. de Chambray.*	
Duranville.	55	Capelles.	203
Franqueville.	74	Chambray.	148
Faverolles.	43	Ferrieres.	128
Guierville.	178	Grand-Camp.	150
Huecmainville.	66	La Chapelle Gautier.	124
Le Thileul Folenfant.	5	La Folletiere.	45
Le Theil-Nolent.	117	La Goullefriere.	125
Mallouy.	44	La Roussiere.	88
Maneval.	63	Le Bosc Meret.	35
Morcen.	71	Le Chamblac.	96
		Le Mesnil-Roussel.	46

Paroisses.	Feux.	Paroisses.	Feux.
Le Mesnil-Josselin.	37	celles.	72
Le Thileul en Ouches.	42	S. Quentin des Isles.	83
Les Jonquerets.	127	S. Vincent de la Riviere.	28
Les Essards.	24	Ternant.	60
Livet en Ouches.	40	Verneusses.	118
Monnay.	155	*Serg. de Montfort.*	
Montreüil, V. Vic.	242	Aclou.	76
		Authou.	18
Ne De du Hamel.	219	Bretegnis.	98
Ne De d'Aulnay.	40	Carsix.	138
Reville.	88	Fontaine la Soret.	129
S. Aubin de Bonneval.	124	Livet sur Authou.	91
S. Acquelin d'Augeron.	59	S. Cir de Salerne.	158
		S. Pierre de Salerne.	108
S. Aubin de Taunay.	221	S. Victor d'Espines.	225
S. Denis d'Augeron.	77	*Serg. d'Ouche.*	
		Ajou.	25
S. Germain d'Aulnay.	100	Berzey.	5
		Bouffay.	49
S. Jean de Tanney.	110	Corneville.	41
		Cernay.	12
S. Laurent des Grées.	69	Fontaines l'Abbé.	85
		Goutieres.	77
S. Laurent du Tensement.	26	Grossey.	125
		Grand-Chain.	58
S. Oüen de Man-		La Barre.	67

Paroisses.	Feux.	Paroisses.	Feux.
Lande Pereuse.	80	Glos, B.	233
Laulnay.	74	Gouville.	195
La Ranthonne.	25	Imgneste.	47
Le Bosc-Roger.	15	La Ferté, B.	123
Le Bosc-Renoult.	114	La Goufriere.	154
Le Bosc-Robert.	42	La Haye.	98
Le Châtel de Lalune.	56	La Scelle.	37
		Les Bothereaux.	106
Le Noyer.	32	Marnesec.	75
Le Val du Theil.	37	Melicourt.	44
Monpinchon.	12	Sauquenne.	57
Rubormont.	23	S. Aignan de Cernieres.	86
S. Aubin.	115		
S. Aubin sur Isle.	68	S. Pierre de Cernieres.	71
S. Aubin le Guichard.	107		
		S. Martin.	61
S. Clair.	144	S. Pierre du Mesnil.	131
S. Jacques.	27		
S. Lambert.	21	*Paroisses Mixtes.*	
Ste Marguerite.	65	Beau-Mesnil.	74
Theuvray.	138	Caorches.	64
Serg. de Glos & la Ferté.		Espinay.	77
		Le Châtelier S. Pierre.	52
Ancynes.	117		
Bois Majard.	16	Nassaudres.	118
Bois Panthou.	32	Pierre Ronde.	34
Bois Nouvel.	22	Serquigny.	182
Chambor.	78	S. Victor de Chrétienville.	129
Couvain.	67		

ELECTION DE LIZIEUX.

Divisée par Sergenteries.

Paroisses.	Feux.	Paroisses.	Feux.
Ville & Banlieuë.		Canapville.	188
B Oeufvilliers.	40	Cheffreville.	99
LIZIEUX, *V* 1666. *Feux. Ev. G à S.*		Familly.	61
		Fervaques.	259
		Friadel.	91
Les Vaux.	34	La Chapelle Yvon.	55
Oullye.	46	La Cressonniere.	56
Roques.	68	La Croupte.	85
S. Desir.	244	La Halboudiere.	61
S. Hypolite du bout des-Prez.	18	La Vespierre.	62
		Le Besneré.	40
S. Jacques & S. Germain de Lizieux.	151	Les Loges.	143
		Les Ronceres.	76
Serg. d'Orbec.		Livarrot.	213
Abernon.	55	Lizorres.	186
Aucquainville.	105	Mailloc.	83
Avernes.	88	Meulles.	220
Belloüet.	67	Mesnil-Germain.	150
Bellon.	62	Mouliés Hubert.	61
Bienfaite.	165	Ne De de Courson.	170
Bosc-Renoult.	159	Ne De d'Orbec, *V. Vic. Baronie.*	
Cernay.	90		
Cerqueux.	82	Grurie.	667

D iiij

DÉNOMBREMENT

Paroisses.	Feux.	Paroisses.	Feux.
Ne De de Livet.	12	Cirfontaines.	18
Orville.	88	Clos sur Lizieux.	92
Pont-Allery.	55	Cor de Bugle.	28
Preaux.	78	Courthonet.	20
S. Aubin.	9	Courthonne, V.	215
S. Cir.	18	Courthonne de Medrac, B.	227
S. Pierre de Courson.	62	Escorcheville.	29
S. Oüen le Hoult.	43	Fauguernon.	95
S. Georges de Pontchardon.	26	Fumichon.	135
		Firfol.	75
S. Martin de Pontchardon.	75	Firville.	52
		Fontaine la Loüer.	138
S. Germain de la Campagne, B.	331	Fontenelles.	26
		Glatigny.	25
S. Marc de Franc.	134	Hermival.	170
S. Paul de Courthonne.	154	La Chapelle Hareng.	100
S. Pierre du Tertre.	154	Le Breul.	211
		Le Brevedent.	35
S. Martin du Val d'Orbec.	120	Le Faulcq.	68
		Le Planquey.	67
S. Denis du Val d'Orbec.	67	Le Pin, B.	203
		Les Parfontaines.	20
Thonnancourt.	65	Les Planches.	51
Thugeville.	83	L'Hotellerie.	32
Tordoüet, B.	214	Marolles, B.	209
Serg. de Moyaux.		Mesnil-Guillaume.	76
Blangy.	179	Moyaux, B. Vic.	263
Boulemons.	24	Ne De de Villers.	40

Paroisses.	Feux.	Paroisses.	Feux.
Norolles.	76	Folleville, *Vic.*	81
Pieucourt.	148	Fresnes.	67
Preterville.	79	Gacey.	212
S. Gervais d'Asnieres.	63	Grandval.	62
S. Hipolite.	26	Heudreville.	127
S. Liger.	63	Heugon.	166
S. Jean de Livet.	39	Jouveaux.	41
S. Martin.	45	Lievray.	395
S. Martin le Lieve.	54	La Chapelle Bajuel.	108
S. Pierre de Cantelon.	26	La Trinité.	43
		Lignieres.	55
S. Philbert des Champs.	173	La Chapelle de Montgenou.	16
Thiberville.	155	Le Sap, B. *Vic.*	514

Serg. de Folleville & du Sap.

Paroisses.	Feux.	Paroisses.	Feux.
		Mardilly.	60
Bailleul.	95	Mesnil-Vicomte.	36
Barville.	35	Morainville.	199
Bazocques.	95	Neuville, B.	254
Boquencey.	129	Nę De des Prez.	64
Cauverville.	59	Noyers-Menard.	70
Champhaut.	70	Nę De du Bois, B.	223
Chaumont.	188	Nouards.	36
Cizay.	100	Orgeres.	154
Coullemer.	62	Posmont.	21
Croisilles.	117	Rezenlieu.	59
Dovet Artus.	50	S. Georges du Mesnil.	102
Fspreville.	142		
Faverille.	150	S. Aubin de Sallon.	244

Paroisses.	Feux.	Paroisses.	Feux.
S. Jean d'Anieres.	54	S. Nicolas des Sevieres.	61
Sap Andrey.	109	Thilleul.	21
Samel.	51	Toucquettes.	70
S. Aubin prés Cizay.	30	Villiers en Ouche.	142
S. Evroüil de Montfort.	266		

ELECTION DE CONCHES

Divisée par Sergenteries.

Paroisses.	Feux.	Paroisses.	Feux.
Serg. de Conches.		Perriers.	70
Conches. V.	560	S. Aubin du Bosc.	50
Feux. Vic. Ch. G à S. Mar.		S. Leger le Gautier.	14
Serg. de Beaumont.		S. Leonard de Beaumont.	60
Bare.	125	S. Nicolas de Beaumont.	150
Beaumont ou le Roger, B. Vic.	140		
Bosc Roger.	13	Thibouville.	126
Espreville.	135	*Serg. de Neubourg.*	
Goupilliers.	230	Barguet.	50
La Cambe.	25	Canapville.	140
Le Tremblay Osmonville.	64	Combon.	193
		Escauville.	33
La Huaniere.	9	Espegard.	115
Ormes.		Esquetot.	86

Paroisses.	Feux.	Paroisses.	Feux.
Feuquerolle.	53	Le Thuilleul Sathou.	90
Graveron.	15	Rouge-Periers.	74
La Neuville du Bosc.	152	*Serg. au Graveron.*	
La Puille.	44	Le Boschion.	39
La Haye de Calville.	63	Le Fresne.	68
		Le Mesnil-Hardey.	95
Les Authieux.	12	Le Nuisement.	18
Le Thunsignol.	152	Le Vieux Conches.	38
Le Troncq.	81	Nâgel.	48
Marbœuf.	353	Nogent le Sec.	149
Neubourg.	353	Ne De du Val.	192
Semelaigne.	46	S. Mesnil.	8
S. Aubin de Cosville.	185	*Serg. de la Ferriere.*	
		Bougy.	27
S. Nicolas du Bosc.	108	Champignolles.	53
Ste Oportune du Bosc.	45	Collandre.	39
		Grevieuzeville.	10
Ste Opportune de la Campagne.	33	La Ferriere.	164
		La Houssaye.	69
Villettes.	77	La Vacherie.	48
Vilot.	64	Le Plessis Mohier.	57
Yville.	95	Le Thilleul Dame Agnez.	62
Serg. d'Harcourt.			
Bray.	70	Louvercey.	76
Chrétienville.	51	Mancelles.	41
Cocqueret.	1	Quinquarnon.	48
Escardanville.	64	Roumilly.	99
Fumichon.	86	S. Aubin des Hayes.	115
Harcourt, V. D.	183		

D vj

Paroisses.	Feux.	Paroisses.	Feux.
Serg. de Breteüil.		Ste Marthe,	124
Bernecourt.	200	Ste Marguerite, B.	272
Bretheüil, V. V. c.	555	*Serg. au Guignon.*	
Calville.	95	Amfreville.	192
Chavigny.	124	Berville.	86
Corveil.	87	Boissy.	114
Les Migneres.	49	Bosc Hubert.	18
Morainville.	97	Bois-Normant.	3
S. Denis de Behe-		Burey.	33
lem.	65	Creton.	77
Serg. de Villez.		Dalaincourt.	37
Crosville la Vieil-		Dame-Marie.	74
le.	104	Esmanville.	137
Esquetomare.	37	Faverolles.	37
La Haye du Theil.	91	Granvillier.	85
Semerville.	34	Heranvillier.	74
S. Leger des Hos-		Le Mesnil au Vi-	
pitaliers.	16	comte.	5
Ste Colombe.	127	La Puthevaye.	46
Villez sur le Neu-		La Gouberge.	11
bourg.	100	Mœsville.	69
Vitotel.	26	Orvaulx.	27
Serg. de Vieilles.		Portes.	85
Le Long Essards.	35	S. Estier.	30
Vieilles compris		S. Germain Aure.	124
S. Martin.	169	S. Nicolas d'Ab-	
Serg. des cinq Paroisses.		tez.	40
Baubray, B.	225	*Serg. de Dauville.*	
Le Fidellaire, B.	460	Autenay.	44
Sebecourt.	114	Blandey.	35

DU ROYAUME.

Paroisses.	Feux.	Paroisses.	Feux.
Chante-Loup.	20	Paulattes.	46
Champdomet.	25	Semoulins.	30
Charvelle.	66	S. Oüen d'Abtez.	115
Coulonges.	65	Villaret.	50
Dauville, B.	216	*Serg. de Lire.*	
Gonville.	78	Ambenay, B.	276
Les Essards.	122	Auvergny.	27
Le Chesne.	170	Bois-Auzerey.	83
Losmes.	33	Bois-Ervault, B.	222
Le Preüil.	114	Bois-Baril.	33
La Gueroulde.	158	Bois-Normand.	180
Romen.	63	Gizay.	49
Roncenay.	19	Guernauville.	75
Thilleres.	257	Harponcey.	59
Villez sur Dauville.	34	La Neuve Lire.	155
Serg. de Condé.		La Noé Jouxte la Barre.	83
Acon.	180	La Vielle Lire, B.	231
Condé, B.	221	Les Fretix.	37
Les Baux de Bretheüil, B.	407	Marnieres.	37
Le Sac.	62	Neaufle.	135
Mathelon.	60	Rugles, B.	211
		Ste Opportune.	14
Monseaux.	9	Vaux.	51

ELECTION DE VERNEUIL.

Divisée par Sergenteries & Châtellenies.

Paroisses.	Feux.	Paroisses.	Feux.
BAlines.	46	Augueze.	90
Beaulieu.	74	Bretel.	50
Bourg, B.	333	Chaise-Dieu.	119
Chesne-Brun.	60	Chamdéy.	146
Cheranviller, B.	216	Crullay, B.	268
Cintré.	114	Escorcey.	139
Courtailles.	43	Escubécy.	89
Francheville, B.	308	La Chapelle Vieille.	111
Gauville.	35		
Gros-Bois.	24	Le Buat.	61
Gourney.	70	Le Theil.	101
Iray.	192	Luict.	52
Les Brils.	93	Ne De d'Aspres.	156
Longue-Lune.	50	Petite Ville.	27
Mandres.	52	Ray.	169
Pizeux.	43	S. Aubin sur Iton.	83
Pulley.	98	S. Antoine de Sommaire.	119
S. Christophe.	76		
VERNEUIL, V. 864 Feux. 2. Bail. M P. G à S. Mar. 30 l. Serg. de l'Aigle.		S. Barthelemy &	137
		S. Jean de l'Aigle, V. Bar. Vic. G à S.	183
Aube.	97	S. Martin, B.	482

DU ROYAUME.

Paroisses.	Feux.	Paroisses.	Feux.
S. Martin d'Aspres.	123	Normandel.	70
S. Martin de Genete.	97	*Châtellenie de la Ferté.*	
		Beauche.	98
S. Martin des Prez.	31	Boissy le Secq.	168
S. Michel de la Forest.	109	Cherencey.	60
		La Behardiere.	77
S. Michel de Sommaire.	23	La Chapelle Fortin.	100
		La Ferté, B.	164
S. Nicolas de Sommaire.	52	Lambellore.	98
		Morvillier.	76
S. Pierre de Sommaire.	66	Mossonvillier.	75
		Reveillon.	40
S. Simphorien des Brieres, B.	212	Rüeil.	52
		Rohaire.	104
S. Sulpice, B.	236	S. Martin.	96
Tubœuf & S. Oüen.	92	S. Maurice.	58
		S. Victor.	39
Vitray sous l'Aigle.	60	*Ressort François.*	
		Armentieres.	92
Serg. de Brezolles.		S. Lubin de Crevent.	30
Berou & la Mulotiere.	135	*Châteauneuf.*	
Crucey.	80	Allainville.	28
Fessanvillier.	48	Ardelles.	61
La Gadeline.	54	Aulnay.	63
La Trinité.	40	Bellomer.	96
Les Châtelets.	32	Boissy en Droüais.	73
Mathanvillier.	22	Brezolles.	154
Montigny.	101	Brost.	21

DENOMBREMENT

Paroisses.	Feux.	Paroisses.	Feux.
Blevy & Baronval.	126	Perche.	56
		Longs.	104
Châteauneuf, Bail.	185	Les Ressuintes.	100
Chattaincourt. Ma	10	Mailbois & Chenevieres.	178
Dampierre.	60	Maleſtable.	57
Dampierre ſur Aure.	93	Manou, B.	229
Digny.	378	Mainternes.	56
Eſcluzelles.	76	Marchainville.	163
Eſcorpain.	68	Marville la Touche.	87
Favieres.	115		
Feuilleuze.	21	Marville.	102
Fontaine la Rebouſt.	59	Moulincent.	129
Garentieres.	17	Prudemanche.	68
Guernay.	9	Revercourt.	27
Hauterives.	34	Saulnieres.	42
Jauldrais.	85	Senonches, B.	322
La Ferriere.	25	S. Ange.	47
La Lande.	112	S. Etienne.	8
La Puy Laye.	200	S. Germain de Lizeau.	52
La Mancelliere.	83		
La Saucelle.	37	S. Jean.	43
La Ventrouze.	40	S. Jean de Rebefvillier.	63
La Ville aux Nonains.	86		
		S. Lubin.	5
Le Vavillé & S. Sauveur.	146	S. Martin de Loſme.	78
Le Meſnil Thomas.	71	S. Martin de Lizeau.	13
Louvilliers lez le		S. Meſmes.	25

DU ROYAUME. 89

Paroisses.	Feux.	Paroisses.	Feux.
S. Remy sur Aure.	108	Verrigny.	29
Tardes.	38	Vitray sous Brezolles.	58
Theuvy.	28		
Thimer, B.	223	Villette les Bois.	45

ELECTION DE DOMPFRONT.

Paroisses.	Feux.	Paroisses.	Feux.
A Purilley.	120	Le Bois.	164
Banvou, B.	254	Le Châtelier.	9
Beaulandaye.	159	Le Housseau.	96
Bretignolles.	80	L'Espinay.	155
Chancegrey, B.	539	Lonlay, B.	598
Chanuts, B.	373	Louchamp, B.	217
DOMPFRONT, V.	343	Loré.	155
Feux: Fic. M P. 5 gf Mar.		Lucey.	131
		Madré.	81
Halleines.	60	Mantilly, B.	527
Juvigny, B.	409	Melleray & Reynes.	68
La Baroche, B.	340		
La Chapelle Morche.	187	Neulley.	1
		Reollé.	126
La Conception, B.	418	Seaulçay, B.	397
La Ferriere.	207	Séforges, B.	210
La haute Chapelle, B.	258	S. Bomer, B.	322
		S. Brice.	80
La Lande Patey, B.	295	S. Denis.	100
		S. Fraimbault, B.	506
Landigon.	120	S. Front.	455

DÉNOMBREMENT

S. Gilles.	116	Ste Marie du Bois.	79
S. Jacques.	154	Tessey.	160
S. Marc & Graive, B.	472	Torchamp, B.	217
		Vancey, B.	313

ELECTION DE FALAIZE,

Divisée par Sergenteries.

Paroisses.	Feux.	Paroisses.	Feux.
Serg. de Falaize.		Fourches.	81
LA Trinité de FALAIZE & Guibray, S. Gervais & S. Laurent, V.	660	Fresné Camere.	96
		La Chapelle Mauvoisin.	18
Feux. Vic. Grur. G à S. Mar. 40 *l.*		La Chapelle Soucquet.	23
		La Hoguette.	77
Ailly.	26	Les Rotours.	57
Anglois Cheville.	22	Mesnil-Hermey.	98
Bazoches, V.	163	Nepey.	146
Bermenes.	37	Ners.	19
Brieux.	43	Neuvy.	105
Champferye.	94	Ollendon.	52
Corday.	20	Perteville.	57
Courteills.	69	Perrieres.	57
Coulleboeuf.	91	Pont-Escrepin.	86
Damblainville.	77	Rabondange.	96
Eraynes.	66	Ronnay.	51
Espenney.	61	Sacy.	94
		S. Pasduin	37

DU ROYAUME. 91

Paroisses.	Feux.	Paroisses.	Feux.
S. Pierre du Bu.	85	Rapilly.	32
Ste Anne.	3	S. Christophe.	10
Versainville.	85	S. Germain Langot.	102
Vesqueville.	32		
Vignats.	124	S. Loup.	19
Villy.	83	S. Osmer.	82
Serg. de Thury.		S. Philbert.	68
Aubigny.	60	S. Pierre Canivet.	40
Angouille.	32	S. Pierre du Bo.	73
Bonnœil.	73	S. Remy.	122
Causesseville.	59	Treperet.	51
Caumont.	23	Thury.	113
Combray.	64	Villers-Canivet.	98
Donnay.	72	Ussy.	108
Esson.	87	*Serg. aux Bruns.*	
La Pommeraye.	34	Bray en Cinglois.	20
La Mousse.	9	Fourneaux.	34
Le Destroit.	52	Ouilly le Tesson.	87
Leffard.	46	Quesnay.	20
Les Isles Dardel.	60	Soulengy.	63
Les Loges Saulces.	50	S. Martin du Bu.	68
Le Vey.	49	S. Vigor de mieux.	33
Martegny.	93	Torp.	12
Martinville.	34	*Serg. de Berteüil.*	
Mesnil le Vinc.	52	Auberville & S. Pierre aux Isles.	82
Mesnil-Ville Ment.	92		
Noron.	79	Bray la Campagne.	31
Ouilly le Basset.	100	Bretteville.	179
Pierre-Pont.	31	S. Martin du Bois.	20
Pierre-Fitte.	92		

Paroisses.	Feux.	Paroisses.	Feux.
Serg. de Tournebu.		Castillon.	124
Acqueville.	84	Courcy.	61
Bertheville de Rabel.	27	Coupe Sartre.	48
		Douxmaresq.	34
Bous.	69	Escageul.	94
Cingal.	22	Hieuville.	68
Estrées.	68	Le Thilleul.	25
Fontaine Halbout.	21	Les Osthieux Papion.	69
Fontaine le Pin.	46		
Grainville.	34	Lievry.	59
Geny en Cinglois.	118	Mesnil-Baqueley.	102
Mesnil-Touffray.	33	Mesnil-Mauger.	152
Mestey.	71	Mesnil-Ourry.	39
Moulines.	50	Milhois.	59
Placy.	47	Mirebel.	32
Possigny.	42	Mont de Viette.	89
Soubsmonts.	58	Morieres.	29
S. Germain.	59	Ouville la bien Tournée.	78
S. Quentin.	18		
Tassilly.	43	Querville.	76
Tournebu.	109	Quetieville.	77
Urville.	81	Soquence.	21
Serg. de S. Pierre sur Dive.		S. Iore.	69
		S. Julien.	60
Ameville.	95	S. Maclou.	17
Berville.	61	S. Michel.	113
Bertheville.	66	S. Martin.	32
Bieville.	45	S. Pierre, *B. Vic.*	243
Bœsle.	113	Ste Marie.	43
Carel.	22	Ste Margueri-	

DU ROYAUME.

Paroisses.	Feux.	Paroisses.	Feux.
te, B.	232	gne.	34
Toftes.	54	Vendeuvres.	46
Vieuxpont.	160	Vieux Fumé.	33
Vicques.	47	*Serg. de la Foreſt.*	
Serg. de Jumel.		Batilly.	62
Canon.	30	Bernay.	49
Cesny.	42	Chesne Sec.	19
Condé.	55	Chesne Douict.	78
Donville.	51	Durcet.	118
Eran.	104	Eschallou.	89
Ernes.	79	Gras-Menil.	71
Escures.	14	La Carneille, B.	225
Favieres.	23	La Foreſt Au-	
Grisy.	28	vray, B.	218
Ils sur Layson.	38	La Frenaye au	
Le Breüil.	52	Sauvage.	87
Le Bu.	22	Le Repas.	15
Magny la Cam-		Les Tourailles.	62
pagne.	61	Les Oſtieux.	13
Magny le Frusle.	88	Le Sac.	12
Mezieres.	78	Méguillaume.	27
Mezidon.	73	Mille Savatte.	50
Oueſſy.	63	Meſnil-Jean.	91
Percy.	40	Meſnil-Gondoüin.	103
Ponts.	17	Putange.	88
Quatre Puits.	13	Rontfeugeray.	127
Rouvres.	42	S. André.	120
Soignolles.	17	S. Aubert.	131
Thieville.	71	S. Denis.	54
Vaux la Campa-		S. Malo.	44

DÉNOMBREMENT

Paroisses.	Feux.	Paroisses.	Feux.
Ste Croix.	78	*Serg. de Breouze.*	
Ste Honorine, B.	261	Beauvain.	118
Ste Honorine la Petite.	45	Bellou, B.	371
		Breouze.	166
Ste Opportune.	115	Louglay.	244
Taillebois.	79	Le Grés.	164
Serg. de Houline.		Le Mesnil de Breouze.	219
Asne-Becq.	124		
Faverolles.	122	Lignon.	83
Joüé du Bois.	210	Poinctel.	100
La Chaux.	38	S. Hilaire.	147
La Lande de Lougy.	32	*Serg. de la Ferté.*	
		Antoigny.	80
Le Champ de la Pierre.	41	Couterne, B.	263
		La Coullonche, B.	263
Les Yvetaux.	52		
Lougy.	157	La Ferté Macé, B.	477
Montreule.	93		
Rasne, B.	325	La Motte Fouqué.	150
Sechehains.	60		
S. Brix.	72	La Sauvagere, B.	269
S. Martin Léguillon.	191	Magny prés la Ferté, B.	390
S. Martin des Landes.	96	Mehoudin.	64
		S. Mavoïer.	174
S. Oüen sur Mer.	46	S. Oüen.	135
Ste Marguerite, B.	363	S. Patrice.	118

ELECTION D'ARGENTAN.

Divisée par Sergenteries.

Paroisses.	Feux.	Paroisses.	Feux.
ARGENTAN, Feux. V. Vic. M P. G à S. Mar.	1000	Mesnil-Selleve.	82
		Ne De du Châtelier.	55
Caulodon.	30	Sepuray.	186
Mauville.	60	Saires.	134
Serg. de Boessy.		S. André de Messay.	137
Boessy.	92		
Juvigny.	50	S. Gervais.	217
S. Christophe.	106	S. Sauveur, B.	262
Serg. d'Auge.		Ste Marie la Robert.	93
Aubry le Panthon.	97		
Escots.	62	Trese Saints.	40
Guerquesalle.	148	Vieupont.	192
La Bruire.	58	*Serg. au Breton.*	
Les Astelles.	33	Crennes.	45
Mesnil-Durand.	114	Cuy.	61
Royvillé.	279	Fresne le Bussard.	20
Serg. d'Escouché.		Goullay.	143
Avoines.	112	La Courbe.	66
Boucé.	150	La Lande S. Simon.	96
Ecouché, B. R.	351		
Goult.	23	Merry.	104
Joué du Plain, B.	267	Montgaroult.	109
Loucé.	48	Moulins.	195

DENOMBREMENT

Paroisses.	Feux.	Paroisses.	Feux.
Pierrefitte.	52	Tournay.	153
Rij.	85	Ville-Dieu le Bailleul.	58
Say.	56		
Sentilly.	135	*Serg. d'Exmes.*	
Segrie-Fontaine.	133	Anne-Perey.	105
S. Lambert.	53	Argentelles.	35
Vaux le Bardoul.	28	Avenelles.	81
Urou.	63	Barge.	25
Serg. de Trun.		Bel Hostel.	57
Auvernes.	93	Chambay.	113
Aubery.	23	Champosbert.	67
Bailleul, B.	141	Chaigny.	52
Bon-Mesnil.	30	Champosoul.	179
Camembret.	163	Chaufour.	21
Fresné le Sanson.	70	Claire-Feille.	172
La Chapelle Hautegru.	56	Courgeron.	13
		Exmes, Vic.	110
Les Moutiers.	86	Fel.	77
Les Champeaux.	85	Gerbert.	36
Le Renouard.	190	Gimay.	42
Les Marets.	61	Godichon.	97
Les Tiquetils.	38	La Cochere.	88
Mesnil-Coufré.	57	La Fresné Fayel.	95
Mesnil-Imbert.	59	La Roche de Nonnant.	88
Pont de Vic.	27		
S. Eugene.	36	Le Bourg.	85
S. Germain de Montgommery.	80	Le Pin.	45
		Marmoullé.	131
Ste Foy de Montgommery.	111	Mesnil-Hubert.	103
		Mesnil-Froger.	65
		Monturmel.	

DU ROYAUME.

Paroisses.	Feux.	Paroisses.	Feux.
Monturmel.	68	Crouptes, B.	218
Montmarçay.	48	Escorches.	98
Neauphe.	94	Fontaines.	83
Nonnant, B. Marq.	210	Guespré.	60
		Guernetot.	75
Omméel.	108	La Cambe.	35
Survie.	94	La Potterie.	18
S. Arnoult.	22	Le Fouquerend.	51
S. Anastaize.	26	Les Autels en Au-	
S. Denis des Ifs.	53	ge.	39
S. Liger.	11	Les Sablons.	69
S. Pierre de la Ri-		Louvieres.	38
viere.	170	Montreüil.	39
Ville-Badin.	20	Ommay.	61
Serg. de Mesnil.		Quatre Fave-	
Aunou.	90	rils.	19
Brevaux.	13	Trun, JR.	128
Commeaux.	43	Varry.	59
Cuigny.	29	Vimoutiers, B.	565
Fontenay.	104	*Serg. au Breton.*	
Levigny.	68	Fleurey.	116
Mesnil-Aize.	28	Francheville.	102
Pommainville.	67	La Belliere.	137
Sarceaux.	98	La Lande de	
Serrans.	45	Goul.	107
Silly.	128	Le Repos.	39
Tancques.	89	Marcey.	106
Vielurou.	14	Margney.	60
Serg. de Montagu.		Meheudin.	20
Coullonces.	69	S. Loyer.	121

Tome II.

DENOMBREMENT

Paroisses.	Feux.	Paroisses.	Feux.
S. Martin d'O, B. Marq.	210	Louvagny.	29
		La Gravelle.	59
S. Ypoelte,	60	Monpinçon.	72
Vrigny.	128	Ne De de Fremé.	92
Serg. aux Bruns.		Revillon.	50
Abville	51	S. Bazile.	37
Barou.	52	S. Martin de Fresney.	111
Fougy.	37		
Grand-Mesnil.	105	Tortisambert	117
Montabar.	127	Vaudeloges.	54
Naüvoyer.	16	*Serg. d'Habloville.*	
Norry.	81	Beaumais.	118
Occagnes.	75	Crocy.	180
Tertu.	6	Giel.	99
Serg. de Monpinçon.		Habloville.	169
Heurtevent.	129	Morteaux,	128
Iort,	91		

ELECTION DE MORTAGNE,

Divisée par Châtellenies & Sergenteries.

Cette marque † fera connoître qu'aux Paroisses où l'on la trouvera, il y a plusieurs Hameaux joints ausdites Paroisses, qui composoient ci-devant l'Election de Longny ; ce que l'on a fait pour éviter les répetitions.

Paroisses.	Feux.	Paroisses.	Feux.
Châtel. de Mortagne.		Courge Hoult.	173
Auteüil.	106	Courtheraye.	141
Bazoches,		Courtoullin.	44
V. J. R.	316	† Dorceau.	156
Bivillier.	69	Faings.	165
Bizou.	96	La Chapelle	
† Boissy Maugis.	223	Montligeon.	154
Bressolettes.	20	La Méniere.	190
Bubertré.	89	La Potterie.	61
Buré.	94	† Le Mage,	212
Champeaux.	165	Le Pas S. Lomer.	69
Champs.	76	Le Pin, *B.*	318
Comblo.	60	Lignerottes.	55
Corbon.	81	Longny, *B.*	497
Coulimer, *R.*	225	Loysail.	110
Courceraut.	160	MORTAGNE, *V.*	910
Courgeon.	111	*Feux. Bail. Vic. M*	

E ij

DENOMBREMENT

Paroisses.	Feux.	Paroisses.	Feux.
P. G à S. Mar.		† S. Victor de	
Maisons Maugis.	86	Resno.	252
Mauves, *B.*	287	Ste Seronne.	160
Mesnuës.	126	Theval.	37
Monceaux.	78	Thourouvre, *B.*	420
Moustiers, *B.*	407	Villiers.	124
Nully.	197	*Châtellenie de Bellesme.*	
Parfondeval.	48	Apenay.	166
Prépotin.	53	Bellesme, *V. Bail.*	
Randonney.	126	*Vic. J R. G. à S.*	
Regmallard.	190	Bellou.	192
Reveillon.	232	Bellou le Tri-	
Soligny, *B.*	205	chard.	128
S. Aubin de Bœssy.	35	† Berduis.	161
S. Denis.	83	Condeau, *B.*	280
S. Etienne.	41	Coullonnard.	121
S. Germain, *B.*	365	Corubert.	44
S. Germain de		Courthioust.	26
Martigny.	83	Dame Marie.	101
S. Hilaire.	183	Dancé.	188
S. Jean & S.		Gemages.	99
Malo.	265	La Briere.	94
S. Langis.	144	La Chappelle	
S. Marc de Res-		Souef.	178
no, *B.*	310	† La Rouge.	152
S. Mars.	54	Le Teil.	91
S. Martin.	100	† L'Hermitiere.	100
S. Oüen.	100	Le Ressort Dauzé.	25
S. Quentin.	58	Le Ressort S. Cos-	
S. Sulpice.	46	me.	33

Paroisses.	Feux.	Paroisses.	Feux.
Le Ressort de Gâtineau.	11	S. Quentin.	60
		Verrieres, B.	259
Le Ressort de Nogent.	14	*Châtellenie de Ceton.*	
		Ceton, B.	527
Marcilly.	34	Champrond.	47
† Nocé.	245	Dollon.	21
Peuvray.	68	S. Denis des Couldrais.	82
† Preaux, B.	282		
Serigny.	112	S. Jean des Eschelles.	10
S. Aignan.	108		
S. Aubin.	51	Teligny.	42
† S. Cir, B.	231	*Châtel. de la Perriere.*	
S. Gauberge.	23	Barville, B.	218
S. Germain des Groies.	168	Bellaviller.	128
		Chemilly.	140
S. Germain de la Couldre, B.	357	Esperaye.	134
		Montgaudry.	159
S. Hilaire sur Erre.	222	Origny le Roux.	265
		Origny le Butin.	83
S. Hilaire des Noyers.	14	Pervenchere, B.	236
		Surey.	279
S. Jean de la Forest.	112	S. Frogent.	130
		S. Hilaire de Soualé.	160
S. Martin Digé, B.	245	S. Jacques.	86
		S. Jouin de Blavo.	173
† S. Martin du Doüet.	53	S. Julien, B.	352
		S. Martin du Vieil Belesme, B.	437
S. Maurice.	112		
S. Ouen de Cour.		Villeray.	71

DENOMBREMENT

Paroisses.	Feux.	Paroisses.	Feux.
Châtellenie de Nogent.		gent.	647
† Argenvillier.	167	S. Jean de Mar-	
† Brunelles.	153	gon.	183
† Champrond.	71	S. Laurent de No-	
Courtelost.	47	gent.	418
Couldray.	26	† Trisey.	32
† Coudreceaux.	147	† Vicheres, S.	
Les Estilleux.	37	Marc. & la	
† Mâle.	280	Gaudaine.	185
† Nogent-le-Ro-		Serg. de Boulay.	
Rotrou, V. B.		† Bertoncelles, B.	436
JR, G à S.	450	Combres.	3
Nonvillier.	94	† Coullonges.	253
Pierre-Fitte.	80	Fontaine Simon.	163
† Souencey.	245	† S. Victor de	
S. Cierge.	30	Buton.	272
S. Hilaire de No-			

DU ROYAUME.

GENERALITE'
DE
MONTAUBAN,

Composée de onze Elections.

SÇAVOIR,

MONTAUBAN, }
CAHORS,   } en Quercy.
FIGEAC,   }
VILLEFRANCHE.
RHODEZ,   } en Rouergue.
MILHAUD,   }
COMINGES, le Siege est à Muret, dans le Pais de Cominges.
LOMAGNE *ou* FLEURANCE,   }
RIVIERE VERDUN *ou* GRENADE, } en Ar-
ARMAGNAC, ou AUCH,   } magnac.
ASTRAC *ou* MIRANDE,   }

E iiij

ELECTION DE MON-TAUBAN.

Paroisses.	Feux.	Bel.	Paroisses.	Feux.	Bel.
Albias.	15	35	Cazals.	3	51
Auty.	6	41	Conquos, B.	5	21
Bazarac, J R.	7	55	Courondes.	3	81
Bach.	6	40	Epinasse.	8	41
Baracre.	5	25	Fontanes &		
Baillats.	4		S. Severe.	5	37
Belfort, B.	21	49	Genebrieres.	5	35
Belregard, B.	8	41	Jaillac.	5	20
Belmont.	5	18	Jamblasse.	1	61
Belmon.	5	36	La Barthe.	11	99
Belgarde & la			La Bastide		
Bastide.	3	81	Marsac.	3	62
Blauzac.	4	45	La Bastide de		
Bieule, B.			Penne.	3	78
Comté.	26	46	La Capelle S.		
Boudou.	6	40	Paul de Pis.	4	43
Bourniquet, B.	22	32	La Capelle		
Cas.	4	33	Lievron.	8	54
Cairac.	4	69	La Françoise,		
Caussade, V.			V. J R nr.	45	47
J R nr.	70	95	La Penche.	4	7
Caylus, V. J R			Lalbenque, V.	14	67
nr.		59	La Salvetat.	4	
Cayriech.	5	35	Leojare &		

Paroisses.	Feux.	Bel.	Paroisses.	Feux.	Bel.
Fargues.	4	68	Montpezat, V.		
Lhonorde Cos.	37	7	Marq.	50	36
Lhonor & Vaissac, B.	28	36	Moissac, V. J R n r.	81	41
Lespare.	4		Montesquieu, B.	17	25
Limounhe.	7	59	Mordaigne.	3	7
Loubejac.	3	2	Moullac.	2	84
Lousoulié.	3	58	Mondomere.	9	68
Loze.	7	55	Negrepelisse, V.	35	26
Luvaurette.	10	72	Pechiourde.	3	57
MONTAUBAN, V.	168	37	Piac.	4	43
Feux. Vic. Ev. C. d A. B d F. Pres. Sen. J C. B d T. 150 l.			Piquecos.	6	90
			Promillanes.	8	40
Malauze.	4	6	Puy-Gaillard & S. Genies, B.	11	90
Mirabel, V.	23	54			
Montastruc & la Roquemares.	4	4	Puy-la-Garde Vialars, B.	32	92
Montricoux, V.	21	4	Puy-la-Roque, V.	39	90
Monclar, B. Marq.	31	56	Puy-Cornet, Bar.	9	20
Montalzac, B. J R. n r.	23	96	Realville & S. Vincent, V. J R n r.	32	46
Mollieres, V. J R n r.	39		Sept Fonds & S. Cirques, B.	22	86
Monfermier.	3	20			

DÉNOMBREMENT

Paroisses.	Feux.	Bel.	Paroisses.	Feux.	Bel.
Sauveterre, B.	14	68	S. Martin.	5	37
S. Alauzic.		79	S. Paul.	3	26
S. Crapazy.	1	7	S. Projet, B.	18	19
S. Etienne de Tulmont.	7	9	S. Vincent de l'Epinasse.	4	43
S. Jean-de-Laur.	7	58	Ville Made, Bar.	7	63
S. Marc.	1	7			

ELECTION DE CAHORS.

Paroisses.	Feux.	Bel.	Paroisses.	Feux.	Bel.
Albas & Anglars.	7	29	Brassac.	13	92
Arcambal.		99	Broüelles.	3	80
Artix.	4	89	Breganty.	1	44
Aucastels.	6	99	CAHORS, V.	117	4
Aujols & Loucamps.	3	69	Feux. Evêché. Université. Presidial. Senes. C. Maréchaus. 140 l.		
Bagat.	3	55			
Baumat.	5	6			
Bears & Beaussies.	3	68	Castelnau-de-Mont-Ratier, V. Bar.	42	
Belcaire.	7	33			
Bouloc.	3	79			
Boissieres.	3	78	Calhus Salvezou Graudene.	12	30
Boisse.	1	51			
Boutayrac.		25			
Belaye.	10	14	Calvignac.	4	85

Paroisses.	Feux.	Bel.	Paroisses.	Feux.	Bel.
Cambayrac.	4	88	Espere.	3	99
Castelfranc.	4	87	Fages.	2	54
Casenach.	5		Fausset.	5	2
Cabanac.	7	21	Fauroux.	7	58
Calamane.	7	41	Ferrieres le		
Casals, B. J.			Grand.	2	54
R n r.	6	99	Ferrieres le		
Cabreres.	5	8	Petit.		51
Caillac.	6	82	Flaugniac, B.	18	91
Callés.	3	3	Francoulez.	5	6
Calvayrac.	1	86	Frejouls.	3	11
Cazes.	1	31	Flaujac.	1	79
Cours & Gi-			Flouressas.	3	27
ronde.	4	95	Frayssinet.	4	49
Concourez.	7	58	Forques For-		
Cras.	6	8	quettes.	5	49
Craissac.	6	72	Ganiac, B.	15	25
Cenevieres.	3	29	Gallessie.	3	72
Cievrac.	2	93	Gindou.	2	66
Cormis.	3	14	Ginoullac.	2	90
Cramps.	2	46	Gigoussac.	3	80
Cezac.	2	54	Ginoullac, B.	2	91
Cenac.	2	3	Gregols &		
Costerauste.	1	51	Fregous.	1	11
Deganiazes.		49	Grezels.	5	95
Douelle &			Grangouls.	2	95
Cessac.	7	47	Gourdon, V.		
Durevels, V.	25	53	Senech. J. R.	29	92
Durfort.	6	67	Issel.	6	8
Escairac.	3	72	La Bastide		

E vj

Paroisses.	Feux.	Bel.	Paroisses.	Feux.	Bel.
Marniac.	9	55	Le Breil.	6	8
La Bastide de Luzech.	3	79	Le Monsat.	5	8
La Burgade.	2	97	Le Teron.	3	71
La Borie Genies.		91	Lerm.	2	3
L'Abbaye nouvelle.	1	1	Le Vignan, B.	15	7
			Les Arques.	6	80
			Les Cabanes.	5	90
La Bouffie.	7	51	Les Joüanies.	5	
La Capelle Fairlés.	5		Linas.	5	3
			Lolmie.	3	72
La Capelle de Cabanac.	4	67	Loucaire.	2	54
			Louspitales.	2	85
La Garde.	2	77	Loupiac.	2	53
La Fontade.	3	3	Louclausels.	1	96
La Motte Navarenque.	7	58	Lusech, V. Cami & Caix.	19	84
La Motte Massault.	6	8	Luganiac.	1	41
			Luscanonges.		99
La Motte Cassels.	5	6	Luzies.	3	3
			Masclac.	4	87
La Molairette.	4	95	Marmiac.	7	58
La Toulsaine.	3	11	Maxou.	3	80
La Masse.	1	98	Martiniac.	1	84
La Boulgues.	2	54	Mecmonde Guerre.	3	3
Lauserte, V. Sénech	53	49	Mercuez.	3	72
La Vercantiere.	7	58	Moncuq, V. JRnr.	26	12
Le Boulbé.	6	57	Mondenar-		

DU ROYAUME.

Paroisses.	Feux.	Bel.	Paroisses.	Feux.	Bel.
re, B.	23	91	Püy l'Evê-		
Monfaucon, B.	11	12	que, V.	10	95
Montagudet.	3	6	Rampoux.	3	3
Monclara.	4	87	Raffiels.	3	99
Miramont, B.	7	93	Rouffiac.	2	54
Monlaufun.	7	57	Rouffillac.	7	58
Mont-Amel.	3	80	Salviac, B.	13	21
Monbarla.	3	80	Sabadel.	4	95
Mongefti.	3	77	Saulx & Tour-		
Moiffac.	3	22	niac.	3	80
Mouffac.	1	43	Serignac.	3	78
Nadaillac			Segos.	2	46
Loufée.	3	3	Soulommés.	5	95
Nadaillac de			Souveirac.	6	39
Rougés.	3	78	S. Abrix, B.	11	24
Niaudou.	1	6	S. Alaufic.	7	58
Nouffac.	5		S. Amaran.	7	58
Nuzejouls.	2	96	S. Amans.	3	77
Parnarc.	2	3	S. Cirq la Po-		
Pern.	10	16	pie, V.	16	93
Peyrignac.	10	14	S. Cernin.	7	59
Peyrille.	10	14	S. Clar.	7	58
Pefcadoires.	6	8	S. Cirq de		
Peych Pezou.	3	21	Bel Arbre.	2	28
Pecalbel.	1	52	S. Clement.	1	43
Pommarede.	2	90	S. Crapazy.		95
Poncirq.	3	3	S. Daunes.	7	21
Pradines.	6	92	S. Daunis.	2	20
Proüillac.	5		S. Felix.	2	54
Praiffac.	10	93	S. Germain, B.	17	84

DENOMBREMENT

Paroisses.	Feux.	Bel.	Paroisses.	Feux.	Bel.
S. Geniez.	3	79	Ste Gillette.	9	58
S. Gery.	5	95	Ste Marte.	2	57
S. Hipolite.	3	79	Theidirac.	3	78
S. Martin & Lauzes.	7	59	Toufailles.	6	8
			Touffac.	4	19
S. Martin la Boubal.	3	25	Trebais.	3	76
			Trepoux.	2	54
S. Michel.	2	89	Vaillac, V. Comté.	10	92
S. Meard.	3	3			
S. Pantaleon.	9	55	Valprionde & S. Amans.	4	95
S. Projet.	6	58			
S. Pierre.	2	89	Valroufie.	2	86
S. Pribat.	2	49	Villeseque.	3	35
S. Paul.	5	6	Visa, B.	2	94
S. Vraisse.	7	58	Vire.	4	90
S. Sauveur.	3	80	Vers & Vellés.	9	95
S. Vincent.	6	8	Uzech des Oulles.	3	78
Ste Croix & Belmontel.	9	68			

ELECTION DE FIGEAC.

Paroisses.	Feux.	Bel.	Paroisses.	Feux.	Bel.
Albiac.	1	95	Beyrevignes, B.	14	27
Affier.	9	86			
Anglars.	6	69	Boussac.	4	32
Amior, B.	17	21	Bouisson.	2	63
Aynac.	16	27	Bio.	6	57
Bedver.	12	25	Bouxal.	1	75

DU ROYAUME.

Paroisses.	Feux.	Bel.	Paroisses.	Feux.	Bel.
Brengnes.	3	50	FIGEAC, V.	79	84
Blars.	4	90	Sen. J R n r.		
Bonecoste.	1	28	148 l.		
Burbans.	3	74	Favelle, B.	12	74
Cajarc, B.	22	75	Felzins.	10	97
Cadrieu.	1	78	Flaujac.		87
Carajac.	1	76	Fieurac.	2	18
Camboulit.	8	86	Fontanes.	1	82
Cambe.	6	51	Fourmaniac.	8	65
Camburat.	9	39	Fons, J R.	9	61
Cardaillac, V. Marq.	22	17	Frontenac.	2	21
			Graalou.	6	59
Calviac.	6	57	Gintrac.	3	24
Cahus.	6	56	Goudou.	8	30
Carenvac, B. & Marniagues.	17	94	Gramat, B.	24	25
			Grezés.	2	40
			Grosés, B.	12	91
Castelnau de Bretenoux, V. Baron.	68	58	Isseps.	8	71
			La Bastide d'Elmont.	1	58
Cassilliac.	4	84	La Bastide Fortunier.	10	98
Canniac.	11	58			
Camy.	1	33	La Bastide Gramat.	1	82
Carlucet.	3	73			
Corn & Roquefort.	7	4	La Cappelle Aujac.	5	82
Comiac, B.	12	92	La Cappelle Baniac, B.	23	45
Condat.	13	22			
Espadeillac.	4	38	La Cappelle Marival.	10	74
Estrinquels.	3	30			

Paroisses.	Feux.	Bel.	Paroisses.	Feux.	Bel.
La Batude.	3	28	Luvernhe.	8	38
Lantillac, B.	12	8	Lunegarde.	2	65
Lantillac en Cauffe.	4	71	Lunan.	3	30
Lanfac.	6	51	Marcillac, B.	9	9
La Roque Toyrac.	4	92	Mezels.	1	91
La Tronquere.	6	54	Meyronne.	6	47
			Meyrinhac le Francoal.	2	21
			Mialet.	2	47
Laures, B.	12	45	Monbrun.	5	16
Lafvaus.	3	12	Monredon & Poftan.	8	99
Larnagol.	7	34			
La Panonie.	1	69	Moulieres.	8	76
Le Bourg.	6	62	Ornaac.	3	54
Le Cournoulié.		36	Paunac.	1	31
			Padirac.	4	80
Le Montet.	1	20	Peirac.	5	74
Lentour & Merignac.	6	56	Pinfac.	6	45
Le Bourgairou.	5	68	Planioles.	3	25
			Prendenies.	8	75
Leymes & Saignes.	3	74	Puybrun & Tauriac.	11	30
			Quiffac.	3	74
Livernon.	9	86	Reilliac.	5	80
Liffac & S. Daunis, B.	18	58	Reliaguet.	2	21
			Roquemadour, V.	15	13
Linac.	9	23			
Liauzin.	1	26	Rudelle.	4	21
Loubreffac, B.	20	31	Rueyeres.	2	83
Loupiac.	3	74	Sabadel.	5	67

Paroisses.	Feux.	Bel.	Paroisses.	Feux.	Bel.
Sauliac.	4	40	S. Pierre.	5	86
Salgues.	4	76	S. Romain.	2	66
Sounac.	5	12	S. Simon.	6	48
Senaliac.	6	65	S. Perdouls.	6	46
Souceyrac, B.	22	75	S. Sulpice.		
Souliac, V.	13	35	Marq.	3	25
Senaillac.	4	40	Ste Colombe.	3	52
Soüillaguet.	2	66	Taroud &		
S. Alary, B.	16	45	S. Meurd.	7	46
S. Bressou.	2	63	Teyssieu.	6	45
S. Cirque.	19	14	Teminettes.	9	57
S. Dolucet l'Hôpital.	6	57	Themines, Marq.	6	57
S. Eulalie.	3	27	Tegra, Vic.	12	39
S. Meardet.		84	Vayrac, B.		
S. Felix, B.	13	12	Comté.	19	77
S. Jean de Mirabel.	2	10	Viazac.	8	76

ELECTION DE VILLEFRANCHE.

Paroisses.	Feux.	Bel.	Paroisses.	Feux.	Bel.
Alsonne.		89	Anglas & Loumes.	5	13
Almon.	3	14			
Agres.	3	52	Ariac.	4	76
Arnac.	7	68	Asprieres.	10	79
Arcaignac.	7	80	Auzils.	7	32
Ambairac.	3	19	Bars & Bors, B.	15	55

Paroisses.	Feux.	Bel.	Paroisses.	Feux.	Bel.
Beauzac.	1	14	Clairvaux.	7	80
Belpech.	3	74	Congues, B.	11	9
Beteille.	3	32	Combret.	5	79
Bets.	2	77	Cranzac.	1	44
Belcastel, B.	14	79	Crespin.	4	29
Beauzeillies.	4	15	Corbieres.	1	83
Boisse.	5	11	Cussac Sorne.	6	94
Bouillac.	7	81	Delrey.		75
Bournazel.	9	77	Druille.	8	49
Cabannes.	6	90	Elbes.	7	54
Cadours & la Caille.	5	18	Espillac.	1	62
			Espeyrac.	5	82
Calcomier.	2	47	Espinasolles.	7	14
Car.ndre.	2	7	Estrabols.		12
Causeville.	88		Faynerolles.	6	69
Castanet.	5	55	Fermy.	5	94
Castelnau-Peirales, V.	36	19	Fermy Perclaux.	6	37
Camboulan.	3	79	Fermy Soubira.	4	66
Cassances.	3	14			
Campolibat.	6	12	Flaignac, B.	13	93
Cassaignettes, V.	60		Flauzien.	1	34
			Foissac.	8	28
Cabanes.	4	84	Fontainons & Dep..	2	39
Cabrespines.	2	84			
Carcenac.	1	78	Fiaguet Rey.	4	13
Cambrouze.	4	35	Figeaguet.	2	7
Colombies.	6	14	Frons.	2	49
Cenac.	2	81	Foureslas.	4	16
Clahunac.	2	82	Galgat & Bal-		

DU ROYAUME.

Paroisses.	Feux.	Bel.
zergues.	9	84
Gausevigne.	3	79
Ginal.	4	74
Ginoüillac.	1	40
Glassac.	3	35
Goutrens.	2	1
Gramont.	7	75
Gradel.	2	76
Grand Vabres de Conquets.	6	10
Grand Vabres de Vinzelle.	2	
Jalengues.	8	14
La Bastide l'Evêque.	4	18
La Bastide Capdenac.	3	7
La Bastide de Nautel.	1	36
La Bastide de Pareage.	1	25
La Salvetat, V. J Rnr.	7	8
La Salvetar des Carpes.		90
La Salvedou.	10	98
La Masere.	3	23
La Foüillade.	9	18
La Capelle Beys.	6	72
La Capelle Valaguier.	4	39
La Capelle Bleys.	2	99
La Guespie.	4	49
La Roquette.	3	11
La Plane.		89
La Nejoul.	4	85
La Roque Boüillac.	4	14
La Vinzelles.	7	19
La Pradelles.	1	3
L'Abesse Nœz.	2	55
La Vergne Toyrac, B.	13	27
Lescure.	4	31
Le Xox.		87
Leoupoujet.		92
Levignac, V.	15	96
Limairac.	1	62
Loufour S. Vinsa.	3	28
Loucouzol.	4	29
Loublissol.	2	25
Loumas de l'Homme.		64
—de la Bastide.		64
—de Leausse.	1	22

116 DÉNOMBREMENT

Paroisses.	Feux.	Bel.
—de Trapeloup.	1	6
—de Laffebrie.		82
—de Las-Mausies.	1	45
Loumouilly de la Vaisse.	1	19
Lous Aubris.	4	10
Loubosc de Cadoule, B.	17	47
Lunac.	6	26
Lugan.	6	32
Loupiac.	2	72
Malleville, B.	11	56
Marmon.	3	2
Marin.	1	80
Martiel.	7	54
Mazoulle.	2	18
Mazeirolles.	2	23
Menies.	3	97
Mieret.	5	61
Mirabel.	2	
Morlhon.	6	54
Monteils & Floirac.	7	24
Montsallés.	6	52
Mantbasens, B.	11	25
Monteil.		70

Paroisses.	Feux.	Bd.
Montarnal.	1	72
Montignac.	1	56
Moyrazes, V.	21	42
Mouret & la Capelle.	12	
Naucelle, B.	12	74
Navialle.	8	39
Najac, V. S. R n r.	32	52
Nauzac.	5	11
Noaillac.	7	59
Nusses.	2	51
Olz.	3	28
Orlhonnac.	2	82
Pachins.	4	79
Pannat.	6	91
Parisot, B.	10	22
Pareage.		60
Pagas.	2	36
Pauliac.	1	25
Peyrusse, B.	14	46
Pieucamp.	2	37
Prix.	2	39
Prevenquieres.	8	89
Privazac.	2	24
Prunies.	13	97
Puech Roudet.	1	82
Puech Mignon.	4	10
Puech d'Aignac.	2	80

DU ROYAUME.

Paroisses.	Feux.	Bel.	Paroisses.	Feux.	Bel.
Rieuperoux, V. S R n r.	15	57	S. Izet.	5	77
Rouffiac.	2	28	S. Jordy.	1	44
Rouffenac.	4	71	S. Julien.	3	63
Rogues.	1	22	S. Just, B.	4	26
Rouffy & Ginoüillac.	7	15	S. Miquel.		89
Ruilhe.	3	4	S. Marcel.	2	2
Ruffepeyre.	3	50	S. Partin.	7	53
Saulzis.	1	62	S. Quentin.	8	3
Savignac.	8	5	S. Vensa, B.	10	44
Salvaignac.	2	52	S. Remy.	4	36
Salles Courbaties.	4	65	S. Loup.	1	39
Sauveterre, B.	8	80	S. Sulpice.	2	82
Selgues.		46	Ste Croix.	9	4
Serres.	1	77	Ste Gerbie.	1	65
Senergues.	11	13	Tauriac.	2	68
Scandolieres.	3	84	Testet.	2	23
Sionazac.	1	24	Teulieres.	3	17
S. Antonin, V. J R n r.	63	97	Tissac.	3	83
S. Andrieu.	9	84	Toulonjac.	4	23
S. Christophe.	9	73	Tourniac.	2	92
S. Cyprien.	12	52	VILLEFRANCHE, V. Feux. Pref. Sen. S. R n r, Mar. 135. l.	76	71
S. Felix.	5	80	Vaillourlhes, B.	12	66
S. Felix de Lunel.	7	19	Varens, V.	12	20
S. Grat.	2	88	Valaguier.	5	25
S. Igne.	3	1	Valadit, B.	11	15

Paroisses.	Feux.	Bel.	Paroisses.	Feux.	Bel.
Verfeüil.	7	79	Villelongue.	2	76
Vabres, V. Ev.	9	40	Vivès.		62
Villeneuve, V. ƒ R	30	6	Voulpilac.	1	25
Villevaire.	1	64	Vernet Soutira.	1	71

ELECTION DE RHODEZ.

Paroisses.	Feux.	Bel.	Paroisses.	Feux.	Bel.
Abbas.	2	94	Bancœres.		39
Agen.	5	93	Barry & Dep.	1	10
Alaux.		59	Benars.	2	24
Albiac Delcomte.	1	46	Bastrieres.	1	86
			Bertolene.	2	66
Albiac des Montagnes.	1	43	Bedes & Bedelles.	2	21
Albarel.	1	30	Belregard.		87
Albin, V.	24	2	Benaben.	10	98
Annat & Boldoires.	1	70	Blanc Anglars.	5	7
			Bauzac.		71
Anpiac.		40	Blazac.	11	87
Anglas S. Jean.	2	3	Bouffac.	1	54
Auriac.	4	93	Bozouls, V.	32	2
Arbieu, B.	11	37	Bouffignac.	1	8
Aysenne de B.	8	13	Boutonnet.		70
Aysenne, V.	13	27	Bolois.		88
Arsac.	2	44	Bonnard.		38
Assial.		93	Brujouls.	8	47
Bacdour.		68	Brieunes.		48

Paroisses.	Feux.	Bel.	Paroisses.	Feux.	Bel.
Broquies, B.	13	88	Contaux.	9	81
Brio.	1	45	Cayrac.		72
Branquier de Camps.		75	Caissials.		71
Cabanials.		72	Cassagne-re, B.		37
Calzinos.		43	Cassagnes Bergonnes.	16	69
Canabrieres S. Jean.	1	2	Centres	4	24
Caslazou.		59	Comps.	3	95
Camejanne.	3	5	Condour.	1	79
Carcenac S. Alany.	2	83	Concoures.	2	72
Cans S. Jean.	1	63	Conquettes.	1	59
Cantagrel & Dep.	1	94	Combelles.		39
Cayral.	3	33	Courieres.	1	59
Castan.	2	12	Crespiagues.	1	
Cras Marcenac & Dep.	1	53	Crujouls.	3	99
Cat.	1	81	Dalffials.		23
Cassuzouls Dessain.	1	93	Dalpuech.	4	56
Cassujouls.		84	Daignac.	1	60
Causse de Sabazac, B.	12	20	Damalrie.	1	59
Camboulas.	1	92	Daurelle, B.	15	34
Canet.		91	Delbosc.	1	95
Caprespines, B.	12	36	Delroucous.	1	
Cassagnes			Delros.		93
			Desparon.	1	84
			De Benaban.		86
			De Marso.		38
			Disde bonne Combe.	4	57

Paroisses.	Feux.	Bel.	Paroisses.	Feux.	Bel.
Dom Daurenque.		66	Ginettes.		52
Druelle.	1	52	Goulinhac.	4	21
Donnet.	1	8	Guillaume Matté.		13
Dumaynier.	1	91	Guillaume Glandieres.		24
De la Camp.	7	56	Guy Penavayre.		55
Despessergues.		80	Graissac, B.	8	42
Delbatut.		56	Jean Petrot & Dep.	1	48
Dorliaguet.	2	95	Jean Dauriac.		82
Engalin.		35	La Selve, B.	16	84
Estain, V. Comté. Narac & Dep.	34	49	La Roquette Vonebal.	6	38
Entraigues, V. Comté.	18	5	La Roquette Boisonade.	1	84
Etienne de Brain.	1	47	La Boissonade.		89
Faurines.	1	11	La Garde Membres.	1	28
Floirac.		45	La Garde.		84
Flars.		75	La Capelle Chener.	2	
Flavin & Capelle.	1	95	La Gardelle.	1	5
Fraissignes.		75	La Garigue.	1	8
Fonbelles.		18	La Bastide de Louguier.	2	90
Foüillonbons.		20	La Vidal.	6	5
Gabriac.		43	La Branche Flavinde.	5	47
Georges de la Paire.	1	18	L'Abbesse du Monastere.		
Georges Gisard.	1	29			

DU ROYAUME.

Paroisses.	Feux.	Bel.
Monastere.		12
Mouisset.		71
La Garrigue.		63
La Garrigue Basse.	2	75
La Guiolle, V. J R.	29	15
La Roque Balzergues.	39	57
Lassoults.	5	32
La Serre.		84
Limoux S. Jean.	2	13
L'Eglise de Cabrespine.	1	88
Le Prieur d'Orliaguet.		48
Lesdergues, V.	12	52
Le Bourhou.	1	10
Le Monastere.	2	7
Le Prieur S. Amant.		38
Le Prieur S. Leon.		16
Le Prieur de Bez.		13
Le Sergent de Currieres.	2	43

Paroisses.	Feux.	Bel.
Marcillac, B.	15	84
Masmarcon.		42
Malan.		43
Majorac.		70
Meltz.	1	2
Montferand.		66
Montpeyroux.	3	61
Montperoux Muret.	2	17
Montrozier, V.	19	73
Montazio.	4	74
Mouisset.	3	66
Mur de Barez, V.	77	94
Onnel.	1	29
Paillories.	1	2
Pachins.		29
Plagnes.		43
Peirebrane Vic. & Dep.	38	36
Plagnes.		42
Prades d'Albrac.	4	43
Prades.	5	49
Puech del Fraisse.	1	84
Pinet.	6	37
Peyrolbesse.		38
Puech Delf.	3	23

Tome II.   F

DENOMBREMENT

Paroisses.	Feux.	Bel.
Puech Ventoux.		71
Puech Camps.		15
Puech Baures.		58
Pommayrol.	2	80
Pont de Salars.		66
RHODEZ, *V.* 25 F. Ev. Com. Pres. Senec. M P. J R n r. Mar. 145 *l.*		70
Rhodez, *B.*	23	
Requesnard, *B.*	23	70
Rodelle.	19	68
Rendeynes.		66
Rignac.	8	38
Salles & Pouget.		61 22
Salmiech, *V.*	18	26
Sauriac.	2	
Salles, *V.*	35	53
Seguret, *V.*	35	79
Segala.	4	4
Servieres.	1	51
Soulages.	1	57

Paroisses.	Feux.	Bel.
Soulagnet.		97
S. Alary.	3	13
S. Chely d'Albrac.	7	7
S. Chely d'Estain.	2	21
S. Chely de Belvese.	1	53
S. Geniez.		31
S. Geniez, *B.*	24	20
S. Georges.	7	33
S. Salvy.		70
Tajac.	1	58
Taissieres.	1	36
Thozar.	1	29
Trapez.	1	56
Tremoules.	7	17
Vabre.	1	51
Verdun.	6	64
Verdrinelles.		41
Veirieres.	2	89
Velonzac.	2	6
Ville Comtal, *V.*	6	47
Vino.	1	51
Veyrac & la Sudrie, *V.*		93

ELECTION DE MILHAUD.

Paroisses.	Feux.	Bel.	Paroisses.	Feux.	Bel.
Altez.	1	46	Calmon de Plantcage, V.	42	31
Ariegniac.	2	40	Castelnau en Estalane, B.	11	14
Bedosse & Peiralbe.	2	72	Ceirac.	3	79
Beffuejouls.	5	30	Coussergues.	5	46
Bessodes le Vieil.		91	Compeire, V. J R nn.	31	10
Bessedes le Sourd.		44	Comprenhac, B.	4	52
Belmont, V.	37	12	Cornus, V.	14	31
Blanc.	1	71	Combret, V.	18	70
Briols.	4	64	Connac.	2	31
Bournac.	4	49	Creisseil, V.	7	39
Brusque, V. Marq.		36	Durenque.	8	
Brousse.	5	27	Ennous.	1	78
Bussens.	3	93	Farrairolles.	2	59
Bussac.		36	Favairolles.	3	90
Cailus.	5	38	Farret.	2	23
Cantobre.	7	16	Gabriac.	4	69
Castelmus.	2	81	Gaillac.	6	17
Calmels & Viala.	5	42	Gaignac.	1	78
			Gissac.	3	71
Canals & Sorgues.	5	26	Gouzon.	3	90
			La Capelle		

F ij

DÉNOMBREMENT

Paroisses.	Feux.	Bel.
Farcel.	4	96
La Panouse de Severac.	6	28
Laissac.	8	37
La Loubiere.	6	37
La Clau.	3	70
La Verthe.	3	36
La Roque Ste Marguerite.	3	83
La Couvertoirade, V.	7	36
La Cavallerie, V.	8	84
La Panouse de Sernou.	9	6
La Bastide de Pradines.	5	87
La Bastide de Foudet.	3	30
La Bastide de Teutal.	1	27
Le Pont de Camarés, V.	20	99
La Romiguiere.	5	8
La Cassotte.	2	32
Laval.	1	55
Laval Roquecessiere.	13	3

Paroisses.	Feux.	Bel.
Lencou.	5	29
Le Mas du Soulié, V.	70	9
Les Salles Curan, B.	23	50
Les Crouzets.	1	92
Le Samonta.	1	16
Le Maincal.	1	21
Les Enfruits.	1	32
Le Pareage de Noüenque, B.	16	27
Le Pareage de Silvanes.	9	55
Le Clapie.	4	83
La Caila.	3	77
Les Plas.	2	5
Lioverves.	4	67
L'Hôpital Guibert.	4	10
MILHAUD, V. 104 Feux. Pres. Bail. Sen. 140 l.		15
Magrin.	3	16
Marsials.	4	40
Martrin.	3	78
Marnagues.	3	30
Montme-		

DU ROYAUME.

Paroisses.	Feux.	Bel.	Paroisses.	Feux.	Bel.
jean, B.	11	10	Rives & le		
Monvejouls.	6	84	Truel.	1	85
Montlaur.	8	89	Roquelaures		
Montagut.	2	45	& Terres		
Montagnal.	4	20	de Castel-		
Montpaon.	4	81	nau.	56	44
Montels.	3	94	Roquetaillade.	4	13
Montfranc.	3	94	Roquecessiere,		
Monclar.	3	49	J R n r.	4	10
Montjeaux,			Ruols.	1	81
B.	14	17	Roquefort, V.	5	12
Montredon.		20	Savetieres.	4	67
Monnes.	3	16	Sateilles.	2	95
Murassou, B.	18	11	Severac le		
Nantz, V.	22	43	Castel, V.		
Noüis.	1	61	D. Arpa-		
Palmas.	8	3	jou.	8	34
Perel & la			Severac l'E-		
Valette.		48	glise, B.	5	93
Peirelade, B.	18	18	Segouzac.	3	9
Peireleau.	3	2	Suege.		86
Preaux &			S. Affrique,		
Confoulens.	6	40	V. J R.n r.	36	95
Plaisance, V.	9	38	S. Baufely, B.	7	72
Poustomy, B.	13	26	S. Baufely de		
Preven-			Lir.	3	17
quieres, B.	13	60	S. Cirque.	2	13
Provencous.	9	17	S. Crapazy.		91
Raissac.	2	37	S. Christophe.	4	10
Reboüiguil.	7	83	S. Dalmazy.	6	48

F iij

Paroisses.	Feux.	Bel.	Paroisses.	Feux.	Bel.
S. Eulalie d'Olt.	9	21	S. Michel de Lauf.		72
S. Eulalie de Lursac.	11	27	S. Privat.	1	98
S. Etienne.		71	S. Rome de Sernon, B.	3	
S. Felix.	7	99	S. Rome de Tarn, V.		
S. Gregoire.	3	46	J R. n r.	26	41
S. Georges de Lusançon, V.	14	6	S. Sornin, V.	19	95
S. Genies.	3	94	S. Sevé, V.	8	77
S. Jean de Bruiel, V.	15	22	S. Verean.	2	72
S. Jean Balmes.	1	29	S. Victor.	7	90
S. Jean d'Alcapies.	1	32	Ste Radegonde.	6	4
S. Jouery.	3	64	Tournemire.	4	51
S. Jehest.	3	2	Vabres.	4	98
S. Isery, V.	9	6	Valaguier.	7	4
S. Laurent.	6	94	Veirieres.	6	3
S. Lions, B.	18	74	Versols, V.	6	33
S. Michel de Combiac.		91	Vendalours.	4	23
			Vezins.	6	75
			Vis-Menet.	5	40
			Vors.		92

ELECTION DE COMINGES.

Paroisses	Feux	Bel.
COMINGES ou S. BERTRAND, *V*.30 Feux. Ev. Com. *J R. M P.* 175 *l.*		49
Châtel. de Muret.		
Fontenilles,	3	52
Fronsin.	3	57
La Bastide.	1	28
La Bastide de Frons.	3	58
La Casse.	4	17
La Vernose.	5	54
Le Bosc.	2	82
Le Haiga.	5	70
Les Peres.		76
Mausac.	6	57
Muret, *V. J R n r. M P.*	50	30
Pins.		52
Poucheramet.	6	58
Roquettes.		85
Roques.	3	47
Saubens.	3	4
Seigues.	3	29
S. Alary.	3	8

Paroisses.	Feux.	Bel.
S. Amans.	2	8
S. Jean.		97
Villenavette.		59
Châtellenie de Samaltan.		
Amades.	1	51
Auriebat.		32
Bragairac.	2	28
Castelnau.	3	25
Castiers.		67
Empaux.	1	73
Espaon.	6	33
Fussignac.		40
Garavet.	5	67
Gensac.	1	59
Goudets.		88
Gouts.		33
La Bastide Seauves.	2	42
La Garde.		38
La Hilliere.		32
La Hage.	1	16
Laymont.	5	16
La Haugarette.		22
Lautignac.	3	38
Le Puy de		

F iiij

Paroisses.	Feux.	Bel.	Paroisses.	Feux.	Bel.
Touges.	3	13	S. Thomas.	5	32
La Peirigue.		76	Villeneuve.		32
Le Plante.	2	36	Châtel. de l'Isle		
Le Pin.	3	95	en Doudon.		
Lombez, V.			Agassac.	4	52
Ev. 150 l.	11	66	Anan.	4	36
Montadet.	3	11	Ambals.	2	68
Mourlens.	1		Barran.		30
Montgras.	1	51	Bouchede.	1	67
Montblanc.	6	54	Castel-Gail-		
Montegut.	2	14	lard.	2	83
Montpesat, B.	5	53	Coüeilles.	2	45
Montastruc.	2	9	Figas.		76
Mones & Dep.	1	6	Frontignan.	1	73
Muralet.		38	Guittaud.	1	13
Noüillan, B.	9	5	La Garde.	1	1
Pebées.	1	46	La Bastide de		
Plaigniol.	1	86	Paumes.	4	12
Pompiac.	6	91	L'Isle en Dou-		
Puilausie.	4	60	don, V.		
Samaltan, V.			J R n r.	10	74
J R n r.	25	8	Lunat.	1	16
Savignac.	5	97	Mauvezin.	2	65
Saboneres.	3	70	Martissere.	3	9
Saubimont.	1	6	Mirambeau.	2	26
Sanarens.	2	16	Montbernat.	5	58
Savere.	3	10	Mondillan.	4	28
Seisses.	7	20	Montesquieu.	1	60
S. Araille.	1	97	Nevignan.	1	27
S. Loube.		82	Peguillan.	6	98

DU ROYAUME.

Paroisses.	Feux.	Bel.
Poulastron.	1	94
Puy-Maurin, B.	11	43
Salherm.	1	61
Silhac.	2	39
S. Fervol.	2	23
S Laurent.	4	29

Châtellenie d'Aurignac.

Paroisses	Feux	Bel
Adeillan.		90
Aussas.	2	26
Aux.	3	26
Aurignac, B.	8	45
Bachas.	1	60
Bauchalot.	3	39
Benge.	3	7
Bousens.	2	41
Boussan.	2	77
Boussin.	1	18
Castillon, B.	4	48
Charlas.	5	55
Ciardous.	2	90
Escanacabre.	6	49
Estancarbon.	1	75
Esquiedase.	5	7
Esparon.	1	59
Françon.	5	17
Gensac.	3	62
Guillet.	1	52
La Goutte		

Paroisses	Feux	Bel
Goutant.		81
La Barthes.		94
La Cour, B.	4	23
Larcan.	2	46
La Pommarde.		16
La Come d'Aragon.		8
La Touret.	1	30
Lesseins.	1	5
Lestelle.	5	24
Lendorthe.	1	75
Le Castera.		81
Lieux.	1	75
Lussan.	5	15
Martres, B.	9	39
Marignac.	4	7
Martignan.		91
Montgaillard.	2	12
Montegut.	3	38
Mont-Laissin.	2	42
Mondavesan, B	9	68
Montaulieu.	2	2
Montaud.		65
Perrissac.	1	88
Samans.	2	11
Sans.		87
Samouillans.	5	25
Sentiaan.	1	52
S. Andreau.	2	68
S. Lary.	2	75

F v

Paroisses.	Feux.	Bel.	Paroisses.	Feux.	Bel.
S. Mathory.	7	14	Contrary.	1	53
S. Marcel.	4	94	Couret.	2	55
S. Medard.	1	73	Figarol.	1	78
Tillet.		17	La Bastide du		
Tournas.		63	Sallat.	3	69
Vignoles.		47	La Lave.	2	90
Châtellenie de			Maur.	3	19
S. Julien.			Marsoulade.		31
Gensac.	3	79	Monclar.	2	4
Goulle Ver-			Mongaillard.	1	78
nisse.	1	44	Montesquieu.	3	54
Gouzens.	1	70	Montegu.	1	61
La Hitere.	1	3	Prat.	7	56
La Fitte.		80	Roquefort.	4	31
Le Plan, *B.*	9	32	Salliés, *V.*		
Montberaud.	2	21	*J. R n r.*	9	54
S. Christaud.	5	16	Souech.	6	92
S. Cery.	1	11	S. Licer ou		
S. Julien.	7	22	Conserans,		
Terzac.		64	*V. Ev.* 180 *l.*	9	95
Châtel. de Salliés.			Taurignan, *B.*	12	62
Ausseing.	1	73	Toüille.	1	58
Barjoil.		64	*Châtellenie de*		
Belfaich.	3	46	*Fronsac.*		
Belbeze.	3	25	Arguenos.	1	7
Bougeat.		47	Argut.		52
Casseigne.	4	62	Antichan.		82
Caumont.	3	54	Antigne.	1	15
Castaignede.	1	57	Artigue.		85
Cazavet.	3	92	Arbon.		20

DU ROYAUME.

Paroisses.	Feux.	Bel.	Paroisses.	Feux.	Bel.
Bagneres.	4	82	Iraut.	2	3
Bagiry.	1	47	Les.		45
Bathon.		35	Lespitau.		86
Baran.		12	Lege.		32
Benque.	1	1	Lourde.		94
Bourg.	2		Mareignes.	1	
Bourgalais.		75	Marignac.	1	87
Bouts.	1	35	Malvesie.	1	41
Bezins.		32	Montauban.	1	9
Bise.	3	92	Montajou.		19
Cambous.		73	Mont.		68
Cazaux.		35	Montcaup.	1	16
Cazanous.		58	Oze.	1	67
Chaum.	1	53	Salles.	1	2
Cires.		83	Secourvielle.		67
Cieres.	1	15	Sodes.		45
Cierp.	1	77	Signac.		38
Estenos.		68	S. Mamet.	1	1
Eup & Babatt.		76	S. Paul-	1	32
Fronsac, D. J R.	1	84	Châtel. d' Aspech.		
Frontignan.	1	9	Alargert.	4	81
Fos.	1	78	Ashix.	2	91
Gaut.		55	Arbas.	2	52
Garraux.		38	Aspech, B.		
Gallie.	1	5	J R n r.	17	23
Genos.		85	Castet Viague.	1	10
Gouvaux.		73	Escaich.		25
Guran.		53	Eschen.	1	67
Juzet.	2	55	Estaden.	7	85
Juzez.	1	18	Ganties.	3	5

F vj

DÉNOMBREMENT

Paroisses.	Feux.	Bel.
La Barthe		
Inard.	3	57
Mauvezin.		52
Montgault.	2	48
Montaftruc.	7	12
Pintis Inard.	5	32
Portet.	1	53
Rovede.	3	10
Salaich.	6	77
Châtellenie de Caftillon.		
Amoulis, B.	10	77
Argen.	4	36
Arrou.	1	33
Avin Vilarien.	8	4
Audreiffem.	2	34
Augiren.		99
Aucaffen.	1	60
Aftien.		38
Balacet.		79
Bonnas.	2	95
Bordes Orjouft.	4	67
Buffan.	2	7
Caftillon, V.	5	35
Ceseau.	2	80
Engoumée.	2	62
Entras.	2	30
Galaye.	2	34
Ilarten.	1	53
Irazin.		52

Paroisses.	Feux.	Bel.
Orgibet.	2	78
Salfen.	1	42
Senten.	6	52
S. Jean.	1	38
S. Lary.	2	12
Veheten.	1	60
Villeneuve.	1	5
Châtellenie de S. Girons.		
Aulux.	1	37
Bufenac.	3	96
Encourtuch.	1	1
Erce.	8	2
Efchel.	1	42
Effaraux.	2	19
La Court.	2	51
Maffat, V.	16	82
Olos.	3	6
Ouft, V.	10	15
Riviere.	2	58
Rogalle.	1	66
Sentenac.	4	5
Souech.	3	20
Soullan.	8	69
S. Girons, V.	30	53
Vic.	1	24
Urtou, B.	10	24
Aydes de Sauveterre.		
Gaujac.	3	28

DU ROYAUME.

Paroisses.	Feux.	Bel.	Paroisses.	Feux.	Bel.
Larrouqueau.	1	49	Villeneuve de Riviere.	3	9
Le Bezeril.		62	*Aydes de l'Escure.*		
Montamat.	3	5	Aventignan.	2	98
Pelefigue.	2	99	Clarac.	1	49
Sabaillan.	4	19	L'Escure.	8	11
Sauveterre, V. J R n r.	10	62	Montbrun, B.	10	13
S. Soullan.	3	27	*Aydes d'Encausse.*		
Aydes de Montispan.			Cadeillac.	5	72
			Campistrous.	2	4
Aussans.	1	3	Encausse.	3	91
Borderos.	5	11	Gimet & Veirede.		74
Cassariel.		75			
Cuëvron.		51	Paissous.		96
Lecussan.		75	Regardes.	1	7
Mazeres.		75	Reches.	1	87
Montispan.	2	23	Rieucase.		31
S. Laurent.	1	26	Sadeillac.		65
Villeneuve de l'Ecussan.	1	13	S. Loup.	1	19

ELECTION DE LOMAGNE
ou de FLEURANCE.

Paroisses.	Feux.	Bel.	Paroisses.	Feux.	Bel.
Vicomté de Lomagne.			Avezan.	2	87
			Auvillar, V.	29	1.
A Squés.		98	Baligane.	1	58
Avensen.	2	83	Bardigues.	4	20

DÉNOMBREMENT

Paroisses.	Feux.	Bel.	Paroisses.	Feux.	Bel.
Boüillac.	2	90	Le Poumaret.		49
Cadeillan.	2	66	Le Castera		
Castetarrouy.	3	20	Boussèt.	5	72
Caumont, B.	12		Le Frandac.		93
Donzac.	9	34	Le Molles.	5	95
Espaissac.	5	50	Le Douzevac.	1	35
Estramiac.	5	15	Mansonville.	7	76
Flamarens.	6	69	Mauroux, V.	9	61
Gaichanés.	1	69	Marsac.	7	31
Gaudonville.	4	73	Miradoux, V.		
Gensac.	3	45	J R n r.	24	30
Gimat,	8	24	Montgaillard.	3	10
Gimbrede, B.	10	49	Peyrecave.	2	20
Gramont, V.	9	17	Pressoulens.	3	48
Glatens.		92	Plieux.	8	88
Haumont.		93	Pordiac.	7	66
Homps.	2	72	Poupas.	7	70
LOMAGNE. V.	10	84	Puisentus.	1	20
Lauit.	8	70	Puy-Gaillard.	1	67
Lasmastres.	1	16	S. Antoine.	4	58
La Chapelle.	6	90	S. Avit.	2	94
La Grue.		58	S. Arromecq.	3	25
La Motte Gouhas.	1	35	S. Clar, V. J R n r.	10	77
Lecastera Lectoure.	11	67	S. Leonard.	4	9
			S. Martin.	1	27
Le Boullet.	4	28	S. Mere.	6	
Le Pin.	3	75	S. Pessere, B.	11	70
L'Isle Bouzan.	8	78	Tarraube, B.	16	35
Le Casteron.	3	49			

DU ROYAUME.

Paroisses.	Feux.	Bel.
Tournecoupe, V.	10	80
Vives.	3	83
Vic. de Bruëllois.		
Aubiac.	6	35
Bats.		66
Baulens.	3	23
Brats.	5	2
Caude-Coste, V. J R n r.	14	73
Cucq.	4	10
Daubeze.	2	35
Estillac.	2	61
Hails.	5	7
Lairac, V.	26	46
La Plume, V. J R n r.	26	7
Le Pergain.	4	95
Le Saumon.	5	43
Le Buscon.		46
Le Nomdieu.	2	61
Moncaup.	6	99
Montesquieu, B.	11	66
Mouirax.	6	43
Roquefort.	4	
Segouëgnac.	1	27
Serignac.	6	5
Ste Colombe, B.	11	

Paroisses.	Feux.	Bel.
Taillac.	1	2
Comté de l'Isle Jourdain.		
Bellegarde.	6	58
Brets.	2	53
Daux, B.	11	51
Garriez.	3	24
L'Isle Jourdain, V. Sen. M P.	29	6
La Serre.	4	92
Le Guevin.	8	51
Levignac.	9	99
Louverville.		97
Maubec, B.	9	47
Manville.	4	62
Montferran, B.	12	74
Pias.		66
Puy-Jaudran, B.	5	78
Tilh.	7	72
Comté de Carmain.		
Albiac.	2	68
Bendine.	3	32
Carmain, V. Comté.	30	
Cambiac.	4	23
Escarboudes.	2	49

DÉNOMBREMENT

Paroisses.	Feux.	Bel.	Paroisses.	Feux.	Bel.
Francarville.	3	27	Gouges.	1	31
La Salbetat.	2	53	Larrazet.	8	66
La Castre.		64	La Bourgade.	1	30
Loubens.	6	90	La Graulet.	3	25
Maureville.	5	40	Launac.	4	90
Mascarville.	3	9	La Reule.	3	70
Morbelles.	2	23	La Molle Cabanac.		71
Prunet & la Bordés.	1	86	Legres.	1	94
Sauxens.		90	Mauvers.	1	48
Saoune.	2	50	Marestain.	3	48
Sequerville.	2	90	Merenville.	4	64
Baronies.			Monlain.	3	12
Aigueberre.	1		Montegut.	8	84
Auterive.	2	71	Pelleporre.	4	60
Belbeze.	2	62	Puy-Segur.	2	12
Belserre.	1	92	Serignac, B,	13	30
Brivecastet.	1	36	Seguenville.	1	22
Castelmairan, V.	11	95	Segouffielle.	3	88
			S. Lauby.	3	12
Caubrac.	4	49	S. Cezert.	5	15
Casse-Martin.		78	S. Lievrade.	8	14
Castillon.	5	79	S. Jean.	4	67
Cabannac.		78	S. Paul.	6	
Comborouge.	4	31	Vigaron.	2	64
Coëx.	2	72	*Comté de Gaure.*		
Clermon.	2	3	FLEURANCE, V. J R M P.	28	3
Drudas.	4	22			
Escasaux.	5	4	La Sauvetat.	8	3
Faudoas.	9	26	Le S. Puy, V.	21	64

Paroisses.	Feux.	Bel.	Paroisses.	Feux.	Bel.
Paveillac.	2	61	Regaumont.	2	94
Poüy.-Petit.		98	S. Lary.		62

ELECTION DE RIVIERE
VERDUN ou de GRENADE.

Paroisses.	Feux.	Bel.	Paroisses.	Feux.	Bel.
Abezan.	1	20	Beteubreres.	3	2
Adrevielle.	2	22	Bernet.		10
			Bouret, B.	14	27
Alan.	8	86	Boüilhac.	4	64
Angeville.	6	11	Boubés.	1	41
Andofielle, B.	11	25	Boulaur.	3	64
Anerés.	1	35	Bordes.	2	74
Ardifas.	3	8	Boulogne, B.	14	36
Armentulle.	1	45	Bonrepaux.	5	54
Arcanvielle.		78	Burgaud.	7	22
Arlos.		80	Briquemont, B.	14	14
Arnaud Guilhem.	2	85	Cadours.	3	57
Aftraville.	1	41	Cadeilhan.	1	47
Aucanville, B.	13	69	Caftelferus.	3	66
Aurimont.	1	70	Cambernac.	3	
Aurade.	6	68	Caftillon.	2	65
Beaumont, V.	59	50	Cazaux.	3	72
Belpech.	4	7	Caloucelle.	2	41
Beaufort.	1	19	Cazenove.	1	37
Beaumarchay, V. J Rnr.	23	96	Cordes.	9	29
			Cologne, V.	15	93

DÉNOMBREMENT

Paroisses.	Feux.	Bel.	Paroisses.	Feux.	Bel.
Clarens.	2	47	Garnier, V.	10	99
Cumont.	2	61	La Has &		
Fajolles.	3	21	l'Abbaye.	5	14
Fabas.	4	73	La Maquere.	1	52
Fonsorbes.	4	77	Le Causé.	4	66
Forgues.	1	91	Le l'Herm.	4	69
Freichet.		83	Le Castera.		61
Gallan, V.			La Motte des		
J R n r.	12	21	Champs.		17
Galles.	2	23	Laurac.	1	95
Gazave.	1	83	La Lavarqne.	1	58
Garganvil-			La Fitte.		40
le, V.	12	69	Lascureilles.	1	41
Genos.	2	92	Loudourvielle.	2	58
Geom.	1	78	Marsiac, V.		
Gimont, V.			J R. n r.	51	4
J R n r.	58	63	Marignac.	2	16
Giscaro.	1	10	Maurens.	3	39
Goudourvielle.	1	64	Mascrettes.	2	25
Gouaux.	1	69	Merville, B.	16	33
Guerin.	2	45	Mielan, B.	15	96
GRENADE, V.			Montiron.	3	18
J R.	56	17	Monsgauzy.	2	75
Huglas.	1	70	Montiés.	4	41
Ilhan.		50	Montrejeu, V.	18	29
Jourvielle.	1	64	Montagut.	1	95
Izaux.	1	30	Montousse.	5	72
La Motte Cu-			Monserre.		24
mont.	3	30	Nestier.	1	92
Le Mas ou			Pavour.	1	17

Paroisses.	Feux.	Bel.	Paroisses.	Feux.	Bel.
Polaſtron.	5	85	S. Clar.	4	40
Portet.	1	61	S. Martin.	3	40
Prechac.		79	S. Paul.	2	94
Pradere.		49	S. Triton.		94
Recvot.	2	41	S. Veal.	3	40
Rieumes, V.			S. Frajou.	8	86
J R n r.	12	86	S. Pé d'Elboſc.		96
Sarran, B.	13	79	Ste Foy, V.	11	30
Sajas.	1	42	Ste Marie.		44
Savignac d'El-rey.		98	Ste Dode.	9	86
			Trachoires.	2	19
Seps.	2	60	Tirem.	1	6
Seillſiés.	11	2	Tailhebourg.	3	54
Salomiac.	6	17	Tournous.	2	38
Simorre, B.	18	34	Trebous.		66
S. Aignan.	5	51	VERDUN,		
S. Aventin.		51	V. 45. Feux.		28
S. Andrieu.	3	79	J R n r.		
S. Berhand, V.	10	79	Vielle.	1	47
			Villerede.	1	21
S. Sardos.	9	6	Urie, B.	15	6
S. Nicolas, V.	15	48	Urdens.	3	58
S. Lis.	5	69			

ELECTION D'ARMAGNAC OU AUCH.

Paroisses.	Feux.	Bel.
Collecte d'Auch.		
ARMAGNAC, ou AUCH, V. 45 Feux. *Arch. Presid. Sen. J R n r. M P.* 160 *l.*		45
Arne.	1	10
Arsan.	2	10
Aubjet, *B.*	13	85
Baran, *B.*	18	77
Bianne.		57
Blancafort.		36
Castres.	4	43
Castel Geloux, *B.*		60
Coignac.		60
Duran.	2	27
Gabaret, *V. J R n r.*	1	42
Gaudoux.	1	15
La Hilte.		57
L'Isle Saurimonde.	1	67
Lussan, *B.*	2	19
La Cassaignere.	1	30

Paroisses.	Feux.	Bel.
La Boubée.		28
La Malartie.		82
Luvitte.	1	12
Marsan.	3	7
Mirepoix.	1	73
Miramont.	1	58
Monts.	1	7
Montaut, *Bar.*	5	1
Montegut.	1	52
Nougaroulet.	3	68
Preignan.	1	57
Roquetaillades.	1	82
S. Martin.	1	85
S. Sauby.	6	20
Ste Cristine.	2	84
Tourenques.		93
Collecte de Vic.		
Ampeils.	1	11
Ardenes.	1	10
Aumensan.	1	5
Bascoué.	3	11
Bazian.	5	46
Belmont.	3	37
Beaucaire.	4	2
Bezolles.	6	19

DU ROYAUME.

Paroisses.	Feux.	Bel.	Paroisses.	Feux.	Bel.
Caillejavel.	4	96	Mouchan.	2	68
Caillan.	3		Mourede.	3	32
Cazaux.	2	21	Montgaillard.	2	47
Castillon.	9	91	Montesquieu,		
Castera.		89	*V.*	16	79
Cazenave.	2	55	Noulens.	1	92
Cassaigne.	5	8	Pardeilhan		
Demeu.	6	71	Belbeze,		
Espas.	5	35	Bar.	3	4
Flarambel.	5	5	Peyrusse.	6	63
Fudelle.	1	92	Plehot.	1	46
Gondrin, *V.*	19	26	Poudenas.	3	57
Justian.	1	92	Preneron.	2	67
La Gardere.	1	11	Pujos.	1	58
La Mazere.		65	Ramousens.	4	13
Lauract.	4	36	Riquepeu.	9	94
La Graulet.	8	96	Roques.	5	29
La Barée.	2	25	Roquebrune.	6	67
La Graulas.	3	50	Rozes.	1	87
Las.		40	Scailles.	3	44
Loubusca.		24	Sievrac.		84
Lanespas, *V.*	14	13	Sentaraille.	4	43
L'Isle.		90	S. Jean Pouge.	1	26
Louboutte.	1	7	S. Jean Dom-		
Loupiac, *V.*	8	48	gles.	1	58
Marambat.	4	80	S. Pau.	4	57
Masencome.	1	65	S. Yros.	1	87
Marrast.		86	Vic, *V. J R*		
Meimes.	1	31	*nr.*	30	75
Miran.	1	11			

DÉNOMBREMENT

Paroisses.	Feux.	Bol.	Paroisses.	Feux.	Bol.
Collecte de Jegun.			V. D P.	10	40
Aigutinte.	4	12	S. Lary.	2	57
Arcamont.	1	11	Valence, V.	9	18
Ardenne.		70	Verduffan.	1	64
Biran.	8	28	Urdan.	5	82
Bonnas.	4	30	*Collecte du Bas*		
Castera Vi-			*Armagnac.*		
vesme.	5	73	Aignan.	6	82
Castin.	2	77	Arblade.	5	60
Castilhon.	2	98	Arblade Bra-		
Clarac.		97	sal.	2	66
Cezan.	5	46	Arparens.		90
Hereboure.	1	71	Averon.	3	11
Jegun, V.			Aurensens.	1	72
J R n r.	20	84	Barseloune, V.	9	51
Lavardens, V.	13	59	Barthe.		34
La Claverie.		96	Bergelle.		41
La Roque.	1	8	Betous.	2	90
La Lanne.	1	66	Bernede.	4	21
Loubruille.	2	65	Bergoüignan.	2	96
Maignaut.	4	12	Bizous.		57
Merens.	1	11	Brojan.	3	97
Meilhan.	1	73	Bouzon.	1	59
Moutastruc, B.	9	90	Bouit-Junan.		24
Monbert.	3	13	Bourvichan.	5	87
Peyrusse.	3	30	Bouit-Soubi-		
Préchac.	1	94	ran.		51
Puysegur.	1	75	Cadilhan.		35
Roquefort.		96	Caliran.	1	38
Roquelaure,			Camicas.	1	62

DU ROYAUME.

Paroisses.	Feux.	Bel.	Paroisses.	Feux.	Bel.
Castenavet.	5	38	Lupe.	1	67
Caumont.	3	14	Loulin.	2	41
Clarens.		42	Loubedat.	1	67
Corneilhan, B.		45	Lanus.	5	25
			Loucastaignet.		77
Caupenne.	3	32	Laur.	1	99
Cravenseré.	1	71	Lausous.	1	66
Daumian.	1	5	Loubion.		21
Espaignet.	1	64	La Caussade.		73
Estang.	7	47	Loulourret.		24
Futeroüau.	1	10	Loucournau.		16
Gée.		58	La Barthete.		50
Gellé Malle.		57	La Guian.		56
Gellé Nave.	2	18	Louserson.		24
Izorgé.	1	91	La Gardere S. Mont.		91
La Gardere.		12			
Loufagere.		25	Maulicherre.	3	25
Loucamp.		24	Maignan.	2	26
La Pujolle.	1	32	Maduriet.		46
Louheuga.	7	49	Maumousson.		63
La Serrade.	4	41	Margouet.	1	6
Lespitau Ste Cristie.	1	52	Maupas.	4	38
			Mormes.	3	24
Laujussan.	2		Motesun.	2	84
La Terrade.	1	91	Nogarro, V.		
La Beirie.	1	10	JRnr.	11	24
La Tertade S. Aubin.	1	27	Panjas, B.	11	56
			Pernede.	2	48
La Leugue.		86	Plaisance.	7	7
La Lanne.	1	73	Pouy Draguin.	3	30

Paroisses.	Feux.	Bel.	Paroisses.	Feux.	Bel.
Riscle, V.	14	5	Cazaubon, V.	15	11
Riviere.		62	Dauzan, V.	31	64
Salles.	1	42	La Bastide.	6	60
Saragaichies.	2	42	Lanne Maignan.		49
Sabazan.	3	70			
Sourbets.		56	Margastau.		95
Segos.		94	Mauleon, V.		
Sion.	3	56	J R n r.	7	14
S. Aubin.		97	Manciet, B.	16	35
S. Go.		25	Monclac.	2	94
S. Martin.	2	42	S. Amans.	2	7
S. Mont, V.	12	18	Tachouzin.		49
S. Germie.	4	19	*Collecte de Fezensaguet.*		
S. Paul.		89			
Ste Cristie, B.	13	17	Aiguesmortes.		47
Ste Griede.	1	5			
Tarsac.	3	59	Augnax.	1	87
Termes.	3	8	Bajounette.	2	9
Violles.		79	Belpoüy.	1	46
Viel Capet.		25	Bedechan.	1	43
Verglus.	2	30	Braugneas.	2	54
Villers.	3	85	Castelnau.	3	20
Viellar, B.	10	51	Calonvielle.		76
Urgosse.	2	29	Cazaux.		53
Collecte d'Auzan.			Courné.		70
Bretaigne.	3	81	Ceran.	3	26
Castex.	4	97	Encausse, B.	4	45
Campaigne, V. J R.	12	1	Engalin.	1	23
			Esclignac.		11
Castelnau, B.	10	45	Garbie.	1	70

DU ROYAUME.

Paroisses.	Feux.	Bel.	Paroisses.	Feux.	Bel.
Goux.	2	96	Tauron.		23
La Motte en d'O.	8	23	Taibosc.	1	89
La Motte de Poüy.		91	Touget, V.	8	15
Lauret,	1	46	Tourrens.		81
La Brille.	1	24	Tous.	2	51
Lougrilhon.		39	Vignaux.	1	33
Loupiri.		26	*Collette de Riviere Basse.*		
Mauvezin, V.			Armentieu.	1	19
ʃ R n r.	24	32	Auriebat.	5	81
Maravat.	1	48	Baulac.		71
Mensem-Poüy.	2	49	Belloc.	4	1
Montfort, V.			Canet.	1	17
ʃ R n r.	10	18	Cahusac.	4	59
Montbrun.	2	54	Caussade.	2	59
Montaignac.		24	Castelnau, B.	8	64
Pis.	1	8	Eschac.		79
Puycasquier, V.	7	74	Estirac.	3	49
			Eres.	2	34
Poüyminet.		12	Galliats.	1	38
Razengues.	1	21	Goux.	2	10
Serempoüy.	1	13	Hagedet.		83
Sirac.	1	69	Jeu.	1	96
S. Aubin.		76	La Hitte.	1	47
S. Bées.	2	33	La Barut.	3	73
S. Cricq.	1	27	La Deveze, V.	16	18
S. Germain.	2	26	Lanne Scasseres.	2	17
S. Orens.		75	La Grasse.		20
Ste Geme.	1	28	Longros.		51

Tome II. G

DÉNOMBREMENT.

Paroisses.	Feux.	Bel.	Paroisses.	Feux.	Bel.
Madiran.	6	70	S. Aunis.	1	5
Maubour, V.	11	73	S. Lanne.	1	17
Prechac.	2	29	Tasque.	3	57
Saubaterre.	2	34	Thieste.		57
Sombrun.	4	38	Vidouze.	2	96
Soulacausse.		38	Villefranque.		60

ELECTION D'ASTARAC ou MIRANDE.

Paroisses.	Feux.	Bel.	Paroisses.	Feux.	Bel.
Astarac ou Mirande V. J. R.	19	26	Aux.	1	29
			Bascouës.	1	86
Aguim.	1	69	Bassugues.	2	36
Artigues.	1	41	Berevignan.	2	38
Arcouet.	2	71	Baclasbats.	1	14
Artiquedieu.	1	79	Bassouës, B.	15	92
Arrouede.	2	47	Bastanous.	1	97
Aulin.	1	6	Besices.	4	46
Artaignac.	1	38	Belloc.	2	14
Attas.		45	Bellegarde.	3	6
Arrous.		25	Bernet.	1	86
Aussous.	1	93	Beteave.	1	33
Aunac.		48	Bernadet.	2	78
Auterive.	3	45	Betplan.	4	74
Arbechan.		71	Beccas.	1	93
Aujan.	4	23	Blosson.		66
Aussat.	2	34	Binsan.	2	66
			Bidou.	4	6

Paroisses.	Feux.	Bel.	Paroisses.	Feux.	Bel.
Doucaignere.	1	1	Espampes.	1	33
Billenaur.		58	Faget, B.	10	33
Bonnes.		28	Faget.	6	50
Bidaillan.	1		Faissan.	1	22
Castelnau-de Balbarens, V.	11	7	Fanjaux.	1	31
			Faulies.	2	8
			Frechede.	1	46
Cachan.	1	58	Fontrailles.	2	42
Cabas.	1	1	Gaujac.	1	45
Castels.	4	44	Gazax.	3	12
Castel Jaloux.		26	Gaujan.	4	8
Casaux.	3	1	Gramoulas.		25
Castel Franc.	2	68	Granadalles.	1	55
Carolle.	1	61	Gramont.		75
Castelnaude d'Angle.	5	65	Idrac.	5	91
			Juillac.	1	19
Clermont.		99	La Fitte.	1	99
Clarens.		37	Lasseran.	1	99
Chelan.	2	67	La Mazere.	1	60
Clermont.		44	La Cassaigne.		72
Chelé.	4	73	La Garde des Nobles.	2	64
Cenac.	3	75			
Culas.	3	43	La Nabere.		48
Delompoy.	1	46	La Motte.	1	11
Dufort.	4	31	La Lanne.		73
Durban.	5	14	La Barthe.	2	32
Esclassan.	3	12	La Seube.		32
Estipoüy.	2	95	Lambege.		37
Esparos.	9	30	Lartigolle.		33
Estempures.	2	83	La Caze.		21

148 DENOMBREMENT

Paroisses.	Feux.	Bel.	Paroisses.	Feux.	Bel.
Lartigue.	2	93	Maumus.		19
Labejan.	5	64	Manem.	1	32
La Seubes des Propres.	3	38	Massaube, V. & Lonsadoulis, B.	15	31
La Garde des Propres.	2	5	Marseillan.	1	10
La Serre.	1	65	Mavesin, B.		16
La Bastide.	1	84	Maumoulous.	2	10
La Maguere.	1	60	Marseilhan.	1	6
La Naspede.	5	52	Malbat.	4	43
La Peire.	1	76	Massous.		99
La Serre.		42	Merseilhan de Pard.	1	80
La Guian.	2	29	Mascaras.	1	81
Lanne Francon.	1	9	Meilhan.	1	78
Las.	3	8	Mont de Marras.	2	2
Loustiges.	1	99	Montgardin.	1	27
L'Isle Arbechan ou de Baran, B.	9	76	Mornede.		76
			Monbrun.		50
Loumasses.		21	Montastruc.		41
Lougaranné.	2	25	Montcourneil, B.	1	46
Loubersan, B.	2	78			
Libou.	1	35	Montcornel.		86
Lourtiés.	2	72	Moulas.	2	70
Loucasau.	1	81	Montané.		42
Libaras.	3	76	Montbardon.	2	43
Lustar.	2	5	Montaut.	4	29
Manas.	2	12	Montcassia.	6	37
Mazeres, B.	1	69	Montdastarac.	6	75

DU ROYAUME.

Paroisses.	Feux.	Bel.	Paroisses.	Feux.	Bel.
Miramont.	4	69	Ricourt.		56
Montlaur.	2	73	Sargalloles.	2	67
Montferran.	2	15	Sarras.	1	90
Montarabe.		65	Sauviac.	2	86
Montdebat.	2	48	Samaran.	4	54
Montezun.	4	61	Sanfan.	1	72
Montagut.	5	93	Saranion.	5	56
Mont.	1	18	Saisson.	7	11
Mouchées.	1	15	Saraguzan.	4	5
Moncla.	3	9	Sadeillan.	5	13
Noilhan.	1	57	Sadournin.	9	70
Orbessan.	3	86	Samazan.		52
Ornessan.	4	15	Sos.	4	36
Pavie, V.	16	82	Sentous.	4	58
Peiguilles.	1	83	Serian.	1	49
Panesac.	4	70	Soubaignan.		88
Peipieux.		91	Soules.	2	91
Pessan, B.	10	46	Serre.	3	18
Peirusse.	3	17	Semezies.	1	65
Pis.	4	73	S. Aroman.	1	93
Ponsan.	3	76	S. Aurence.	2	96
Pontejac.		94	S. Blancard.	4	96
Poilobrin.	1	18	S. Clement.	2	42
Plaves.		66	S. Martin.	1	86
Ponsanpere.	2	63	S. Medard.	5	19
Poisegu.	1	2	S. Michel.	7	36
Poidarrieux, B.	9	93	S. James.	1	89
			S. Elix.	3	53
Poiloubon.	3	65	S. Traille.	1	26
Respailles.	3	82	S. Guiraud.	2	34

G iij

Paroisses.	Feux.	Bel.	Paroiss.	Feux.	Bel.
S. Jean le Contal.	4	75	J R n r.	9	95
S. Maur.	3	45	Tournous.	2	7
S. Ost.	2	86	Tourdun.		64
S. Elix.	3	1	Troncens la Fitte.	2	9
S. Severe.	5	79	Traverseres.		55
S. Cristau.		29	Troncens.	6	74
S. Justin.	5	1	Valentées.	1	28
Teaux des Nobles.	1	54	Ville-Franque.	5	
Tilhac.	6	35	Viella.	1	44
Tournay, B.			Ville-Comtal.	6	49

GENERALITE' DE DIJON.

Composée des Recettes particulieres que forment les Bailliages de

DIJON,
CHAALONS sur Saonne.
AUTUN,
MACON,
AUXERRE,
BAR-SUR-SEINE,
CHATILLON-SUR-SEINE,
  ou la MONTAGNE,
CHAROLLES,
BRESSE,
BUGEY,
VALROMEY,
GEX, & autres,

Qui sont du Duché & du Gouvernement de Bourgogne.

DÉNOMBREMENT

BAILLIAGE DE DIJON.

Paroiss.	Feux.	Paroisses.	Feux.
A Huy.	94	Campagne.	85
Ancey.	70	Chandostre.	89
Arceau.	22	Charme.	20
Arcelot.	36	Chaignay.	105
Argilliere.	20	Chesnove.	116
Arson.	15	Chevigny Fenay.	23
Atheé.	44	Chevigny S. Sauveur.	28
Avot.	57		
Autheville.	35	Cheuge.	32
Barge.	28	Clenay.	45
Bassoncourt.	58	Colonge.	29
Beaumont.	73	Corcelles-aux-Bois.	62
Bere, V.	98		
Bere.	19	Corcelles-au-Mont.	44
Bellefond.	26		
Bessey.	65	Corcelles en Vaux.	15
Bessevotte.	26	Couchey.	138
Binge.	63	Crimeley.	16
Blagny.	46	Criserey.	25
Bonencontre.	87	DIJON, V.	4710 F.
Brazay.	147	Parl. C d C. & C d	
Bressey.	32	A. B d F. H d M.	
Biochon.	85	J n r. Pres. Gr Bail.	
Broindon.	23	Bail part. J C. Mairie. Vic. T d M.	
Breteniere.	21		

DU ROYAUME.

Paroisses.	Feux.
M P. G d S. T F. Mar. 70 l.	
Dampierre.	39
Deüilly.	108
Domoy.	8
Eschigey.	19
Eschirey.	38
Espagny.	37
Eslevaux.	49
Favernay.	65
Fenay.	18
Fixey.	33
Fontaine Françoise.	218
Fexin.	94
Fleurey.	115
Flavignerot.	22
Fonchonge.	19
Fouffrant.	14
Jancigny.	34
Jauly.	80
Issurtille, V. G à S.	267
La Bergement.	57
La Marche.	144
La Ruë S. Jean de Pentaillier.	74
Layer.	22
Les Petittes Veronnes.	38

Paroisses.	Feux.
Lonchamp.	73
Longeau.	19
Longecour.	41
Magny lez-Autigny.	44
Magny lez-Ausonne.	29
Magny S. Medard.	30
Magny sur Tille.	72
Magny le Chastel.	42
Magny l'Eglise.	32
Mailly le Port.	12
Mirandeüil.	29
Maxilly.	83
Marlien	33
Marcenay le Bois.	101
Marcenay en Montagne.	63
Mercy.	42
Messigny.	113
Meix.	34
Meuvy.	103
Montarlot.	15
Montmausson.	65
Musseau.	23
Noiron lez-Cîteaux.	24
Noiron sous Baye.	43
Norge le Pont.	22
Orrain.	95

G v.

Paroisses.	Feux.	Paroisses.	Feux.
Orville.	5	S. Seyne les Halles.	58
Ouge.	37		
Oisilly.	28	S. Seyne l'Eglise.	70
Pasque.	30	Talmay.	174
Perigny.	38	Tart l'Abbaye.	28
Pechange.	66	Tannay.	31
Plavault.	31	Tard le Bas.	29
Plavet.	46	Tard le Haut.	54
Pontangey.	13	Tasniot.	13
Ponts.	32	Tricy.	17
Poncey.	36	Thilleney.	29
Pruniere.	27	Thorey.	23
Rouvre.	72	Treclun.	29
Rouffey.	84	Trochere.	29
Saucy.	15	Varange.	55
Savigny le Secq.	42	Vaux.	11
Saulon la Chapelle.	48	Veronnes les grandes.	78
Saulon la Ruë.	26		
Savolle.	7	Vesvrotte.	8
Savouge.	17	Viesvigne.	52
Selongey, V.	421	Vilarts les Ports.	24
Senecey.	17	Vonges & Boussoles.	41
Soinars.	15		
Spoy.	29	Ursy.	40
S. Leger.	20	Uchey.	20
S. Sauveur.	38	Yzeurre.	69

BAILLIAGE DE CHAALONS SUR-SAONNE.

Paroisses.	Feux.	Paroisses.	Feux.
Allerey.	94	Chamirey.	36
Aluse.	56	Champagny.	34
Ancherine.	6	Chapaise.	54
Bagnan.	16	Champlorgueil.	52
Baleure.	51	Champlieu & Berbieres.	24
Beaumont.	53		
Bayer & Buison.	25	Champseul.	13
Biaire & S. Itaire.	47	Chareubles.	15
Bissey.	44	Chardenay.	14
Bourneuf.	43	Chazault & S. Cyre.	90
Bouzeron.	32		
Brancion.	30	Châtenay.	16
Brecuilly.	14	Chassey.	4
Bresse.	60	Chaudenay.	68
Billy.	4	Cheneville.	56
Bussy, *B. J R.*	222	Chemenot.	11
CHAALONS, *V.* *F. Ev. Com. Pres. Gr Bail. Bail. Part. J R. n r. J C. M P. G à S. 5 g f. Mar.* 80 *l.*	1436	Cherissy & Chailly.	32
		Chenosve.	14
		Collonge la Capelle.	76
Cercy.	41	Colombier.	19
Chagny.	245	Condemene.	14
Chaillot.	17	Cortassey.	11
Chamilly.	56	Courcelles.	14

G vj

DENOMBREMENT

Paroisses.	Feux.	Paroisses.	Feux.
Courcelles les Allerey.	16	La Lhoujere.	33
Corchanus.	26	La Veneuse.	26
Corlay.	14	La Verandin.	9
Cottevaix.	80	Lessard.	33
Cormatin.	87	Luxe.	49
Cortamblay.	32	Marnay.	75
Crissey.	55	Martailly.	70
Cruchaud.	13	Mancey.	33
Cruzille.	13	Mellecey.	107
Davoncé.	30	Mercures.	77
Darcy le Fort.	65	Mépilly.	17
Estroigny.	9	Messey.	6
Estroye.	45	Montorge & Montagny.	47
Farges.	49	Montreau.	12
Fontaines.	199	Moroges.	55
Fragne.	32	Nanton.	54
Fragne & Cussy.	12	Nantoux.	15
Gergy.	237	Neufvelle.	24
Germolle.	163	Ogié.	26
Gigny.	67	Perrey.	8
Grange.	27	Petit Toisy.	14
Jamble.	137	Port de Chauvor.	37
La Bergement de Messey & Chenosve.	148	Ponneau.	28
		Ragny.	7
La Charmée.	41	Remigny.	55
La Coudre.	52	Reilly.	163
La Lhaue.	97	Rimond.	18
Lauchere.	10	Royer.	48
		Rozey.	58

DU ROYAUME.

Paroisses.	Feux.	Paroisses.	Feux.
Ruffey.	29	S. Loup de Varenne.	85
Sagy & Colonge.	84		
Sassangy.	53	S. Marc de Vaux.	54
Sassenay.	98	S. Martin de Layne.	125
Seneccy.	148		
Sens & la Farges.	103	S. Martin des Champs.	27
Sermaizey.	43		
Servelles.	13	S. Martin en Germ.	32
Seuge.	26		
Sienne.	31	S. Martin sous Montegu.	60
Sigy.	78		
Sonde-Bois.	20	S. Remy.	52
Sully.	38	S. Valerin & la Cour.	73
Sevrey.	75		
S. Beraing.	57	S. Vruge.	29
S. Cosme.	13	Ste Helene.	72
S. Denis de Vaux.	59	Taisey.	50
S. Dezere.	135	Talland.	54
S. Germain du Bor.	44	Thil.	10
		Touche.	17
S. Germain en Vallier.	18	Teury & Beurissey.	41
		Valotte.	116
S. Jean des Vignes.	49	Varennes.	227
		Vaublanc.	14
S. Jean de Vaux.	82	Versey.	16
S. Julien.	43	Vieil Moulin.	58
S. Liger.	97	Villeneuve.	29
S. Loup de Maizière.	85	Vincelles.	33
		Virey.	65

BAILLIAGE D'AUTUN.

Paroisses.	Feux.	Paroisses.	Feux.
AUTUN, V. Feux. Ev. Pref. Bail. M. P. G à S. Mar. 70 l.	1200	Estang Savigny.	100
		Espinac.	112
		Glux.	62
Aligny.	100	Grury.	15
Anots Urlée.	200	Guegnon.	80
Authully.	126	Igornay.	96
Auxy.	62	Issy l'Evêque.	200
Bart le Regulier.	102	Laisy Chaseul & Dep.	110
Barnay.	50		
Blain.	75	La Cenay l'Evêque, & Dep.	130
Blarion.	60		
Brazey.	50	La Selle.	62
Briom.	52	La Motte S. Jean.	176
Broye.	150	La Chapelle au Mans.	62
Chissey.	40		
Couhard.	18	La Commelle.	100
Cordesse.	52	Liarnois.	13
Conforgien en Partie.	21	Loge.	30
		Manlay.	62
Conchere, B. Châtel.	200	Marcheseul.	52
		Mesure.	66
Curgy.	72	Menesaire.	80
Cussy.	210	Millet en partie.	30
Digoing.	40	Morillon.	30
Dracy S. Loup.	82	Moux & Dep.	152

DU ROYAUME.

Paroisses.	Feux.	Paroisses.	Feux.
Montelon.	54	Liarnois.	50
Neuvy en partie.	20	S. Leger.	80
Poil en partie.	10	S. Liger du Bois.	112
Reclennes.	52	S. Liger de Fourches.	82
Rigny.	70		
Saify.	90	S. Martin.	48
Sully.	120	S. Pantaleon.	32
Sommant.	76	S. Pierre de l'Estrier.	30
S. Agnan.	6		
S. Blaise.	62	S. Prix.	106
S. Denis de Peon.	30	S. Simphorien.	22
S. Didier.	70	Tavernay.	52
S. Didier sous Beuvron.	76	Tintry.	30
		Thil sur Aroux.	70
S. Fageot.	50	Verriere sous Glanne.	180
S. Germain.	66		
S. Jean de Luze.	50	Viange.	48
S. Jean le Grand.	46	Villiers.	30
S. Laurent de			

BAILLIAGE DE MACON.

Paroisses.	Feux.	Paroisses.	Feux.
Azé & Aynes.	18	Bourguillain.	103
Brezé la Ville.	92	Bissy sous Uxelle.	48
Brezé le Chastel.	32	Bergesserin.	49
Bissy.	46	Bourgueil.	18
Blany & Donzy.	101	Boyé.	170
		Bonnay.	27

DENOMBREMENT

Paroisses.	Feux.	Paroisses.	Feux.
Bray.	45	Cottes.	32
Brandon.	141	Confrancon.	10
Bussiere.	80	Cray.	12
Burnand.	83	Curtil sous Burnan.	55
Burgy & Joncy.	76	Curtil.	29
Certambert.	38	Culex.	65
Cercy.	64	Cluny, V. Ab.	600
Centilly.	30	Davayé.	85
Chevagny.	60	Donzy le Royal.	85
Charbonnieres.	46	Dulphé.	66
Charnay.	217	Farges.	61
Chasne & Cresche.	235	Flagy.	70
		Flacé.	63
Chaintre.	83	Fleury.	182
Chasselas.	92	Fleurié & Lancié.	145
Claissé.	184		
Clairmain.	59	Fuissé.	107
Chissé.	41	Flex & Bissy.	111
Chazelles.	32	Genoüilly.	52
Château.	128	Germany.	27
Chevagny sur Guye.	42	Grevilly.	15
		Jalogny.	106
Chardonnay.	68	Igé & Dommanges.	208
Chastelneuf.	52		
Chofailles.	264	La Chapelle de Quinchay.	228
Chassigny sous Dun.	87	La Chapelle sous Bragny.	70
Chassigny.	53		
Coublanc.	82	La Chappelle sous Dun.	55
Ciergues.	14		

Paroisses.	Feux.	Paroisses.	Feux.
La Chapelle du Mont de France.	69	Mussy.	171
		Noncelles.	13
La Clayette.	150	Osenay & Garay.	148
Laine.	117	Ougy.	3
La Salle.	90	Passy.	23
Laizé & Blagny.	158	Pieret.	107
La Veneuze.	117	Peronne.	63
La Rochette.	39	Pierreclos.	166
Laynes.	8	Priesilly.	108
Ligny.	145	Prissé.	150
Loché.	69	Praye.	31
Lugny.	198	Pressy.	57
Luxe.	48	Ploret.	107
Lornand.	62	Presty.	174
Le Villard.	52	Romanesche	465
MACON, V.	1193	Romenet.	343
Feux. Ev. Pres. Bail. 5 g f. Mar. 90 l.		Rousset.	83
		Sancé.	100
Malay.	14	Savigny.	64
Marsilly.	36	Salornay.	89
Mazilles.	93	Sailly.	36
Merzé & Varanges.	39	Saules.	39
		Seneceé.	135
Massy.	23	Sologny.	120
Messey.	40	Solutré.	124
Milly.	37	Serrieres.	88
Montbelet.	248	Sertot & Montot.	10
Moncerin.	15	Sulornay.	24
Montagny.	45	S. Amour.	126

Paroisses.	Feux.	Paroisses.	Feux.
S. Albin.	104	S. Martin de Liris.	26
S. André le Desert, V. Prev.	177	S. Mauris.	189
S. Bois.	108	S. Mauris & Champagne.	99
S. Clement sur Guye.	67	S. Mugny.	41
S. Clement.	156	S. Marcelin.	12
S. Forgueil.	17	S. Pierre de Senozac.	95
S. Germain & Jugy.	102	S. Point.	185
S. Gengoult de Chissé.	84	S. Pierre le Vieux.	104
S. Gengoux, V. Châtel.	288	S. Sernin.	69
		S. Sollettes.	61
S. Hypolite.	3	S. Simphorien.	169
S. Jean de Priche.	25	S. Sorlin.	134
S. Itaire.	104	S. Verand.	56
S. Inard.	8	S. Vruges.	21
S. Igny.	62	S. Vincent.	49
S. Laurent, V. Châtel.	118	Ste Cecile.	49
		Ste Catherine.	16
S. Leger.	3	Taizé.	14
S. Martin de Senozac.	111	Tancon.	93
		Tramayes.	241
S. Martin de Croix.	40	Trambly.	97
		Tornus, V. J R.	661
S. Martin de Galancey.	28	Varennes.	47
		Vauxampré.	39
S. Martin du Tartre.	87	Varennes sous	

Paroisses.	Feux.	Paroisses.	Feux.
Dun.	142	Verze.	136
Vergisson.	143	Vers.	54
Vinzelle.	90	Vehusy.	186
Viriset.	170	Vregny.	160
Viré.	184	Vitry.	32
Verchiseul.	12	Vitryzelles.	27

BAILLIAGE ET ELECTION D'AUXERRE.

Paroisses.	Feux.	Paroisses.	Feux.
Auxerre, V. 1638 F. Ev. Com. Pref. Gr. Bail. Bail. part. Prev. J R n r. G à S. M P. Mar. 40 L.		Cravant, D d S.	274
		Cussy.	28
		Ecolives.	48
		Festigny.	41
		Fontenay.	20
Arcy, V. G à S.	154	Fouronne & Anus.	57
Augy.	55	Fontraille.	35
Beaumont.	74	Gurgy.	62
Chemilly & les Chaumes.	30	La Villotte.	44
		Le Val de Mercy.	53
Chitry.	94	Lissey.	36
Coulange la Vineuse, V. J R n r.	197	Mailly la Ville.	118
		Mailly le Chastel.	147
		Merry sur Yonne.	91
Coulange sur Yonne, V. Prev.	173	Merry le Secq.	91
		Mige.	120
Courson.	138	Moussy.	49
Crain & Misery.	104	Montigny le Roy.	96

Paroisses.	Feux.	Paroisses.	Feux.
Monetau.	43	S. George.	42
Perigny.	38	S. Palais.	51
Queine & Nangy.	76	Venoy.	147
Sery.	47	Vermanton, V.	
Seignelay, V.		Prev.	410
G à S.	187	Villeneuve S. Sal-	
Souilly & Fau-		le.	18
cheres.	8	Ville Fargeau.	59
S. Bris.	394	Vincelles.	50
S. Cir.	128		

BAILLIAGE ET ELECTION DE BAR-SUR-SEINE.

Paroisses.	Feux.	Paroisses.	Feux.
ARcelles.	87	Forest.	4
Avirey.	142	Loches.	158
BAR-SUR-SEINE,		Merrey.	84
V. 636 Feux. Gr.		Polizot.	112
Bail. Bail. J R n r.		Polizy ou Choi-	
G à S.		seul.	100
Balnot.	79	Ricey le Bas.	165
Bourguignons.	93	Ricey le Haut.	267
Buxeuil.	51	Ricey Hauterive.	206
Celles & Mores	139	R s les Aux.	93
Chaufour.	42	Ville sur Arce.	238
Jully.	98	Ville-Morion.	77
Landreville.	193	Viviers.	107
Le Hameau de la			

BAILLIAGE DE CHATILLON SUR-SEINE.

Paroisses.	Feux.	Paroisses.	Feux.
Aizay-le-Duc, V. & Châtellenie.	84	Bissey les Pierres	50
Ampilly les Bordes.	60	Billy.	57
Ampilly.	42	Biaizy le Chastel.	96
Aignay le-Duc, V. f R n r.	219	Blaizy la Ville.	20
Aprey.	86	Bout.	89
Arc en Barois, V. G à S.	354	Bussiere.	58
Averlange.	19	Bure.	160
Autricourt.	76	Bresseaux.	33
Baigneux, V. Prev.	101	Bremur.	29
Baslo.	81	Bugnieres.	57
Bellam.	125	Briom.	64
Bariom.	57	Bussy le Grand, B. Prev. f R n r.	203
Belligny le Secq.	56	CHATILLON, V. 837 Feux. Gr. Bail. Pref. Bail. G à S. M P. Mar. 60 L.	
Beaume la Roche.	57	Cerilly.	72
Beneuvre.	72	Chamesson.	55
Beaumotte.	39	Chaumont.	84
Bionsay.	58	Chaluoson.	13
Bissey la Coste.	86	Chaume.	58
		Chanceaux.	69
		Champigny.	2
		Charancey.	32

Paroisses.	Feux.	Paroisses.	Feux.
Champagny.	58	L'Abbaye d'Oigny.	7
Chameroy.	76		
Courbam.	105	Larcy.	115
Coulemier.	121	Le Chemin.	11
Corpoyer.	30	Le Magny Lambert.	31
Corpoyer.	30		
Cout-Exêque.	32	Le Prieuré du Val des Choux.	2
Courcelles.	18		
Creancey.	115	Lery.	79
Crenay.	44	Le Prieuré du Quartier.	3
Darley.	127		
Duesme.	51	Leffond.	88
Essarois.	69	Loüesine.	54
Eschallo.	68	Martenay.	73
Estalaute.	94	Massingy.	105
Estrochey.	41	Mosson.	41
Estormet.	49	Mouliot.	58
Fontaine en Duemois.	79	Maissey-le-Duc.	27
		Marac.	40
Fraisnois.	105	Mauvilly.	92
Francheville.	57	Meleson.	44
Frolois.	187	Montmoyen.	80
Gicé.	89	Mont S. Martin.	94
Gissey.	104	Mignot.	98
Gresigny.	92	Monterom.	21
Jours.	71	Meneibles.	23
Latrecey, V.	205	Monterot.	28
La Montagne.	45	Moutribourg.	28
La Margelle.	130	Nod.	33
La Villeneuve.	30	Origny.	34

DU ROYAUME.

Paroisses.	Feux.	Paroisses.	Feux.
Pellery.	72	Rocheux.	49
Poinson.	140	S. Seyne.	74
Poiseul la Ville.	66	S. Mare.	86
Poiseul la Grange.	56	Ste Colombe.	51
Prangey.	88	Thenissey.	69
Pracley.	40	Thoire.	46
Quemigny.	94	Trouans.	48
Recey.	141	Turlet.	62
Richebourg.	100	Vaux.	91
Rochetaillée.	98	Vaugimois.	25
Rouelle.	16	Vauncy, Châtel.	248
Rochefort.	44	Verrey sous Salmaise.	41
Salmaise.	106	Vessurotte.	41
Salives.	111	Villier-le-Duc.	70
Semoustier.	63	Villiers sur Suise.	45
S. Beroüin.	57	Villotte.	45
S. Germain la Feüille.	57	Vilaines, V.	112
S. Germain le		Voulaines.	117

BAILLIAGE D'ARNAY-LE-DUC.

Paroisses.	Feux.	Paroisses.	Feux.
ARNAY-LE-DUC, & Chassenoy, V. 466 Feux. Bail. J. R. G à S.		Allerey.	134
		Arconcey.	93
		Aubigry.	30
		Barbirey.	22
Agey.	59	Bassecourt.	25

DÉNOMBREMENT

Paroisses.	Feux.	Paroisses.	Feux.
Bellenot.	59	Marcilly.	51
Blancey.	44	Mesmon.	41
Bœvret Baugnet	52	Meilly.	126
Bussy la Poisle.	67	Mimeure.	61
Châteauneuf.	102	Mussigny.	27
Chailly.	143	Montoillot.	30
Châtelnot.	72	Poüilly.	112
Civry.	59	Praslom.	55
Clomot.	53	Remilly.	61
Commarin.	110	Sancerey.	62
Creancey.	101	Sassey.	100
Diancey.	50	Savigny.	43
Dreé.	24	Soussey.	83
Esquilly.	89	Semarcy.	44
Eschanney.	45	Sombernom.	99
Essey.	63	S. Pierre en Vaux.	32
Gissey le Vieil.	62	S. Victor.	41
Gissey sur Ouches.	20	S. Prié.	48
		Ste Marie.	59
Grenam.	43	Ste Sabine.	106
Jovey.	63	Thoisy le Desert.	87
Maconge.	76	Thury.	73
Magnien.	94	Vandenelle.	59
Martrois.	46	Vieuvy.	202
Maligny.	60	Voudenay l'Eglise.	76
Malin.	90		

BAILLIAGE

BAILLIAGE D'AVALON

Paroisses.	Feux.	Paroisses.	Feux.
AVALON, V. 192 Feux. Bail. Prev. J R n r. G à S. M P.		Châtelaine.	12
		Chazelle.	7
		Chavannes.	51
		Cheris.	2
Angely.	33	Chercé.	15
Anniot.	13	Comandrie, S. Mar.	101
Annay la Coste.	100		
Annoult.	40	Cormarin.	24
Athye.	43	Courterolles.	36
Auffon.	19	Cervignot.	11
Beauvilliers.	17	Crizery.	22
Bierry.	33	Cuffy les Forges.	32
Blacy.	51	Dommiry.	48
Bouffon.	17	Eftaulle le Haut.	21
Bornoult.	35	Eftaulle le Bas.	50
Brecey.	17	Eftitrey.	111
Buffiere.	34	Eftréc.	27
Cenfey.	28	Girolle.	78
Cervignot.	11	Grand Iflan.	24
Champmortin Volnet.	22	Grange Foreftiere.	17
		Grange de Vefure.	18
Charbonniere.	19	Grange Rutroux, &c.	10
Champy-Mortin.	3		
Champion.	30	Guillon, R. J R.	79
Chaffigny.	18	Joux la Ville.	2
Chaftel Girard.	79	Joux lez-Rouvroy.	27

Tome II. H

Paroisses.	Feux.	Paroisses.	Feux.
La Boucherasse.	9	Pasilly.	30
La Riviere de Châtelay.	50	Perigny.	21
		Pizy.	94
La Sauſſoy-Diſlan.	39	Pont-Aubert.	82
La Tour de Prey.	12	Pont de Cuſſy.	5
Lautre Ville.	12	Pereſle.	18
Lingloux.	8	Prey ſous Pierre Pertuis.	34
Magny lez-Avalon.	51	Ragny.	21
Maiſon-Dieu.	23	Repoſeur.	8
Marmoreu.	48	Roinanet.	24
Marrault.	38	Rouſſot.	11
Marcilly.	20	Rouvray.	152
Meluzien.	3	Rueres.	41
Meix.	23	Santigny.	51
Menade.	22	Sammignes.	44
Menemois.	15	Sarry.	65
Metaure.	37	Savigny en Pleine	43
Monchavin.	10	Savigny le Beurealt.	22
Mongaudier.	20		
Monteraux.	9	Savigny le Bois.	39
Montjaloing.	16	Saux.	8
Montigny.	12	Senezelle.	85
Mont lez-Champlois.	26	Soulangy.	68
		S. Aignan.	57
Montmarderein.	19	S. André.	36
Momot le Montreal.	18	S. Aubin.	12
		S. Andhuis & Perriere.	48
Montreal.	114		
Paney.	14	S. Branchey.	34

DU ROYAUME.

Paroisses.	Feux.	Paroisses.	Feux.
S. Georges.	34	Vassy lez-Avalon.	19
S. Germain de Modeon.	22	Vassy lez-Pizy.	76
		Vault de Lugny.	66
S. Germain des Champs.	30	Vennoiron.	68
		Villarnoult.	21
S. Liger.	136	Villaine.	10
Ste Magmame.	36	Villeneuve.	18
Tallery.	35	Vellerot.	8
Talloux.	66	Villarbin.	40
Tharot.	49	Villiers les Hauts.	115
Tharoiseau.	58	Villiers le Comte.	8
Thiry.	26	Villiers Nonan.	35
Thory.	59	Villiers les Potots.	29
Trevizelot.	9	Vignes.	29
Trevilly.	24	Uzy.	36
Trousoye.	5		

BAILLIAGE D'AUXONNE ET BELLEGARDE.

Paroisses.	Feux.	Paroisses.	Feux.
Auxonne, V. 450. Feux Vic. Bail. 7 R nn G à S.		Chauveau.	12
		Chazelles.	27
		Ciel.	91
Bauvernois.	56	Clux.	34
Belvesures.	76	Dampierre.	52
Bousselange.	33	Dissey.	90
Charettes.	71	Fley.	36
Chaussin.	173	Fresne S. Mamets.	129

DÉNOMBREMENT

Paroisses.	Feux.	Paroisses.	Feux.
Frontenard.	85	Pourfans.	101
Gros-Bois.	21	SEVRE ou BELLE-	
Jallanges.	36	GARDE, V.	420
La Chapelle		Feux. D P. J R.	
S. Sauveur.	181	G à S.	
L'Abergement lez-		Sauvrey.	26
Auxonne.	47	Senecey.	26
La Chaux.	72	Sermesse.	42
La Peyriere.	60	S. Bonnot.	60
La Villeneuve.	45	S. Didier.	36
La Racineuse.	27	Torpe.	109
Moisevaut.	77	Tourtenans.	51
Mouis & Méchin.	24	Varennes.	16
Mouſtier eu Breſſe.	59	Vauvry.	17
Pagny le Châtel.	41	Verdun, V.	239

BAILLIAGE DE SEMUR EN BRIONNOIS.

Paroisses.	Feux.	Paroisses.	Feux.
A Manz y.	78	Champbilly.	79
Artaix en Royauté.	32	Chaſſenard.	54
		Chenay.	138
Artaix en Duché.	96	Chiſeul.	65
Aurilly.	29	Colombier.	85
Auzy.	113	Cours.	30
Baugy.	74	Curbigny.	44
Bois Ste Marie.	53	Digoin en partie.	50
Briand.	132	Dompierre.	126

Paroisses.	Feux.	Paroisses.	Feux.
Dun-le-Roy.	92	S. Christophe en Royauté.	51
Gibles.	148		
Igny de Vers.	65	S. Christophe en Duché.	138
Ingrande.	64		
Jonzey.	20	S. Didier.	67
Le Puge, & Dep.	55	S. Germain Lépinasse.	274
L'Hôpital le Mercier.	70		
		S. Germain des Rives.	4
Maillye.	58		
Maltaverne.	28	S. Leger.	113
Marcigny, G à S.	133	S. Julien de Cercy.	76
Melay.	234		
Meulin.	27	S. Julien de Cuicy	516
Montmelard.	131	S. Martin du Lac.	64
Montreau Versangues, G à S.	80	S. Martin de la Vallée.	109
Montraux.	52	S. Simphorien.	73
Montmegin.	11	S. Yan.	30
Oye.	150	Ste Foy.	9
Ozolle.	72	Tollecy & les Morains.	13
Prisy.	30		
Putier & la Brosse.	37	Trivy.	65
SEMUR-EN-BRIONNOIS, V. 439 F. Bail. J R n r. G à S.		Vareilles.	55
		Varennes en Bri.	52
		Varennes Revillon.	53
Sarrie.	55	Vindecy.	66
Sellore.	40	Vivaut.	30
Sevignon.	84		

BAILLIAGE DE MONTCENIS.

Paroisses.	Feux.	Paroisses.	Feux.
Blanry.	105	Nyon.	9
Charbonna.	46	Pereüil.	34
Charmoy.	86	S. Berim.	97
Châtelet & Labergement.	35	S. Cernin du Plain	99
Creot.	25	S. Cernin du Bois.	86
Cromey.	39	S. Eugenne.	66
Dettée.	44	S. Eusebe.	31
Dracy.	49	S. Firmin.	28
Espertully.	53	S. Gervais.	87
Escuisse.	38	S. Gilles.	45
Essertennes.	57	S. Julien.	40
Jorcy.	46	S. Jean de Tresy.	54
La Chapelle sous Vehon.	62	S. Laurent.	16
La Chapelle de Villars.	28	S. Martin de Marmagne.	60
Le Breüil.	90	S. Martin de Comune.	56
La Tasniere.	86	S. Martin de Cauche.	180
MONTCENIS.	113	S. Maurice.	80
Feux. Bail. G à S.		S. Micaud.	4
Marnay.	60	S. Nizy sous Charmoy.	79
Marcilly.	120	S. Nizy sur Aroux.	32
Mazenay.	25	S. Pierre de Va-	
Moutorges.	21		
Ne De de Morey.	61		

Paroisses.	Feux.	Paroisses.	Feux.
rennes.	58	Varennes sous Mo-	
S. Privé.	30	nerius.	69
S. Simphorien.	130	Vehon.	22

BAILLIAGE DE S. JEAN DE LOSNE.

Paroisses.	Feux.	Paroisses.	Feux.
Aubigny.	55	Esbarre.	88
Aiserey.	43	Francault.	42
Bessey.	56	Magny.	40
Bonnencontre.	75	Nontot.	40
Brazey, Ch.	125	S. JEAN DE LOSNE. 303	
Changey, Maison-Dieu & Losne.	76	Feux. V. Bail. J R n r. G à S.	
		Trouham.	44

BAILLIAGE DE BEAUNE.

Paroisses.	Feux.	Paroisses.	Feux.
Aloze.	18	Bessey.	30
Aubigny.	55	Betigny.	110
Aubeine.	30	Bessey en Chaume.	50
Autigny, V.	86	Bligny.	165
Auxey.	122	Boüillaut.	40
BEAUNE, V.	1460	Bouse.	29
F. Bail. G à S. 5 g f.		Champignolles.	48
Baubigny.	54	Chassagne.	65

DÉNOMBREMENT

Paroisses.	Feux.	Paroisses.	Feux.
Chaudenet, V.	27	Nantoux.	52
Chevigny.	67	Nolay, Marq.	459
Cheilly.	60	Painblanc.	61
Corcelle les Arts.	46	Pernaut.	50
Corpeau.	20	Pommard.	45
Colombier.	30	Puligny.	120
Combertaud.	27	Ruffey.	50
Cuffy.	20	Savigny.	168
Culestre.	135	Sauffey.	60
Decize.	143	Santoffe.	30
Eschernam.	19	Sampigny.	46
Eschevronne.	30	Santenay.	162
Foiffy.	73	Serrigny.	79
Jour S. Vaux.	66	S. Aubin.	109
La Rochepot.	73	S. Romain.	153
Le Venoy.	93	Ste Marie la Blanche.	46
Lufigny.	59		
Marceux.	105	Tailly.	22
Marigny.	40	Tomirey.	19
Meloy-Sey.	60	Thorey.	61
Mavilly.	40	Veilly.	25
Meurfange.	50	Vevey.	86
Meursault.	204	Vic.	47
Montelie.	57	Vignolles.	36
Montagny.	63	Volenay.	74
Monceau.	58	Yvry.	36
Molinot.	63		

BAILLIAGE DE NUITS.

Paroisses.	Feux.	Paroisses.	Feux.
Arcenans.	57	Meulley.	48
Argilly, J R.	204	Montmain.	25
Auvillars.	35	Morey.	80
Bagnot.	26	Moulin de l'Es-	
Bragny.	36	tang.	1
Broins.	25	Nuits, V. 411 Feux.	
Chambœuf.	45	Bail. J R n r. G à S.	
Chambol.	28	Palleau.	38
Chaux.	24	Poüilly.	45
Chivre.	40	Premeaux.	136
Cîteaux.	4	Quemigny.	51
Colonge.	30	Quincey.	40
Coulonge.	38	S. Jean de Bœuf.	29
Corgoloin.	103	S. Nicolas.	27
Corberon.	63	Ternaut.	34
Corgengoux.	103	Vergy.	87
Escoüelle.	89	Villars.	69
Glasnon.	40	Ville Bichot.	30
Jarlant.	49	Villy le Brûlé.	57
Labergement-le-		Villy le Moûtier.	
Duc, J R.	120	Vosne.	71
Marcy.	53		

BAILLIAGE DE BOURBON-LANCY.

Paroisses.	Feux.	Paroisses.	Feux.
Aulpont.	19	Lesme.	25
BOURBON-LANCY, V.	212	Maltat.	75
Feux. Bail. G à S.		Mont.	57
		Perrigny.	47
Challemoux.	102	S. Aubin.	25
Cresley.	77	S. Aignan.	167
Cronat.	208	S. Leger.	122
Fonteste.	24	S. Martin.	68
Gilly.	100	S. Nazaire.	119
Givry.	57	Vitry.	116
La Nocle.	115		

BAILLIAGE DE NOYERS.

Paroisses.	Feux.	Paroisses.	Feux.
Aunay & Perigny.	147	Joux.	128
Ceucy.	24	Joux le Chastel.	100
Chumilly.	70	Malun.	50
Cours.	56	Milly.	28
Esserre.	31	NOYERS, V. G à S.	356
Feley.	74	Serrigny.	66
Fresne.	51	Janlay.	17
Jovancy.	38	Vaux du Puy.	3
		Villiers la Grange.	2

BAILLIAGE DE SEMUR
en Auxois.

Paroisses.	Feux.	Paroisses.	Feux.
Allerey.	19	Champdoiseau.	36
Alixée.	89	Champrenault.	25
Aisy.	28	Changy.	27
Arcenay.	12	Chantault.	13
Arnay.	46	Charantois.	21
Athie.	51	Charigny.	33
Avosne.	26	Charny.	38
Bard.	34	Chassey.	39
Barrain.	23	Chaisserolle.	35
Benoisey.	44	Chazelle Lesert.	28
Beurisot.	49	Chazelle.	14
Bierry.	62	Chenault.	18
Bernay haut & Chateau.	4	Chevannay.	41
Bourbilly.	46	Chevigny.	32
Boussey.	34	Chevigny lez Semur.	58
Brain.	38	Clamerey.	40
Braux.	77	Clermont.	10
Brianny.	40	Cormoillon.	17
Buffort.	55	Coromble.	94
Bieres.	29	Corcelles en Montvault.	14
Broullard.	18	Courcelles Fresmoy.	52
Cessey.	22		
Cercin.	30		

H vj

DÉNOMBREMENT

Paroisses.	Feux.	Paroisses.	Feux.
Courcelles lez Semur.	31	Geloigny.	28
Corcellotte.	20	Genay & la Chaux.	98
Cercelles.	45	Godan.	16
Collonges.	15	Goix & Thomirey.	54
Crespan.	54	Grange de Flassey.	6
Crespy.	12	Grange d'Haran.	31
Creusot.	12	Grange de Villars.	6
Cornois.	11	Grange de Jailly.	13
Cruchet.	22	Grange de Lous.	53
Curey.	4	Grange de Soulas.	15
Dompierre.	32	Grignon.	52
Dracy.	26	Grosbois.	88
Esringes.	53	Hauteroche.	57
Escorsain.	37	Jailly.	57
Esmagny.	19	Jeux.	17
Espoisse.	140	Islan.	24
Espoissotte.	21	Juillenay.	27
Estay.	68	Juillye.	26
Fains.	31	La Chaleur.	7
Feins.	48	La Courtine.	14
Fley.	30	La Croisée.	15
Fleurey.	18	La Motte.	36
Fontaines.	43	Lantilly.	51
Fontaitte.	25	La Roche Embreny.	152
Forleans.	29	La Roche le Vaneau.	25
Foutangy.	29	Les Daurées.	26
Fraine.	91	Lignieres.	17
Foux.	12	Lucenay le Duc.	73
Fremey.	12		

DU ROYAUME.

Paroisses.	Feux.	Paroisses.	Feux.
Lucenay les Bieres.	10	lemy.	20
Leugny.	51	Montigny Arm.	41
Luffre.	94	Mont S. Jean &	
Magny la Ville.	29	Ormancey.	128
Maison au Moine.	9	Monstier S. Jean.	85
Massene.	9	Mussy la Fossée.	38
Marcilly.	31	Nan sous Thil.	39
Marceau.	31	Nesles.	67
Merey.	13	Nogent.	43
Marigny.	113	Noidan.	71
Marmagne.	44	Nermiere.	39
Maregny.	27	Plannay.	38
Massingy lez-Viteaux.	45	Plat Pays de Jaulieu.	128
Massingy.	56	Ponte.	16
Meslin de la Cosme.	34	Pont d'Aisy.	21
		Pluviers.	24
Mesnelieux.	69	Plumeron.	10
Mesnelieux Jailly.	21	Poüillenay.	84
Menetreux.	20	Pouligny.	28
Menetreux Pissy.	20	Poussange.	43
Missery.	59	Preau.	7
Menestoy.	21	Precy.	46
Montachon.	29	Puis.	87
Montbertault.	54	Quinsceret.	41
Mauley.	29	Roilly.	25
Montfort.	22	Ruffey.	17
Montigny Monfort.	78	Saulieu, V. B. G à S.	707
		Saigny.	44
Montigny S. Barte-		Saiserey.	31

Paroisses.	Feux.	Paroisses.	Feux.
Sauley.	13	Thouillon.	95
Savigny.	12	Toutry.	53
Savoisy.	130	Veloigny.	37
Senailly.	53	Venarrey.	70
Souhay.	41	Verchesy.	13
SEMUR, *V. Pres.* Bail. G à S. Mar.	811	Verdonnet.	86
		Vernon.	19
S. Didier.	9	Verrey.	15
S. Remy.	105	Vesure.	25
S. Usaine.	33	Vis de Chassenay.	27
S. Anchot.	21	Vic sous Thil.	57
S. Jeux.	13	Vielchatel.	36
S. Helie.	10	Vielmolin.	22
S. Mesmin.	24	Villargoix.	42
S. Segros.	24	Villars Potras.	28
S. Thibaut.	52	Villaine.	73
Ste Colombe.	96	Villars Fresmoy.	22
Ste Reyne, *B.*	108	Villeberny.	115
Teurley.	30	Villeserry.	32
Thil & Maison-Dieu.	25	Villeneuve sous Charigny.	14
Thil la Ville.	31	Villeneuve sous Charny.	17
Thivanche.	31	Villenotte.	12
Thoisy la Berchere.	153	Villy.	135
Thoste & Beauregard.	49	Villars Dompierre.	14
		Viserny.	97
Thorey.	70	Uncey.	28
Torey.	35	Vitteaux, *V. G à S*	409

BAILLIAGE DE CHAROLLES.

Paroisses.	Feux.	Paroisses.	Feux.
Autefond.	23	Genelart.	80
Aurilly.	72	Gourdon.	100
Balorre.	33	Guegnon.	25
Baubery.	121	Joncy.	108
Baron.	56	La Verriere.	12
Blansy.	21	Le Puley.	31
Bragny.	65	Le Rousset.	14
Busseul.	22	Lugny.	104
CHAROLLES, V. Com. Bail. G à S. Mar.	355	Luncau.	88
		Lurcy.	26
Cée.	35	Martigny le Comte.	156
Chassy.	62	Marcilly.	58
Chanvent.	70	Mary.	56
Changy.	89	Marigny.	59
Chanlecy.	35	Marisy.	112
Chassenard.	23	Marly.	56
Ciry.	116	Mornay.	42
Clessy.	40	Mont S. Vincent.	138
Collonge.	74	Mont Dansy.	3
Digoins.	103	Nochise.	35
Dompierre.	27	Oudry.	64
Fautrieres.	22	Ozelle.	58
Fontenay.	7	Paroy, V. G à S.	535
Grandvaux.	25	Palinge.	142
Genoüilly.	56	Perrecy.	148

DENOMBREMENT

Paroisses.	Feux.	Paroisses.	Feux.
Pressy & Chiddes.	84	S. Marcellin.	2
Poisson.	91	S. Micaud.	55
Poüilloux.	61	S. Privé.	2
Regny.	37	S. Romain.	55
Rozier.	12	S. Simphorien.	37
Saviange.	32	S. Vallier.	90
Sanvignes.	97	S. Vincent.	54
Suin.	95	Ste Colombe.	2
S. Aubin.	67	Toulon, V. G à S.	248
S. Bonnet de Vielle-vigne.	83	Vandenesse.	190
S. Bonnet de Joux.	130	Vaux de Bariere.	36
S. Berain.	70	Vendenesse.	10
S. Eugene.	12	Varenne.	10
S. Eusebe.	48	Verosvre.	59
S. Germain.	30	Viry.	109
S. Julien.	14	Villerbene.	7
S. Leger.	35	Vitry.	37
S. Laurent.	19	Vigny.	40
S. Martin.	5	Vindecy.	2
		Voleure.	63

BAILLIAGE DE BRESSE.

Paroisses.	Feux.	Paroisses.	Feux.
ANtenans.	41	Asniere.	104
Arbigny.	163	BOURG EN BRESSE,	
Arromaz.	22	V. Pref. Bail.	
Arvent.	48	J R n r. M P.	
Attignat.	70	s. g s. Mar.	800

Paroisses.	Feux.	Paroisses.	Feux.
Bange la Ville.	368	Cassagne.	43
Barignat.	22	Chaveria.	138
Ballan.	76	Chevigniat.	65
Beaupont.	83	Chavagna.	14
Beynost.	228	Charcaz.	34
Berins.	21	Charnoz.	68
Bey.	76	Charnoz.	46
Bezemena.	76	Chastillon.	279
Béyresta.	78	Chasnez Chaste-	
Begny.	108	nay.	106
Beaugé le Chastel.	187	Chavannes.	75
Birajoux.	67	Chevroz.	110
Bizia.	205	Chavannes.	179
Billignieux.	54	Chamandrey.	13
Birireu.	56	Cormoz.	93
Bouligneux.	97	Courteux.	66
Bohas.	34	Colliona.	12
Boz.	191	Coisia.	24
Boissey.	53	Cize.	27
Buella.	67	Cordieu.	36
Bublanc.	198	Condessiat.	87
Breissola.	112	Clenuat.	28
Busserolles.	48	Clemencia.	70
Caissia.	138	Cormaranche.	236
Calivre.	113	Confrancon.	71
Ceyseria.	216	Corrent.	34
Ceyssiac.	45	Colligny.	75
Ceystiat.	30	Cormangoux.	37
Cerveissia.	67	Crangeac.	75
Certines.	33	Craz.	208

Paroisses.	Feux.	Paroisses.	Feux.
Crans.	78	Journans.	65
Cruzille.	121	Joyeux.	61
Crottet.	135	Lalleyria.	35
Curciat.	129	La Courbattiere.	40
Cuet.	63	La Trandiere.	41
Curtafond.	71	La Valbonne.	10
Dagnieu.	169	La Boisse.	129
Dhuis.	26	La Perouse.	67
Dompierre.	19	Laiz.	135
Dommartin.	161	La Chapelle.	62
Donisure.	35	L'abergement.	53
Druillat.	134	Les Ripes.	36
Drum.	38	Les Feüillées.	45
Esnes.	69	Le Plantey.	71
Estrez.	29	Les Blancheres.	41
Faramans.	46	Les Rebutins.	39
Feillens.	514	Les Fondra.	62
Fleurieu.	91	Les Granges.	117
Flexia.	35	Les Cheroux.	104
Foissiac.	232	Lingeat.	74
Gordans.	132	Longchamp.	22
Gorrevod, B.	443	Lyonniere.	37
Grandval.	65	L'Hôpital.	26
Grandvillards.	15	Loyes.	240
Gravelle.	79	Lingens.	95
Greiziat.	31	Lupponce.	40
Griege.	337	Marizia.	339
Hautecourt.	43	Marsonnaz.	158
Jayat.	104	Manthency.	35
Jasseron.	154	Malafertaz.	57

Paroisses.	Feux.	Paroisses.	Feux.
Marboz.	263	Poleizet.	54
Meillona.	159	Pondains.	208
Meyria.	78	Pont de Vaux, D.	304
Meximieux.	226	Pont de Velle.	291
Mespillat.	57	Pressia.	51
Meyzeria.	104	Priay.	184
Montlein.	38	Prinx.	33
Montreüil.	72	Ramasse.	66
Montaniat.	74	Replonges.	363
Montfacon.	63	Revonaz.	151
Montracal.	61	Rigniat.	87
Moncel.	69	Rignieu le Franc.	100
Mollon.	85	Rillieu.	206
Montluel, V. Com.	463	Roissiat.	53
Miribel.	381	Romanche.	53
Montaney.	185	Romanesche.	13
Mionney.	49	Romans.	76
Montellier.	72	Sancia.	48
Neuville sur Ains.	222	Samans.	7
Neuville les Dames.	164	Salthoney.	133
		Sandians.	70
Neyron.	93	Serua.	14
Nieure.	154	Simandre.	85
Ozan.	154	Sermoyé.	183
Peronnaz.	43	Servigniat.	39
Peisoux.	34	Sulligniat.	90
Perougen.	197	S. André le Panoux.	162
Perex.	140		
Pissay.	65	S. André de Corsy.	50
Polliat.	87		

Paroisses.	Feux.	Paroisses.	Feux.
S. André le Boul- houx.	48	grinieuse.	59
S. André d'Huiria.	93	S. Martin du Mont.	271
S. André la Bauge.	81	S. Martin le Châ- tel.	112
S. Benigne.	166		
S. Cir.	17	S. Mauris de Che- zeau.	18
S. Cir sur Men- ton.	183	S. Mauris de Gor- dans.	245
S. Christophe, B.	163	S. Mauris de Be- noît.	109
S. Denis.	55		
S. Didier.	103	S. Marcel.	31
S. Eloy.	104	S. Nizier le Bou- choux.	137
S. Estienne sur Vieille.	28	S. Nizier le De- sert.	45
S. Estienne du Bois.	138	S. Paul de Varax.	91
S. Genis.	84	S. Remy.	27
S. Just.	50	S. Remy du Mont.	30
S. Jean d'Estreux.	93	S. Sulpice.	18
S. Jean des Avan- tures.	134	S. Trivier.	197
		Ste Croix.	67
S. Julien sur Vieille.	97	Tallieu.	21
		Tagisset.	25
S. Jean sur Res- sourze.	87	Tramoye.	57
		Thoirette.	40
S. Julien sur Res- sourze.	72	T.l.	62
		T.ol.	63
S. Laurent.	146	Tossiat.	150
S. Martin de Vau-		Turgon.	58

DU ROYAUME.

Paroisses.	Feux.	Paroisses.	Feux.
Treffort.	299	Ville-Mostier.	80
Vandelens.	67	Villette.	28
Vavagniola.	22	Ville-Revesvre.	158
Varambon, B.	98	Villette de Loyes.	98
Verjon.	87	Villette de Ri-	
Versaillieu.	48	chemont.	87
Vecours.	98	Villars.	85
Vernoux.	96	Villeneuve.	52
Viriat.	260	Vonnaz.	115

BAILLIAGE ET ELECTION
DE BUGEY.

Paroisses.	Feux.	Paroisses.	Feux.
ANdert.	20	BELLEY, V. 500 Feux.	
Anglefort.	120	Ev. Bail. Marêch.	
Ameysieu.	50	110 l.	
Ambleon.	40	Belley Doux.	86
Ambutrix.	73	Bennon.	100
Ambournay.	357	Bons.	52
Arlot.	50	Beon & Luyrieu.	97
Arbent.	130	Belmont.	62
Aran & Rouge-		Biligniat.	47
ment.	145	Billiats.	94
Arandas.	220	Billieu.	25
Argil.	108	Brens.	50
Arbignieu.	100	Briol.	155
Armix.	239	Brenier.	84
Aspremont.	60	Brenod.	150

DENOMBREMENT

Paroisses.	Feux.	Paroisses.	Feux.
Bolozon.	42	Contrevoz.	160
Cerdon.	245	Colomieu.	50
Chastonod.	49	Cleysieu.	90
Chavaz.	94	Corlier.	65
Chavorney.	100	Corcelles.	100
Challey.	60	Corbonod.	195
Chazey & Rothonod.	55	Craz.	55
		Dortant.	80
Charencin.	70	Douvres.	187
Champagne.	60	Ennemond.	100
Chandossin.	52	Evange.	80
Chasay sur Ains.	190	Escrevieu.	20
Champdoré.	105	Establots.	57
Champformier.	165	Eschalon.	130
Charix.	76	Flaxieu.	30
Chanay.	110	Fittignieu.	38
Châtillon & Ardon.	100	Gelignieu.	80
		Genisiaz.	13
Chemilien de Parias.	40	Gevresiaz.	85
		Geyriat & Peyriat.	40
Chemilieu de Poisieu.	50	Groysiaz.	30
		Grossez.	125
Château-Gaillard.	112	Hauteville.	120
Chevillard.	37	Heyriat.	40
Cressin.	138	Hostiaz.	75
Culots.	180	Hostonne.	110
Cormoranche.	95	Ingieu.	55
Cuzieu.	82	Jon & Cervesieu.	40
Cressieu.	25	Jusurieu.	270
Codon.	40	Izarnore.	140

DU ROYAUME.

Paroisses.	Feux.	Paroisses.	Feux.
Oyonnas.	160	Lochieu.	21
Izenave.	105	Loyette.	125
Izieu.	79	Longeray.	30
Lagnieu.	420	Lompnes.	70
Lavous.	37	Mattaffellon.	129
Lacous.	40	Malliat.	42
La Burbanche.	42	Martigniat.	91
La Balme Pierre Chastel.	55	Maconod.	20
		Massignieu.	80
La Rivoire.	30	Marchand.	130
L'Abergement de Varey.	62	Marignieu.	40
		Magnieu.	55
Latenoy.	100	Meraleaz.	49
La Balme Sapel.	80	Meregneat.	67
La Leyriat.	132	Mentieres.	33
La Riviere.Furens.	200	Montagnieu.	160
		Montferrand.	140
Le Grand Abergement.	100	Montreal.	96
		Mornay.	67
Le Petit Abergement.	102	Montange.	130
		Mussinens.	12
Les Alimes.	50	Naps.	20
Leyment.	90	Nattage.	54
Leyssard.	110	Nantua , V. 5 gf.	280
Lhuys.	300		
Lilignod.	23	Neyroolles.	35
L'Hôpital.	12	Nucollet.	35
Longue Combe.	100	Ochias.	59
Lompnas.	115	Oncieu.	35
Lompnieu.	57	Ordonnas.	125

DENOMBREMENT

Paroisses.	Feux.	Paroisses.	Feux.
Parves.	73	S. Germain des Paroisses.	150
Peyzieu.	48		
Passin.	80	S. Germain d'Ambrieu.	420
Pollieu.	64		
Peyrieu.	100	S. Germain de Foux.	112
Port.	30		
Pontcin.	300	S. Hierosme.	132
Premeyzel.	55	S. Jean le Vieux.	260
Pugieu.	46	S. Martin de Bavel.	100
Reignieu le Desert.	30	S. Martin du Fresne.	130
Roussillon.	80	S. Maurix.	98
Ruffieu.	70	S. Rambert, V.	400
Saudon.	100	S. Sorlin, B.	270
Samoyniat.	40	S. Vulbas.	262
Seysirieu.	300	Ste Juitte.	60
Serrieres.	115	Talissieu.	48
Seillonnas.	100	Tenay.	78
SEYSSEL, V. J Rn r.	340	Vaux, B.	230
Songieu.	82	Vieu.	125
Sonthonod.	50	Virieu le Grand.	135
Sothonas.	25	Virieu le Petit.	120
Sorgieu.	30	Virignin.	80
Sutrieu.	22	Vieu d'Izenave.	140
S. Alban.	137	Villebois.	260
S. Benoist.	200	Villaz.	77
S. Boy.	100	Vongnes.	40
S. Champt.	42	Veizias.	90
S. Denis.	123	Vologinat.	46
S. Didier.	12	Vouvray.	73

BAIL

BAILLIAGE DE GEX.

Paroisses.	Feux.	Paroisses.	Feux.
Chalex.	67	Haire, V.	30
Chambessy.	40	Meyrin.	55
Chevry.	85	Ornox.	60
Collonges.	150	Peron.	156
Collex.	70	Poully.	105
Crassy.	32	Preveyssin	40
Crosset.	115	Sacconnix.	40
Duconne.	190	Seyssy.	200
Farges.	110	Souverny.	80
Fernox.	30	S. Jean de Gon-ville.	80
Gex, V. 360 Feux. Bail. J R n r. 5 g f. Mar.		Thoiry.	200
		Verny.	50
Grilly.	90	Versoix.	60

DENOMBREMENT

GENERALITE' DE NANTES.

Composée des Dioceses ou Recettes de

RENNES,
NANTES,
VANNES,
S. MALO,
S. POL DE LEON,
S. BRIEUX,
DOL,
TREGUIER,
QUIMPERCORENTIN,
ou CORNOUAILLE,
} en Bretagne.

DIOCESE DE RENNES.

Paroisses.	Feux.	Paroisses.	Feux.
A Maulis.	6	Chartres.	20
Andouillé & Neuffeville.	6	Châtillon sur Seiche.	19
Arbresel.	8	Château-Giron.	37
Assigné.	34	Chastelon.	21
Aubigné.	6	Channée.	12
Aubin d'Aubigné.	25	Château-Bourg.	17
Bain.	64	Chelnu.	11
Bazouges.	9	Coësmes.	41
Betton.	53	Corptneux.	56
Bourg de Compet.	25	Domaigné.	35
Bourbaré.	22	Dommallain.	52
Brecé.	17	Domploup.	27
Brus	35	Dourdain.	16
Brye.	20	Drouges.	14
Broon.	6	Eancé.	17
Cens.	28	Ercé prés Gasnes.	19
Cesson.	54	Ercé prés Teillay.	53
Cintré.	12	Essé.	38
Champmeré.	5	Falleu S. Jovin.	10
Chantepie.	21	Forges.	19
Channé.	9	Fercé.	14
Chavaigne.	14	Feins.	11
Chavaignes.	14	Gahart.	20
		Gasnes.	19

I ij

DÉNOMBREMENT

Paroisses.	Feux.	Paroisses.	Feux.
Germain.	3	Mongermont.	10
Gevezé.	51	Moüazé.	10
Guipel.	25	Mouffé.	7
Jauzé.	33	Montreal fur Ifle.	17
L'Abbaye de S. Sulpice.	11	Moulins.	25
La Bovefiere.	23	Noyal fur Seiche.	29
La Chapelle des Fongs.	21	Noyal fur Vilaine.	71
		Noyal fur Brus.	13
La Corniere.	13	Nouvoitou.	33
Laillé.	14	Orgeres.	20
La Meziere.	42	Ouffé.	22
La Vallette.	5	Parthenay.	5
La Selle Guerchoife.	2	Pacé.	65
		Penée.	15
Le Rheu.	25	Pirée.	17
L'Hermitage.	13	Plechaftel.	45
Le Tail.	25	Poligné.	17
Le Séel.	9	RENNES, V. D.	
Livré.	29	Ev. Parl. C d A.	
Louvigné.	21	H d M n r. Pref.	
Martigné Ferchaux.	87	T d M. M P. J C. Am. 12 l.	
		Ranneé.	39
Marcillé Robert.	29	Reftieres.	59
Meleffe.	67	Saulnieres.	12
Meffac.	61	Serven.	16
Mezieres.	17	S. Aubin.	2
Moigné.	3	S. Aubin du Pavail.	10
Mordelles.	52		
Montreüil-Legaft.	19	S. Armel.	14

Paroisses.	Feux.	Paroisses.	Feux.
S. Didier.	22	Argentré.	45
S. Erblen.	40	Availlé.	14
S. Estienne.	4	Bais.	50
S. Georges.	5	Bazouges du Desert.	6
S. Gilles.	29	Bazouges la Pe-	
S. Gregoire.	34	rouse.	72
S. Helier.	18	Baluzé.	48
S. James de la		Beaucé.	6
Lande.	8	Billé.	25
S. Laurent des		Breal prés Gravelle.	5
Vignes.	6	Brielles.	13
S. Martin.	8	Chesné.	10
S. Marc sur Isle.	12	Champeaux &	
S. Simphorien.	13	Marpiré.	10
S. Sulpice.	11	Chauvigné.	11
Ste Colombe.	9	Châtillon.	31
Toussaints.	12	Coglais.	6
Tourye.	30	Combourtillé.	8
Torigné.	10	Cornillé.	20
Trebeu.	28	Dompierre du	
Veneffle.	5	Chemin.	7
Vezin.	14	Erbrée.	28
Vignoc.	21	Estrelles.	38
Visseche.	15	Fougeres, V. Sen.	64
Villepots.	19	M P. 5 g f.	
Vrene.	21	Gennes.	14
Yzé.	50	Javené.	24
Tablier, Fougere		La Chapelle	
& Vitrey.		d'Herbru.	13
Antrain, V.	18	La Chapelle Jens.	20

Paroisses.	Feux.	Paroisses.	Feux.
La Chapelle S. Aubert.	9	ges.	19
La Fontenelle.	11	Parcé.	12
La Ferre.	20	Parigné.	7
Lacquelet.	8	Poa.	10
Landeau.	9	Poillé.	7
La Selle en Coglais.	6	Princé.	13
Le Pertre.	20	Rinon.	7
Le Tiercent.	4	Romaigné.	13
Le Châtelier.	8	Romazy.	5
Le Loroux.	8	Sougeal.	13
Lescousse.	8	S. Aubin des Landes.	14
Louvigné en Fougeres.	20	S. Bricé.	5
Luitré.	31	S. Christophe des Bois.	12
Marcillé Raoul.	20	S. Christophe de Vilaine.	4
Mecé.	13		
Mesté.	5	S. Estienne en Coglais.	9
Montault.	10	S. Fleurigné.	11
Montener.	10	S. Germain en Coglais.	25
Monstiers.	23		
Montoüé.	8	S. Germain de Pivel.	11
Montant.	4	S. Hilaire des Landes.	12
Montreüil les Landes.	7	S. Georges.	16
Montreüil sur Perouse.	7	S. Jean sur Coüesnon.	12
Ne De de S. Martin de Vitré.	16	S. Jean de Vilaine.	23
Noyal sur Bazou-		S. Merné.	32

DU ROYAUME.

Paroisses.	Feux.
S. Marc le Blanc.	5
S. Marc sur Coësnon.	8
S. Oüen de la Roserie.	10
S. Oüen des Aleux.	12
S. Remy du Plain.	9
S. Sauveur des Landes.	9
S. Thomas de Baillé.	4
Taillis.	19
Tercé.	18
Tremblay.	18
Trans.	11
Vancel.	7
Vergeal.	17
Vieux Visne Coüasnou.	15
Villames.	5
Vieux Vice.	7
Vitrey, V. Bar. 5 g f.	80

Les Paroisses cy-après ne sont point employées au Rôlle des Foüages.

S. Germain,
S. Jean, &
S. Sauveur de la Ville de Rennes.
Ne De de Rillé.
S. Aubin du Cormier.
S. Leonard de Fougeres.

Jauzé & Châteaugiron ne sont employées aux Foüages que pour une Paroisse, quoique c'en soit deux.

La grande & petite portion de Martigné ne sont employées aux Foüages que pour une Paroisse, quoique c'en soit deux. Il y a deux Receveurs distinguez aux Décimes.

Il y a trois Paroisses à Vitrey qui ne sont employées au Rôlle des Foüages que pour une.

DIOCESE DE NANTES.

Paroisses.	Feux.	Paroisses.	Feux.
A Barets.	40	Clemeré.	7
Aigrefuille.	9	Clovay.	16
Aindré	11	Covereul.	23
Ancenis, V. Ch.	27	Couffé.	37
Arthon.	14	Couveron.	139
Asneots	21	Cordemais.	36
Asserac.	64	Corcavé.	8
Avessac.	85	Corcet.	21
Auvrenay.	61	Crossac.	17
Bas & Croizic.	146	Derval, B.	66
Bassegoulaine.	27	Doulon.	13
Belligné.	15	Donges.	48
Besné.	10	Dressiac.	9
Boais.	16	Erbignac.	71
Blaing.	41	Erbray.	47
Bonneures.	13	Escoublac.	40
Bouveron.	29	Fay.	51
Brains.	7	Fougeray.	139
Carquefou.	24	Fresnay.	21
Cassou.	15	Frossay.	38
Camel.	6	Genesten.	3
Cambou.	53	Grands-Champs.	12
Chantenay.	12	Guémené, V. Prin.	79
Château Briant, V.	87	Guemet.	33
Château-Tubault.	13	Haute Goulaine.	18
Cheix.	6	Heric.	34

Paroisses.	Feux.	Paroisses.	Feux.
Jans.	24	Moutiers.	20
Issé.	28	Le Cellier.	15
Joüé.	40	Le Petit Mais.	29
Ivigné.	4	Le Temple de	
La Bourdiniere.	27	Meupertuy.	2
La Benaste.	5	Le Pinet S. Sulpice.	38
La Bernaudiere.	4	Le Carroux Balleau.	66
La Chapelle sur		Legé.	3
Erdre.	11	Le Pellerin.	24
La Chapelle de		Le Temple de la	
Launay.	25	Madelene.	5
La Chapelle Glain.	29	Le Bignon.	18
La Chapelle Bas-		Le Pont S. Martin.	24
semer.	10	Le Clien.	39
La Chap. Heuslin.	12	Le Port S. Pere.	21
La Chevrolliere.	26	Ligné.	32
Lavau.	32	Les Touches.	39
La Palletec.	4	Loüis Fer.	13
La Lunouziniere.	17	Maidon.	9
La Marne.	6	Malleville.	20
La Trinité de Clis-		Mauves.	15
son.	7	Maumusson.	11
La Remaudiere.	5	Marsac.	30
La Trinité de Ma-		Masserac.	17
checou, V.	47	Mays.	12
La Plaine.	33	Maydon.	70
La Petite Bouexiere.	18	Mesquier.	28
La Roche-Ber-		Mersillac.	40
nard, V.	90	Mesaugé.	33
Le Bourg des		Mouseil.	13

I v

DENOMBREMENT

Paroisses.	Feux.	Paroisses.	Feux.
Montrelays.	42	Prigné.	9
Montoüer.	51	Pueul.	23
Mosniers.	19	Quilly.	9
Mouzillon.	11	Ravans.	18
Montrebert.	21	Rezay.	42
NANTES, V. Com.		Riaillé.	34
Ev. Un. C d C.		Rougé.	63
B d F. H d M.		Rochemonteu.	4
Mon. de Nantes.		Ruffigné.	16
J R n r. Conserva-		Saffré.	44
teurs de Nantes. J n		Sautron.	8
r. Pref. Prev. Am.		Savenay.	64
M P. J C. T F.		Saverar.	19
Mes. de Sels. Mar.		Segreac.	53
100 l.		Suffré.	25
Ne De de Clisson.	7	Soudan.	42
Ne De de la Haye.	9	Syon.	41
Nivillac.	66	S. Aguen.	13
Nort.	67	S. Aubin de Gue-	
Nozay.	58	rande, V. Sen.	164
Orvault.	11	S. Aubin.	32
Oudon.	26	S. André.	16
Penestin.	6	S. Brevent.	21
Pihiriac.	54	S. Colombain.	9
Pierric.	35	S. Donnatien.	23
Plessé.	64	S. Dollay.	37
Pornic.	11	S. Estienne de	
Pouillé.	6	Monluc.	83
Pont Château.	42	S. Estienne de	
Prinqueau.	21	Merucot.	12

DU ROYAUME.

Paroisses.	Feux.	Paroisses.	Feux.
S. Fiacre du Coin.	6	S. Nazaire.	97
S. Hilaire du Château.	14	S. Opportune.	20
S. Hilaire du Bois.	5	S. Philbert de Grand Lieu.	42
S. Herblain.	48	S. Pierre de Bouquenay.	54
S. Gilles & S. Bris	5	S. Pere en Rays.	20
S. Guédas des Bois.	19	S. Sambin.	8
S. Giron.	9	S. Sebastien.	51
S. Jean de Berré.	23	S. Sirien en Rays.	78
S. Jean de Bouguenay.	17	S. Vicau.	24
S. Julien de Vouvantes.	32	S. Vincent des Landes.	21
S. Julien de Canceller.	45	Ste Croix de Machecou.	43
S. James de Clisson.	5	Ste Pazanne.	33
S. Luce.	12	Teillé.	26
S. Luminé de Clisson.	5	Thouaré.	10
S. Liger.	3	Tonnoys.	17
S. Liffard.	16	Trans.	19
S. Marc du Desert.	23	Tresliers.	14
S. Mars de la Jaille.	18	Treffieuc.	9
S. Mais de Courtais.	19	Vay.	33
S. Michel du Chevecier.	19	Varades.	40
S. Mesme.	9	Valets.	52
S. Molff.	17	Vieilles Vignes.	42
		Veux.	14
		Vigneuc.	27
		Vris.	23
		Vretou.	53

Les Paroisses de l'Evêché de Nantes cy-aprés sont Exemptes des Rôlles des Foüages.

Nôtre-Dame,
S. Clement,
S. Denis,
S. Jean, S. Pierre,
S. Laurent,
S. Leonard,
S. Nicolas,
S. Saturnin,
S. Vincent,
Ste Croix, &
Ste Radegonde de Nantes.
La Cornoüaille, Paroisse de Candé.
Le Fislet,
Pannée &
La Varenne dépendantes du Poitou au Temporel,
Brain,
Chanteauceau &
Liré, dépendantes de l'Anjou au Temporel.
Aboussay,
Cugand,
Guestigné,
La Brussiere,
Laudemon,
La Renaudiere,
L'Isle de Boüen,
Ne De de Montfaucon,
Pau,
Remoüillé,
S. André de 13 Voyes,
S. Crespin,
S. Jacques de Montfaucon, &
Tillieres, toutes dépendantes du Poitou au Temporel.

DIOCESE DE VANNES.

Paroisses.	Feux.
Aller & S. Congo.	51
Ambon.	57
Aradon.	20
Bains.	73
Beganne.	33
Berric.	20
Billieres.	7
Bohal & S. Marcel.	14
Brains.	73
Caden.	48
Carentoix.	129
Cornon.	10
Crugnel.	12
Ellevain.	47
Glenac.	17
Grandchamp.	92
Guegon.	54
Langon.	33
Lantillac.	3
Lansac.	7
Larré.	10
La Trinité de la Lande.	2
Le Temple de Carentoir.	8
Les Fougerais.	20
L'Imerzel.	29
L'Isle Dars.	12
L'Isle Dilleur.	1
Marzan.	33
Malansac.	42
Menem.	4
Molac.	27
Missriac.	10
Monstour Bilhio.	8
Montour Gueheno.	16
Noyallo.	8
Noyal Mezuillac.	66
Peaulle.	48
Peaulle Mazuillac.	49
Peillac.	39
Plaudren & Monterblanc.	60
Plemelec.	52
Plescop.	13
Plucadeuc.	29
Pluherlin.	36
Port-Louis *ou* Blavet, V. P d M.	104
Quimtembert.	77
Quilly.	6

DÉNOMBREMENT

Paroisses.	Feux.	Paroisses.	Feux.
Renac.	20	Treal.	14
Rieux.	63	*Avray.*	
Rochefort.	14	Auray, V. Sén.	60
Ruffiac.	57	Baden.	25
Sarzeau.	4	Belz.	17
Sené.	19	Brech.	44
Serent.	105	Carnac.	37
Sis.	44	Crach.	22
Sulniac.	48	Erdeven.	20
Surzvo & Lehezo.	33	Landaulle.	17
S. Avé.	20	Landevain.	20
S. Congar.	19	Lomariaquer.	21
S. Gildas de Ruis.	9	Menden.	28
S. Gravé.	20	Pleerin.	28
S. Jagu.	24	Ploernel.	11
S. Juft.	26	Ploegomelin.	22
S. Jean de Brefvelec.	37	Pleumergat.	37
		Pleuvigné.	86
S. Molff.	20	Ploermel.	22
S. Patern.	28	Pleumerel.	29
S. Laurent de Creheuc.	7	S. Goul-en-Avray.	7
		S. Guedas d'Avray.	30
S. Martin.	36		
S. Vincent.	27		
S. Servan.	23	*Hennebon.*	
Theix.	42	Arzenou.	10
Trefleau.	9	Berné.	18
VANNES, V. Ev. Pref.		Beubry.	53
J C. MP. Am. 5 g f.		Cazlan.	10
Mar. 120 l.		Caudam.	39
		Cleguer.	30

DU ROYAUME.

Paroisses.	Feux.	Paroisses.	Feux.
Goulgoumarel.	10	Quirtinic.	27
Guidel.	59	Redené.	36
Hennebon, V. Sen. 5 g f.	99	Riantre.	30
		Silfiac.	11
Juquiniel.	52	S. Caradec.	9
Juzinzac.	26	S. Caradec & Tregomet.	14
Languidic.	22		
Laufmodan & Cofmalo.	11	S. Gillet.	5
		S. Goüal.	7
Langouelan & Limerzel.	17	S. Tudual.	14
		TreffeCherlin.	8
Lefcouet.	11	*Vicomté de Rohan.*	
Lefblin & Poufcerf.	38	Baud.	49
Lofmalo.	28	Biguen.	37
Lignol.	20	Bieuzy.	14
Meflan.	17	Bullon.	7
Mefliené.	16	Camort.	12
Merlenevez.	17	Châteauneuf.	1
Nauftang.	17	Clegueret.	60
Plaerdut.	46	Crederé.	16
Ploüay.	52	Croiffannée.	3
Plohinec.	36	Guern.	37
Ploermur.	57	Guenin.	14
Prequin & Melizac.	9	Malguena.	25
Priziac.	21	Meliand.	32
Ploquernevez & Lomaria en Hennebon.	42	Mozeac.	30
		MonfteverRadenac.	16
		Naizin.	20
Quefnin.	27	Noyal Pontivi.	110
Querrignac.	49	Plegriffet.	36

DÉNOMBREMENT

Paroisses.	Feux.
Plelauf.	15
Ploemelien.	35
Ploevelin.	22
Ploevec.	21
Pontivi.	25
Redenac.	15
Reguigny.	15
Rohan, *Duché*.	60
Romaingol.	22
Sequelin.	17
Stival.	11
S. Alvestres.	10
S. Goury.	3
S. Gomery.	9

Les Paroisses cy-après sont Exemptes du Rôlle des Foüages.

S. Salomon.
Arson S. Martin.
Ne De de Redon.
Ne De du Mesné.
Ste Croix.
Ste Croix de Jocelin.
Le Vicariat de Groix affranchy des Foüages, paye 45. livres pour les autres Droits.
Le Vicariat de Lomaria en Quiberon affranchy des Foüages, dés le temps des anciennes Provisions.

DIOCESE DE S. MALO.

Paroisses.	Feux.	Paroisses.	Feux.
Bourceul.	26	Dingé.	7
Broons.	51	Erreac.	27
Bruvilly.	8	Guenret.	5
Caradeuc.	7	Guitté.	15
Caulnes.	51	Gurran.	53
Châteauneuf.	11	Ignac.	41
Crehen.	26	La Boussane.	12
Corseul.	55	La Chapelle	

DU ROYAUME.

Paroisses.	Feux.	Paroisses.	Feux.
Chauffée.	19	Plumaugat.	57
La Chapelle du Loup.	5	Plouer.	59
		Qualerguen.	10
La Chapelle Blanche.	6	Quebriac.	27
		Quever.	12
Langouet.	8	Sevignac.	66
La Gouiniere.	4	S. Malo, V. Ev. Am.	
Lauxieu.	19	T F. Mar. 80 l.	
Logeollay.	10	S. Briac.	24
Landuian.	23	S. Brieuc.	5
Laurignun.	2	S. Benoît des Ondes.	2
Laurelas.	51		
Le Hon.	18	S. Domineuc.	26
Le Queou.	5	S. Enogent.	16
Les Iffs.	4	S. Inval.	25
L'Isle de Monfort Combourg, V. Com.	80	S. Goudran.	8
		S. Joüan de l'Isle.	9
		S. Liger.	8
Longaulnay.	10	S. Lunaire.	16
Lougadias.	3	S. Maden.	10
Medereac.	45	S. Maudé.	6
Megrit.	24	S. Meen des Cancalle.	32
Parenné.	28		
Plouvafne.	51	S. Michel de Plelan.	8
Plelan le Petit.	18		
Pleumaudan.	27	S. Melloir.	22
Pleuballay.	62	S. Pern.	15
Pleurtvit.	82	S. Pierre de Marc.	35
Ploret.	22	S. Servan.	28
Plestin.	14	S. Suliac.	27

Paroisses.	Feux.	Paroisses.	Feux.
Tadain.	25	Gael.	93
Tremereuc.	6	Gomené.	13
Tregon.	4	Gourhel.	3
Tremur.	19	Gouen.	23
Treffumée.	8	Guilliers.	44
Tinteniac & Trimer.	52	Guer.	115
		Guipry.	53
Treverien.	15	Guignen.	88
Trevern.	16	Guichen.	43
Tredial.	5	Iffendic.	70
Triganou.	20	La Chapelle.	17
Trelniau.	10	La Noüé.	42
Ville de Guégallen.	5	La Trinité.	13
		Laſſy.	10

Ploermel.

Paroisses.	Feux.	Paroisses.	Feux.
Archidiaconé de Porhoüet.	58	Le Bois Gervilly.	18
Augan.	31	Le Crouays.	8
Baulon.	16	Lieuron.	18
Bedeſecq.	57	Loheac.	14
Beignon.	32	Loutrehel.	4
Breteil.	19	Loyal.	57
Breal.	41	Maure, Com.	104
Brignac.	10	Mauron.	84
Bruc.	25	Mencac.	51
Campeneac.	45	Merdrignac.	36
Caro.	29	Meſſan.	31
Campel.	12	Meroüel.	19
Clais.	5	Miniac.	19
Concoret.	24	Monterfil.	18
Combleſſac.	28	Montertelot.	4

Paroisses.	Feux.	Paroisses.	Feux.
Mohein.	70	Taupene.	39
Ploermel, V. Sen.	60	Talensac.	29
Pipriac.	79	Tremarel & Lescoüet.	76
Plumeluc.	30		
Plelam.	64	Yrodovez.	31
Quedillac.	44	*Paroisses Exemptes.*	
Reminiac.	8	Le Vicariat de S. Malo	
Rommillé.	67	S. Malo, & S. Sauveur de Dinant, V. Sen. Exemptes.	
S. Abraham.	5		
S. Brieuc de Mauron.	14		
S. Eloy de Montauban.	80	Le Plesseu Basseson exemptes.	
S. Germain.	1	Becherel exempte, paye les Aydes.	
S. Goulay.	12		
S. Jean.	34	Lormais & Painpon Exemptes, étant autrefois une Forest.	
S. Liey.	31		
S. Malon.	23		
S. Maugan.	8	Trehoren seul.	
S. Malo de Phily.	18	Nôtre-Dame, S. Martin & S. Nicolas de Jocelin Ville, Exemptes, payent les Aydes.	
S. Malo de Beignan.	11		
S. Nicolas de Monfort.	24		
S. Ouven.	34	La Croix Helian, Pommeleur & S. Yger, Exemptes.	
S. Senou.	14		
S. Sequelin.	13		
S. Vrial.	10		

DIOCESE DE S. POL DE LEON.

Paroisses.	Feux.	Paroisses.	Feux.
Benzercourgan.	4	Lambezellec.	3
Botgars.	3	Lampol & Ploedal Mezeau.	11
Brest, V. 204 F. Sen. Am. P d M. 5 g f.			
Celaraute.	10	Le Crucifix aux Champs.	9
Cleder.	54	Le Crucifix le Tresse.	10
Commans.	17		
Goulfen.	10	Lesneven, Sen.	18
Guycernets.	40	Lestic.	6
Guiller.	13	L'Isle de Bats.	5
Guinichaut, Lambol Bodenu.	8	L'Isle d'Oixant.	18
		Milizac.	3
Guipavay.	29	Milizac.	26
Kernoüez.	7	Minihipol.	3
Kerlouvain.	9	Ne De de Keraeer.	16
Kervilly Kermorvan.	5	Ploquerneau.	63
		Ploezezny.	30
La Forest.	9	Plouncontrech.	35
Languengar.	2	Plodider.	24
Landeda.	23	Plovenevez.	33
Lanhouarneau.	14	Plovescat.	49
Lannillis.	21	Plouegoulin.	7
Lannillis.	9	Ploemevan.	22
Lanbezelec.	14	Plouvern.	20
Landouzen.	5	Ploenourmenez.	32

Paroisses.	Feux.	Paroisses.	Feux.
Ploegar.	42	Querautrec.	2
Ploecabenec.	33	Querlauavan.	24
Ploezenedé.	11	Quernilis.	1
Ploediry.	40	Quersain.	4
Ploemeleau & Lambal.	19	Quilbignon.	20
		Silirel.	11
Ploedeniel.	64	Sizun fief de Leon.	45
Ploecien.	54	S. POL DE LEON, V. Ev. Am. 5 g f. 120 l.	
Plouvementer.	53		
Ploedern.	16		
Ploelan.	33	S. Bouga.	11
Pleiber S. Egonnec.	28	S. Gouezenou.	9
		S. Guenou.	1
Pleiber Christ.	29	S. Jean.	12
Plouzanne.	53	S. Fregan.	9
Ploegomelen & le Christ.	25	S. Martin.	19
		S. Mahé.	1
Ploemogner.	26	S. Onnan.	8
Ploecarzel.	35	S. Renan.	7
Ploerin-Landevez, & Dep.	66	S. Pierre.	29
		Treflaouzan.	4
Ploedal-Mezeau.	45	Trefvisnes.	3
Ploeguen.	41	Taulhenic Quarentic.	19
Ploezeux.	6		
Ploeder.	8	Trefou.	17
Ploenouristres.	2	Tregoudren.	24
Ploezelin.	12	Tremenech.	11
Postpodern Biban.	6	Touxaints.	25
Ploiezon.	2	Treselide & Queran.	2
Ploedanas.	5		

Les Paroisses cy-après sont Exemptes des Foüages.

S. Julien &
S. Sourden de Landerneau, V. 5 g f. Exemptes des Foüa-ges, & sujettes aux Aydes.
Molaine, Vicariat du Prieuré du Conquet, Exempte.
Le Prevalut,
Trecegouescal &
Treglanou, Exemptes des Foüages.

DIOCESE DE S. BRIEUX.

Paroisses.	Feux.	Paroisses.	Feux.
Tablier de Moncontour.		Hillien.	77
		La Cheze.	8
Alligneur.	33	Langabt.	20
Andel.	12	Langourla.	21
Brehan Loudeac.	45	Laurenan.	12
Brehan Moncontour.	61	La Paneuzaye.	18
		La Ferriere.	13
Cadelac.	13	Lausains.	18
Cesson.	17	La Boüillie.	12
Cohiniac.	10	Landebis.	3
Couatlivec.	9	Lamalour.	11
Dallo.	17	Lauvaugon.	11
Erguy.	69	Lanevest.	9
Estable.	38	Lannebert.	14
Henon.	80	Lanvollon.	31
Hevan-Bihain.	23	Lanleuf.	6
Henansal.	15	Lauloup.	6

Paroisses.	Feux.	Paroisses.	Feux.
Lautic.	24	Ploerneuf.	13
Lautrec & le Vigneuc.	3	Peuroux.	4
		Peinpol.	3
Languieuc.	36	Plezeuc.	63
Le Fait.	18	Plehedel.	26
Le Gouray.	30	Pleveſt.	33
Loudeac.	80	Pleguien.	31
Maroüé.	65	Plouguenaz.	47
Merillac.	17	Pomerit.	40
Meſlin.	20	Plumieux.	64
Morrieuc.	12	Pluduno.	42
Noyal.	12	Plounara.	34
Plaintel.	43	Ploelo.	94
Plainehaute.	15	Plerin.	93
Plancoüet.	4	Pordic.	96
Ploquenoual.	51	Plourhan.	35
Pledran.	93	Ploubanalec.	33
Pleuc de Gauſſon.	74	Plonnou.	36
Pleniic.	52	Pludua.	22
Pleſſalac.	51	Plouha.	95
Plenut.	32	Ploufragan.	49
Plennes-Jugon. Sem	112	Querilly.	20
Pleboulle.	17	Queſſoir.	71
Plevenou.	31	Quintinic.	4
Pleherel.	36	Ruca.	19
Pleurien.	24	S. BRIEUX, V. Port de Mer. Ev. Sen Am. Mar. 5 g f. 90 l.	
Pleneuſt.	31		
Pleven.	11		
Pledelia.	35		
Pleſtan.	56	S. Alban.	17

DÉNOMBREMENT

Paroisses.	Feux.	Paroisses.	Feux.
S. Cas.	25	Tregomar.	12
S. Denoval.	7	Tremusson.	18
S. Bedan.	23	Tremeloir.	11
S. Donan.	23	Tregomar.	7
S. Guesno.	12	Truez.	27
S. Gué.	22	Uzel.	13
S. Glen.	15	Yffiniac.	35
S. Germain.	22	Yniaz.	43
S. Eloy.	17		
S. Gilles.	3		
S. Igneuc.	8		
S. Jagu.	7		
S. Lormel.	10		
S. Maron.	18		
S. Maudan.	5		
S. Postan.	38		
S. Rieuc.	15		
S. Samson.	15		
S. Vran.	18		
Tramain.	13		
Tredancel.	19		
Trebry.	34		
Tregenestre.	2		
Tregiveux.	45		
Treguedel.	28		
Tremenen.	11		
Tresigneau.	14		
Treveneuc.	15		

Il y a dans ledit Evêché 122. Paroisses contribuables aux Foüages.

Paroisses Exemptes.

Nôtre-Dame, S. Martin & S. Melaine de Lamballe, V. Exemptes.

Nôtre-Dame & S. Malo de Jugon, V. Sen. Exemptes.

Nôtre-Dame & S. Michel de Moncontour, V.

Brissat, Le Gué de l'Isle & S. Michel de S. Brieux Exemptes, contribuables aux Aydes.

DIOCESE

DIOCESE DE DOL.

Paroisses.	Feux.	Paroisses.	Feux.
Aucaleuc.	4	Le Vivier du Hirel.	7
Bagner Morvan.	20	L'Isle-Mer.	1
Bagner Pican.	11	Le Lou.	4
Bonnemain.	20	Mellac.	5
Bonnaban.	4	Montdol.	40
Carfautin.	6	Miniac Morvan.	36
Cherveix.	16	Ne De de Dol.	12
Couesmieuc.	18	Plegnen.	11
Cuguen.	21	Pleder.	5
Dol, V. Ev. Com. Am. 85 l.		Plenes Fougeres.	25
		Plouguer.	21
Espiniac.	15	Plougueneuc.	20
Hirel.	12	Pludilen.	78
Billefau.	25	Rollandrieuc.	14
La boussac.	20	Ros sur Couasnon.	19
L'Abbaye prés Dol.	3	Saintez.	10
Lanhelen.	3	S. Bourladre.	28
La Frenaye.	17	S. Colomb.	29
Lanvonas.	4	S. Elain.	11
Lanvallay.	10	S. Georges.	6
La Landec.	5	S. Ideuc.	4
Languenan.	26	S. Guaisnou.	10
La Chapelle S. Samson.	6	S. Jagut.	9
		S. Marcan.	9
Le Cendre.	1	S. Leonard.	1
		S. Meloir.	1

Tome II.   K

Paroisses.	Feux.	Paroisses.	Feux.
S. Soulan.	3	S. André des Eaux.	5
Trebedan.	3	S. Carné.	12
Tremheuc.	4	S. Lanneuc.	4
Traiſſaints.	3	S. Melaine.	1
Ville de Biden.	1	S. Geoſſe.	11
		S. Merven.	1
Paroiſſes du Crucifix de la Ville de Dol Exemptes.		S. Tual.	13
		S. Uniac.	11
Bobital.	3	S. Urielle.	7
Langan.	11	Treſſé.	2
Le Huiné.	2		

DIOCESE DE TREGUIER.

Paroisses.	Feux.	Paroisses.	Feux.
Relevenez.	38	Louergat.	86
Bolhorel.	21	Lomaria Pauget & Lomaria Beliſle.	17
Buhulien.	18		
Caviles.	16		
Coetreven Minihi.	1	Pennevan.	33
Coetreven.	18	Peuroſquirec.	29
Garlan.	15	Plourin.	45
Guerliſquin.	20	Plogonnen.	52
La Rüe aux Brebis.	1	Plocegat Moiſan.	26
Lanvir.	80	Plocrigan.	81
Lannion, V. Sen.	80	Ploezoc.	15
Loquemau.	12	Plovian.	23
Louannec.	20	Ploemeleau.	59
Loquigny.	12	Plougaſnou.	70

DU ROYAUME.

Paroisses.	Feux.	Paroisses.	Feux.
Ploubezre.	60	Brelidy.	17
Ploelec, *V*.	20	Bollesan.	15
Ploesgrescant.	32	Bourbriac.	69
Ploeguiel.	41	Cavi.	2
Ploemur Podou.	34	Cavan Cohanec.	43
Ploerin.	31	Château Laudren.	13
Ploaret.	120	Couestacern.	14
Pluzinec.	45	Couadan.	6
Queraudy Satreuc	12	Garmihel.	23
Quermaria-Fuler.	10	Guenezan.	10
Quemperven.	24	Gonnemerch.	26
Rospez.	28	Gouedelin.	62
Servel.	25	Hennegoet.	10
S. Guay.	4	La Fougeraye Rouge en Prat.	3
S. Michel Lengreve.	6		
TREGUIER, *V. Ev.* Com. P d M.	110 l.	Lainodez.	8
		Laude Barron.	11
Treffou Tregueneuc.	14	Lancoran.	19
		Lanvelech.	38
Tregastel.	13	Lanvezec.	2
Trelevern.	20	Lanvelin.	7
Trebedern.	27	Langoat.	55
Tonquedec.	48	Le Favoet.	19
Tredudec.	8	Le Merzel & le Petit Merzel.	23
Tregron.	29		
Tredretz.	12	L'Isle-Loy.	1
Lantreguer & le Menihy de Lantreguer.		Loquetas Moguer.	8
		Loquelvel.	3
Berchet.	6	Montalot.	6
Bocasson.	21	Mousterus.	20

K ij

DENOMBREMENT

Paroisses.	Feux.
Plestin.	83
Plestin Minihy.	2
Plezidy Kerbezere.	18
Poelentreguier.	25
Poemuguer.	20
Ploezy.	33
Plouec & le Petit Plouec.	61
Plouezal.	70
Ploedaniel.	47
Ploebihan.	63
Ploemur-Gautier.	76
Ploezur.	32
Ploevenez.	50
Ploegroez.	71
Ploedernec.	39
Ploegommur.	56
Ploezidy le Hayt.	31
Ploegat Château-Laudren.	66
Pomeleux.	26
Pommeric Saudy.	35
Pommeret le Vicomte.	67

Paroisses.	Feux.
Prac.	29
Quemper Guezenec S. Crest.	76
Quieffiec Kermerec.	35
Selvel.	5
S. Gilles.	20
S. Michel prés Guimguamp.	47
Tredarzel.	24
Trezenvic.	6
Treglanus.	22
Trelezan.	14
Tregonneau.	12
Treveoch.	7
Troguery.	7

Paroisses Exemptes.

La Roche de Rien, Ne De de Guimguamp, S. Mathieu & S. Melaine Paroisses de Morlaix, V. Sen. Am. 5 g. f.

DIOCESE DE QUIMPER-CORENTIN ou de CORNOUAILLE.

Paroisses.	Feux.	Paroisses.	Feux
Argol & Trégarmin.	23	Edern & Quelenen.	29
Beczec Cong.	15	Esquibien.	19
Boduim.	4	Erguearmel.	25
Brasparts.	33	Fouesnant.	32
Briziac.	60	Forest Fouesnan.	12
Buzec Capioual.	23	Gouzech.	23
Buzec Caplisun & Pontcroix.	47	Gouenach.	11
		Goulhin.	12
Cast.	38	Guengat.	16
Cleden Caplisnu.	15	Hanevec.	29
Clouar Fouesnant.	12	Irruillac.	23
Craozon.	44	Kerfentain.	7
Coray.	20	Kernevel.	23
Cong.	3	Lavedern.	6
Combrit & l'Isle Ludy.	41	La Perlech.	14
		La Pere.	11
Daullas.	10	Lauriec.	10
Dirignon.	25	Laz.	33
Dineaux.	21	Laudernarzec.	16
Elient Rosporden & S. Jean.	58	Lanvern.	10
		Landudec.	14
Erguegaberit.	27	Lababan.	11

K iij

Paroisses.	Feux.	Paroisses.	Feux.
Lennon.	14	Ploubeaznalec.	26
Loguionnet.	7	Ploemodiern.	32
Loque Sarelle.	5	Plouezan.	37
Lothey.	5	Plougonnec.	46
Logonna.	12	Pluguen.	36
Logament.	9	Ploneiz.	10
Loctudy.	15	Pregut Fouesnan.	14
Mahalon.	14	Plougastel d'Aullas.	39
Melvein.	21		
Mellar.	14	Ploenevez-Porzal.	28
Nevez.	19	QUIMPER CORENTIN, V. Ev. Com. Pres. Am. M P. 135 l.	
Nizou.	14		
Penhats.	20		
Plenen.	13	Quemeneven.	17
Plaben.	46	Queuzon.	6
Ploznau.	30	Quimerch.	14
Pouldreuzin.	20	Rosselehan.	11
Plouencour.	59	Rozcanel.	2
Plouegouff.	3	Saintois.	18
Ploenivel.	3	Scaer.	51
Plouemur.	25	S. Coulit.	18
Plouinec.	39	S. Evarzec.	16
Poldregat.	23	S Ignoret.	4
Plozenet.	49	S. Mic.	14
Plouegastel S. Germain.	14	S. Segal.	10
		Teogal.	10
Plimelen.	6	Treguenec.	10
Plouary.	56	Tremeauc.	14
Plouency-Porze.	9	Troutré.	4
Plomelin.	14	Treffiagat.	4

Paroisses.	Feux.	Paroisses.	Feux.
Troliniou.	5	Le Haut Cerlay.	14
Tregourez.	15	Loquefert.	11
Telgruc.	17	Le Saint.	18
Tregunet.	35	Le Hoan.	12
Tourch.	9	Le Farnet.	32
Trepezeron.	5	Loenollay.	3

Quimperlé.

Paroisses.	Feux.	Paroisses.	Feux.
		Lothea.	5
Bazzevallec.	44	Mahel.	25
Berrien.	38	Mellac.	13
Bey.	7	Meslé.	58
Blouse.	20	Motreff.	18
Boder.	16	Mouellan.	44
Botha.	28	Paul.	25
Bourg Quintin.	10	Plerach.	17
Carhaix.	28	Plonevez-Quintin.	39
Châteauneuf du Faou.	30	Plonevez du Faou.	65
Carnoüet.	36	Pestivien.	23
Cleden.	17	Plouenovau.	45
Clouhal.	30	Plouvenezel.	21
Duault.	57	Ploequer.	22
Glomel.	59	Pomers Quintin.	39
Gourin.	55	Pluëmu.	21
Guiscriff.	35	Plusquelec la Hausel & Botault.	58
Kernehuel.	11	Quimperlé, V. Sen.	
Laurivin-Quintin.	24	5 gf.	
Landelleau.	14	Quelan.	28
La Feillée.	16	Querien.	16
Lanmegean.	17	Quergleff.	15
Langonnet.	46	Querin.	27

DÉNOMBREMENT

Paroisses.	Feux.	Paroisses.	Feux.
Riec.	29	Le Treff S. Couen.	6
Spezel.	38	Le Hermouftouer.	6
Servigneac.	40	Merleac & S. Leon.	33
S. Colomban.	11	Mur.	26
S. Germain.	18	Neuillac.	26
S. Gilles & la Chapelle de l'Abbaye de Coatmalouen.	26	Ploesulin.	30
		Quillio.	16
		S. Caradec.	17
S. Treffin.	10	S. Guen.	16
S. Tourhan.	5	S. Martin.	20
S. Michel de Quimperlé.	27	S. Mayeuc.	29
Treffaou.	13	*Paroisses de la Ville de Quimper, Exemptes.*	
Trevenou.	4		
Tremenen.	7	Camaret,	
Trebrivau.	33	Châteaulin,	
Treaugan.	6	S. Corentin,	
Vicomté de Rohan.		S. Locrenan,	
Corlai.	22	S. Mathieu, & Lomaria, Vicariats.	
Kergrift.	10		
Lanviscat.	44		

GENERALITE'
DE
TOULOUZE.

Composée des Dioceses ou Recettes de

TOULOUZE,
ALBY,
CASTRES,
CARCASSONNE,
LIMOUX,
ALETH,
MIREPOIX,
RIEUX,
LAVAUR,
S. PAPOUL,
Et de partie des Dioceses de
MONTAUBAN, & de
COMINGES.

} En la partie Occidentale du Languedoc.

DIOCESE DE TOULOUZE.

Paroisses.	Feux.	Paroisses.	Feux.
Aiguesvives.	101	Castelnau Destre-	
Auzeville.	130	tesfons, V.	280
Aureville.	75	Castel Mau-	
Aussonne.	110	ron, V.	209
Auriac.	180	Cessales.	61
Audars.	67	Cepet.	72
Auraigne.	215	Cabanial.	124
Auzielle.	30	Clermont.	92
Auterive, V.		Corne-Barrieu.	145
J R n r.	280	Couronsac.	93
Baziegue, V.	299	Couloumiés.	250
Bauzelle.	107	Cugnaux.	190
Bazus.	93	Daps S. André.	33
Belberaud.	31	Deyme.	68
Belbeze.	132	Donneville, V.	57
Beaumont.	196	Escalquens.	80
Bessieres, V.	110	Esquelles.	47
Blaignac.	219	Falgarde & la	
Bouloc.	154	Croix,	61
Bremil.	60	Fenoüillet.	187
Brugeres, B.	105	Flourens.	54
Buzet, V.	115	Fourquevaux, B.	191
Berfeül, V.	519	Fronton, V.	380
Castanet, V.	125	Gaure.	145
Caussideres.	43	Gargas.	60

Paroisses.	Feux.	Paroisses.	Feux.
Gardouch, *B.*	275	Montesquiou, *V.*	278
Garidech.	81	Montbrun.	70
Gimil.	30	Monterabie.	152
Graignague.	70	Miramont.	179
Grespiac, *B.*	80	Montegut, *V.*	176
Grisolles, *V.*	355	Montlaur, *V.*	47
L'Abege.	80	Montaudran.	42
La Salvetat S. Gilles.	50	Morville Haute.	98
		Monjoric.	100
La Valette.	110	Noaillaux.	199
Lanta, *V.*	205	Ondet.	34
La Gardelle.	138	Orgueil.	71
La Peyrouse.	51	Pauliac.	115
La Bauthe.	102	Plaisance.	190
Le Pin.	183	Pibrac, *V.*	170
Le Fagel.	50	Pechabou.	45
Le Pinasse.	39	Pinsaguel.	50
La Bastide de S. Sernin.	54	Portet, *B.*	241
		Ponpertusat.	46
La Bastide de Beauvoir.	68	Prescoville.	46
		Puy Busque.	64
Maurens.	50	Roque Seriere.	77
Marseille.	50	Saurens.	61
Mauremont.	80	S. Aigne.	190
Mauvoisin.	82	S. Bernard, *B.*	326
Mervilla.	36	S. Joery, *B. ✝ R n r.*	180
Moutastruc, *V.*	164	S. Jean l'Herm.	50
Mont-Giscard, *V.*	192	S. Julia.	216
Mont-Gaillard, *V.*	70	S. Loup.	91
Mont-Berou.	147	S. Martin.	48

K vj

Paroisses.	Feux.	Paroisses.	Feux.
S. Martin de Touch.	132	H & C d M. Mon. de Toul. n r. Pres. Sen. Vig. J R n r. Capitole ou H d V. T d M. Bourse ou J C Am. B d T. Mar. 160 l.	
S. Michel, *Château*.	60		
S. Martial.	106		
S. Phelix.	280		
S. Pierre de Lage.	87		
S. Pierre de Bouzemville.	42	Tarabelle.	48
S. Rustique.	70	Trebons.	49
S. Orens & Gameville.	95	Toulouze Vieille.	40
S. Sulpice, *V. J R n r*.	232	Vaquieres.	160
		Varennes.	70
S. Vincent.	87	Vaux.	99
Ste Colombe.	44	Villeneuve.	80
TOULOUZE, *V.* 8265 *Feux. Arch. Un. Parl. B d F.*		Villariés.	76
		Vernegue.	242
		Villefranche, *V.*	210

DIOCESE D'ALBY.

Paroisses.	Feux.	Paroisses.	Feux.
ALBY, *V.* *Feux. Arch.Vig. S R n r. Bout du Pont de Tarn. prés Alby. J n r. Mar.* 150 *l.*	1936	Almerac.	33
		Alayrac, *V.*	24
		Ambialet ou Nôtre-Dame de la Capelle, *Vic.*	30
		Andilhac.	19
Alban, *V.*	114	Armissart.	34

DU ROYAUME.

Paroisses.	Feux.	Paroisses.	Feux.
Assac.	58	Convers.	71
Avens.	15	Counils.	56
Avignonet.	4	Courres.	19
Auffac.	18	Carameaux,	
Arfac.	80	B.	229
Bernac.	45	Corrompis.	92
Beselle.	52	Cunac.	95
Berens.	167	Denat, V.	290
Bleys.	60	Donnazac.	42
Bournazel, Ch.	80	Eutremons.	41
Bourgnonac.	49	Frauseille.	91
Bonneval.	119	Fonlabour.	9
Bracou.	90	Faissac.	19
Brose.	17	Fauch.	59
Chambon.	128	Fregeayrolles.	79
Charlus, Comtl.	147	Fraissines.	14
Cadalen.	60	Fauffergues.	35
Cambon.	42	Gaillac, V. J R	
Cadis.	42	n r.	1505
Castelgarric.	8	Gabriac.	100
Canezac.	181	Gaulenne, B.	84
Camalieres.	91	Girouffens, V.	
Campes.	56	Chât. J R n r.	217
Campagnac.	104	Gourgouillac.	70
Cahuzac.	106	Ginestieres.	35
Castelnau de Bon-		Gradilhes.	35
nefoux, B.	320	Guidal.	46
Cordes, V.		Joquaviel.	16
J R n r.	800	Itzac.	74
Couttens.	54	Juffens.	30

Paroisses.	Feux.	Paroisses.	Feux.
La Droche.	42	Le Clapié.	57
La Peiriere.	60	Le Truel.	15
La Din.	46	Le Dour.	90
Larmés.	74	Le Pont de Ciron.	28
La Grave, V.	93	Les Infornats.	20
La Bessiere.	56	Le Segur.	48
La Boutarié.	7	Le Suech.	14
Laval.	29	Le Verdier.	120
Lasplanges.	42	Le Carlat, V.	56
La Bastide de Ga- beausse.	53	Lincarque.	90
La Peiriere.	60	L'Isle, V. J Rnr.	374
La Condamine.	45	Loupiac.	126
La Salvetat.	22	Lombers, V. J Rnr.	81
La Guerpie, V. Bail. & Chât.	21	Lunaguet.	37
		Loubers.	60
La Capelle Se- golar.	15	Marsal.	39
		Marens.	13
La Capelle.	125	Marseau.	168
La Bastide Mon- fort.	206	Massals.	15
		Massuguies.	180
Lentin.	30	Mailhoc, B.	84
Le Castel Viel, V.	228	Messenac.	70
Lescure, V.	269	Mieules.	34
Le Puy S. Georges.	205	Millars.	188
Les Avalatz.	88	Monmiral.	218
Le Taur.	80	Montsalvy, B.	35
Le Bruc.	12	Montans.	15
Le Jus.	38	Montels.	53
Le Travet.	35	Montagut.	84
		Mousseis.	34

DU ROYAUME.

Paroisses.	Feux.	Paroisses.	Feux.
Moularis.	40	Saliez.	18
Monestiers, V.		Salles.	106
& Chât.	110	Sarmazes.	13
Mousseis & Anexe.	50	Saours.	12
Nartoux.	19	Sallettes	13
Noailhe.	25	Sept Sages.	14
Negremont.	55	Serenac.	39
Orbens.	48	Sivrac.	16
Ourban.	212	Sommaret.	12
Parisot.	38	Senespe.	19
Paulin, B. Chât.		Soeil.	40
Vic.	134	S. Amans.	58
Panens.	24	S. Antonin.	16
Pampelonne, V.	194	S. Bauzille.	143
Pennes, V.	100	S. Chistophe.	30
Pouzols.	97	S. Cirques d'Ay-	
Puy Begon.	170	gou.	104
Puy Gouson.	58	S. Caprais.	14
Puy Celsy.	292	S. Damase.	91
Raoust.	42	S. Estienne de Brés.	28
Realmont, V.		S. Gilles.	60
JRnr.	400	S. Genest.	22
Rabastens, V.		S. Gery.	45
JRnr.	1000	S. Jean de Jeanne.	22
Rivieres, Bar.	34	S. Jean de Marcel.	62
Roussergues.	25	S. Frichou.	28
Roumanou.	33	S. Lieux.	62
Rouffiac.	122	S. Michel de Bax.	144
Rousede.	23	S. Pierre de Gil.	12
Salvagnac, V.	65	S. Pierre de Mer-	

Paroisses.	Feux.	Paroisses.	Feux.
cens.	70	Ste Cecille de	
S. Projet.	36	Cayrou.	120
S. Paul de Marniac.	11	Ste Martianne.	22
		Taix.	16
S. Pierre de Bulgo.	13	Thecou.	241
S Pierre de Benejan.	25	Teillot.	121
		Tonnac.	72
S. Pierre de Niergue.	52	Treban.	60
		Trebien.	21
S. Martin des Mours.	65	Trebas, *Bar.*	95
		Valence, *V. M P.*	106
S. Martin de Grisac.	86	Vahour.	66
S. Memy.	125	Vertus.	64
S. Robert.	5	Vers.	15
S. Salvy de Lerm.	15	Vels.	33
S. Salvy de Carcavés.	27	Vionan.	27
		Villefranche, *V.*	75
S. Victor.	51	Vierac.	80
Ste Croix.	74	Vindrac.	50
Ste Foy.	7	Vieux.	50
Ste Gemme.	29	Villeneuve.	95

DIOCESE DE CASTRES.

Paroisses.	Feux.	Paroisses.	Feux.
A Lairac.	23	Aumontel.	119
Ambres, *V.* Marq.	204	Auterive.	45
		Avits.	66
Arifat.	130	Barré.	130

DU ROYAUME.

Paroisses.	Feux.	Paroisses.	Feux.
Burlats, V.	134	Graulhet, V.	459
Blancau.	174	Jonquieres.	48
Briateste, V.	138	Lalbanel.	69
Boissenon.	44	La Bastide S. Georges.	85
Brousse.	80		
Burlats.	135	La Bessiere.	74
CASTRES, V. Feux, Ev. Com. Sen. J R n r. Mar. 160 l.	1869	La Capelle.	49
		Lestourge & Artoul.	96
Castelnau de Brassac, V. J R n r.	330	La Capelle prés la Caune.	124
Campans.	62	La Capelle des Crouts.	112
Carves.	60		
Cabanes.	204	Larclas.	150
Carquet.	42	La Croisette.	198
Castanet.	63	La Caune, V. J R n r	340
Canac.	67		
Cabanes.	56	Lautrec, V.	378
Caucalieres.	47	Maurion.	20
Chesouls.	41	Mazieres.	133
Combajac.	80	Molaires.	77
Cuy.	112	Mont-Ferrier.	42
Damiatte.	113	Mont-Dragon.	145
Danzats.	36	Mont-Coujoul.	103
Ferrieres.	159	Montredon.	138
Fiac, J R n r.	147	Murat.	233
Frejeville.	134	Nageis.	364
Gaix.	46	Noailhac.	411
Ganoubre.	20	Peyregoux.	112
Graissac.	146	Prades.	126

Paroisses.	Feux.	Paroisses.	Feux.
Puëchauriol.	55	S. Jean de Vals.	100
Puy-Calvel.	70	S. Jean del Frech.	230
Rongars.	42	S. Martin de Lo-	
Roquecourbe.	353	diers.	108
Rouairoux.	403	S. Martin de la	
Serviez.	138	Valette.	204
Sengas.	160	S. Martial du Puy.	100
Solegre.	410	S. Martin de Pru-	
S. Amand de Val-		nes, ou Raissac	
toret, V.	240	de Janes.	116
S. Aignan de Braf-		S. Pierre des	
sac.	374	Parts.	138
S. Amand de Ne-		S. Pierre du Mo-	
grin.	135	nestier.	90
S. Amand de Mou-		S. Pierre desperiens.	
nis.	35	riens.	74
S. Baudille de		S. Sernin prés	
Montledier.	356	d'Ambre.	29
S. Estienne de Ca-		S. Sernin de Febrie.	78
huzac.	63	S. Salvy de Mont-	
S. Cirques &		long.	112
Gourges.	48	S. Sulpice prés Lau-	
S. Hipolite de		trec.	18
la Grange.	82	S. Sever prés la	
S. Geniest du Con-		Casse.	144
test.	65	Travanel.	186
S. Gervais, V.	366	Trevisy.	66
S. Geniest.	60	Vabres.	372
S. Jean de la Bes-		Venais, V.	102
siere.	73	Viannes, V.	357
S. Julien du Puy.	35	Vielmur, V.	209

DIOCESE DE CARCASSONNE

Paroisses.	Feux.	Paroisses.	Feux.
Aiguevives.	32	Comigne.	31
Alzones, *V.*	208	Conques, *B.*	335
Aragou.	62	Corneille.	29
Arquettes.	24	Corneze.	10
Arzens.	152	Couftoulens.	80
Badens.	37	Cuëlernier.	30
Bagnols.	40	Cujeat.	160
Barbeiran, *V.*	85	Douzens, *V.*	55
Berriac.	16	Fajac.	28
Blomac.	23	Floure.	17
Boüillonnac.	27	Fonties de Cabardes.	178
Brouffes.	14		
CARCASSONNE, *V.*	604	Fonties Rivedaude.	32
Feux. Ev. Pref. Sen. Cité de Carcaffonne. *J Rn r. Mar.* 172 *l.*		Fournes.	44
		Fraife.	69
Cabrefpine.	75	Gardré.	44
Capendu, *V.*	118	Gougens.	18
Carlipa.	110	Gregis.	26
Caftans.	125	La Baftide en Val.	32
Cazillac.	30	La Baftide Efperanger.	90
Cavanac.	51		
Caudebronde.	111	La Dru.	49
Caunettes, *B.*	24	La Graffe, *V.*	233
Caux.	78	Lairac.	77
Ceres.	87	La Tourette.	80

Paroisses.	Feux.	Paroisses.	Feux.
Les Tours de Cabardés.	60	Preix.	64
Leve.	90	Raixac.	45
Le Villa.	20	Rieux.	21
Limousis.	81	Roquefere.	40
Malves.	35	Rouffiac.	41
Maquens.	43	Roullens.	34
Marseillette.	54	Rustiques.	33
Mal de Cabardés.	210	Saissac, *V. Marq.*	400
Mas des Cours.	20	Sallelles.	29
Millegran.	8	Salsiques.	120
Miravel.	60	Sausens.	6
Montala.	40	Servies.	30
Montirat.	17	S. Couhat.	27
Montlaur, *V.*	78	S. Denis, *V.*	107
Mont le Gun.	12	S. Eulalie.	67
Montolieu.	300	S. Frichoux.	9
Montreal, *V. Ch. J R n r.*	663	S. Hilaire.	224
		S. Martin.	52
Montredon.	41	S. Michel dans Carcassonne.	926
Monzé.	34		
Moulieres.	23	S. Vincent dans Carcassonne.	1177
Moussoulens, *B.*	87		
Paleja.	32	S. Rome.	10
Pennautier, *V.*	108	Tavoise.	21
Pecheric, *V.*	101	Trassanel.	34
Pomas.	103	Tresbes, *V.*	190
Pradelles de Cabardés.	110	Ventenac.	69
		Verseille.	42
		Villalbe.	60
Pradelles en Val.	31	Villalier.	100

Paroisses.	Feux.	Paroiss.	Feux.
Villaniere.	74	Villegly.	64
Villardonnet, V.	133	Ville Montaiſſou.	107
Villaret.	23	Villeneuve.	82
Villarz l.	20	Ville Sequelan-	
Ville Bazy.	48	de, V.	75
Ville du Bert.	15	Villetritouls.	14
Ville Froure.	29	Voiſins.	131
Ville Gaillene.	101		

RECETTE DE LIMOUX.

Paroisses.	Feux.	Paroisses.	Feux.
A Jac.	39	Honnous.	52
Alaignie.	40	LIMOUX, V. 1034 Feux.	
Belcaſtel & Buc.	48	Preſ. Sen. Mar. 150 l.	
Belveze.	76	La Digue d'A-	
Bellegarde.	77	mont.	62
Bougairolles.	60	La Digue d'Aval.	38
Bredillac.	38	La Courtette.	10
Caillaval.	64	Laupia.	45
Cailhau.	92	La Serre.	80
Cambrieure.	53	Le Mazel.	14
Clermont.	58	Le Villa.	15
Caſtelren.	84	Lauraguel.	67
Eſcaliens.	48	Magrié.	85
Fenoüillet.	53	Miſſegre.	55
Ferrand.	26	Montgradel.	18
Gramaſier.	24	Montjaud.	30
Greffeil.	34	Ne De de Salelles.	9

DENOMBREMENT

Paroisses.	Feux.	Paroisses.	Feux.
Pierre-Fitte.	42	Toureilles.	48
Pomy.	26	Valmigere.	24
S. Anselme.	22	Villarsel.	40
S. Just.	57	Villar du Belle.	56
S. Martin.	12	Ville Reglan.	25
S. Policarpe.	62	Ville Longue.	112

DIOCESE D'ALETH.

Paroisses.	Feux.	Paroisses.	Feux.
Aleth, V.	178	Campaigne.	51
Feux. Ev.	180 l.	Campaigne.	35
Anvignac.	44	Couffaussa.	79
Arques.	114	Cornanel.	58
Aunat.	136	Couisa.	113
Axat.	32	Coudons.	58
Belfort.	123	Escoubre.	182
Belcaire.	185	Esperaze.	205
Belesta.	47	Fa.	85
Bregniac.	97	Feste.	137
Borriege.	77	Feillens.	55
Bugarach.	108	Fenoüillet.	33
Cailla.	35	Fosse.	26
Camurat.	155	Fontanes.	19
Campoussy.	45	Gebels & Merial.	106
Carainain.	67	Ginels.	38
Cassaignes.	40	Jouçoit.	46
Caudies, V.		La Serpent.	68
JRnr.	285	Lausac.	3

DU ROYAUME.

Paroisses.	Feux.	Paroisses.	Feux.
La Tour.	200	Roquetaillade.	63
La Viviere.	76	Romenac.	140
Le Clat.	26	Roquefeüil.	166
Les Bains.	131	Rondome.	112
Les Guerde.	25	Roquefort.	206
Le Bezu.	25	Serres.	54
Luc.	34	Sournia.	113
Maucy.	50	S. Couat.	91
Marsa.	109	S. Just.	21
Mazuly.	64	S. Ferriol.	56
Montfort.	109	S. Joulia.	73
Montalba.	60	S. Loüis.	37
Montazels.	40	S. Martin de Pier-	
Nevias.	77	relis.	28
Niort.	87	S. Paul de Fenoüil-	
Pralx.	106	hedes, *V*.	179
Puy Laurent.	102	Terolles.	50
Quillan, *V*, *M P*.	366	Treuillac.	59
Raboüillet.	104	Trilla.	14
Raziguieres.	46	Vendermies.	20
Rennes.	50	Vira.	64

DIOCESE DE MIREPOIX.

Paroisses.	Feux.	Paroisses.	Feux.
BAuteville.	63	Bessec.	109
Belpuech, *V*.	349	Belloc.	51
Belesta.	375	Benaix.	66
Belfou.	23	Calmont.	228

DÉNOMBREMENT

Paroisses.	Feux.	Paroisses.	Feux.
Caignac.	51	gouft.	170
Cahuzac.	15	La Baftide Bouti-	
Canon.	142	gnac.	77
Chalabre.	478	La Baftide de	
Cazal-Renoux.	41	Canfé.	49
Cinte-Gabelle, V.		La Penne.	80
7 R n r. 5 g f.	264	La Peirac & le	
Couteux.	69	Villaret.	107
Courbieres.	52	La Garde en Lau-	
Cumiés & Brefil.	26	rageois, B.	104
Fajac & Larlan-		MIREPOIX, V.	441
gue.	51	Feux. Ev. 175 l.	
Fagniaux, V.	284	Marqueir.	65
Felies.	5	Maireville.	109
Fougax.	374	Manfes.	109
Gajac.	71	Monclar.	48
Gaudiés.	92	Malegonde &	
Gibel.	125	Ste Foy.	89
Goucebielle.	23	Milhas & la	
La Roque.	210	Barte.	31
Laurac le Grand,		Molandier.	62
B. & Chât.	108	Montbel.	50
Lauclanet.	398	Orfans.	53
La Louviere.	190	Payra.	39
Le Py.	39	Pechlana.	67
La Fage.	70	Plaigne.	117
La Caffigne.	124	Plaville.	115
La Baftide de Ca-		Puiveft.	366
faux.	3	Queille.	77
La Baftide de Con-		Regat	258
		Reneville.	

DU ROYAUME.

Paroisses.	Feux.	Paroisses.	Feux.
Reneville.	70	S. Julien de Briola.	72
Roumengoux.	80	S. Michel de Lannes.	149
Rivel.	469		
Salles.	140	S. Sernin.	69
Saignalem.	110	Ste Camelle.	107
Sonnac.	137	Teillet.	63
S. André d'Estre.	18	Tramaseyques.	72
S. Aulin.	27	Tresiés.	62
S. Amand.	58	Troye ou Sarautte.	33
S. Benoist.	124	Vats.	31
S. Felix.	73	Villac.	18
S. Gauderce.	42	Villautou.	33
S. Genex.	69	Viviers.	40

DIOCESE DE RIEUX.

Paroisses.	Feux.	Paroisses.	Feux.
Alzend.	190	Casteras.	12
Artigat.	115	Capens.	55
Aurebal.	45	Couladere.	32
Aygues Juntes.	30	Esperce.	90
Bats.	38	Fabas.	80
Bedeille.	55	Fousseret.	360
Berat	200	Gabré.	80
Carbonne.	270	Gailliac.	180
Cazeres, B.	400	Gratens.	110
Caujac.	120	Grezac.	80
Castaignac.	100	Lanots.	10
Caneux.	20	La Tour.	45

Tome II. L

Paroisses.	Feux.	Paroisses.	Feux.
Lanclanet.	130	Noé, V.	128
La Fitte.	100	Palameny.	140
Larboin.	30	Paillés.	200
La Couigne.	50	Peysies.	50
La Trappe.	110	Piis.	4
La Grace & Magrain.	65	RIEUX, V. Feux. Ev. J R n r. 170 l.	320
Madieres.	60		
Mauran.	55	Rieumont.	160
Massebrac.	28	Salles.	105
Marque Fave, V.	160	Serezols.	86
Malholas.	20	Seix.	280
Montesquieu de Volvestre, V.	480	Serres.	15
		S. Felix.	125
Montaudet.	60	S. Michel.	70
Mouressac.	20	S. Sulpice Lazadois, V. J R n r.	160
Montagut.	75		
Monlam.	110		
Monjoy.	107	Ste Croix & Cittas.	130
Marlac.	42		
Marignac.	90	Tourtouze.	240
Montardit.	90		

DIOCESE DE LAVAUR.

Paroisses.	Feux.	Paroisses.	Feux.
A Guts.	64	Arfons.	195
Algans.	85	Bel Castel.	150
Ardialle.	107	Bel Serre.	106

DU ROYAUME.

Paroisses.	Feux.	Paroisses.	Feux.
Blan.	119	Prades.	124
Cahuzac.	108	Puy Laurent, *V.*	
Calvairac.	56	*J R n r.*	586
Cadis.	47	Revel, *V. J R n r.*	598
Cambon.	94	Roquevidal.	120
Condat.	74	Rovaires.	37
Couffinal.	62	Semalen.	416
Cuq.	95	Soureze, *V.*	328
Dorgne, *B.*	355	Souals.	105
Durfort.	171	S. Agnan.	89
Gandels.	28	S. Aman.	222
Guitalens.	83	S. Avit.	79
Jonquieres.	84	S. André de Magrin.	30
LAVAUR, *V.* 860 Feux.			
Ev. *J R n r.*	155 *l.*	S. Barthelemy.	120
Lampeace.	162	S. Germain.	192
La Gardiolle, *V.*	75	S. Germer.	77
La Burguere, *V.*	334	S. Lieux.	160
La Crouzille.	140	S. Loup.	21
Lugnan.	47	S. Martin du Carla.	97
Maſſac.	84		
Maurens.	51	S. Paul.	48
Mazamets, *V.*		S. Pierre de Fronze.	455
J R. M P.	676		
Mazier.	23	S. Perdoal.	84
Mongey.	120	S. Sauveur.	24
Mouzens.	96	S. Salvy.	40
Pechaudier.	141	Ste Affrique.	73
Pechourly.	41	Ste Cecile des Montagnes.	144
Poudis.	102		

Paroisses.	Feux.	Paroisses.	Feux.
Ste Cécile de Planeselve.	40	Viterbe.	40
Texode.	160	Viviers.	113
Verdalle, *Seig.*	252	Viviers des Montagnes.	169
Villeneuve.	78		

DIOCESE DE S. PAPOUL.

Paroisses.	Feux.	Paroisses.	Feux.
Airoux,	113	Iesta.	94
Bram,	111	Le Ville Savary.	212
Besplas.	17	Le Mas S. Espuelle, *V.*	63
Cadenac.	71	Mirevail.	85
Castelnaudarry, *V, Pref. Sen. J R n r. M P.*	1015	Montferrand.	80
		Montmaur.	187
Druilhe & Baudruilhe.	170	Pechsevria.	156
		Peyrens.	75
Ferralz.	17	Puginier.	84
Feudeille	126	Racoux.	6
Folcade.	31	Ricaud.	60
Issel.	121	Soüilhe.	73
La Forie.	63	Soüilhanels.	39
Lauraclebuc, *B.*	89	Souspets & Pechbusque.	74
Lasbordes.	135		
La Bessede, *V.*	159	S. PAPOUL, *V.*	140
La Pomerede.	47	*Feux. Ev.* 170 *l.*	
La Bastide.	120	S. Aficle.	20
Lescasse & Be-		S. Brez.	31

DU ROYAUME.

Paroisses.	Feux.	Paroisses.	Feux.
S. Jacques.	19	Velesplas.	11
S. Laurent.	70	Villepinte, V.	160
S. Martin	95	Villarazen.	17
Ste Paule & Graïsens.	183	Ville-Sifcle.	35
		Villeneuve.	64
Tresville.	34	Villespy.	101
Varaigne & Monceville.	64	Villemaigne.	70
		Vignonet,	177
Verdun.	73		

PARTIE DU DIOCESE ou RECETTE DE MONTAUBAN.

Paroisses.	Feux.	Paroisses.	Feux.
Albe-Feüille.	148	Du Terme.	40
Beauvais.	62	Fignan.	248
Born.	66	Gandalou.	221
Bondigoust.	103	La Bastide du Temple.	202
Bressols.	153		
Brial.	61	La Bastide de S. Pierre.	94
Camplas.	141		
Canals.	110	La Cour S. Pierre.	62
Castel-Sarazin, V. J R n r.	918	La Vinouse.	29
		La Ville-Dieu.	142
Conquettes.	14	Leyrac.	91
Courbarieu.	141	Manianac.	80
Desbarthes.	122	Maussac.	186
Descatalens.	295	Mesens.	68
Dieu-Pentale.	328	Monbetton.	113

246 DÉNOMBREMENT

Paroisses.	Feux.	Paroisses.	Feux.
Montech, V. J Rn r.	507	S. Naufarry.	100
Mont-Gaillard.	70	S. Porquier.	574
Mont-Balens.	97	Tauriac.	152
Mont-Bartier.	127	Varennes.	179
Noïe.	50	Verlhac.	108
Reyniés.	160	Verlhaguet.	83
Roquemaure, V.		Ventillac.	61
J R n r.	323	Ville-Brunier.	130
S. Angel.	36	Villemur, V. J R n r.	
S. André.	64	M P.	804
S. Arcisse.	164		

PARTIE DU DIOCESE ou RECETTE DE COMINGES.

Paroisses.	Feux.	Paroisses.	Feux
Argut dessous	40	Monfaunés.	69
Cier.	104	Pointis de Riviere.	95
Huos.	100	S. Beat, J R n r.	174
Martres.	22	S. Pé.	66
Mazeres.	72	Valentine, V.	
Meles.	60	J R n r.	182

DU ROYAUME.

GENERALITE'
DE
MONTPELLIER,
Composée des Dioceses ou Recettes de

MONTPELLIER,
LE PUY,
MENDE,
VIVIERS,
ALAIS,
USEZ,
NISMES,
AGDE,
BEZIERS,
NARBONNE,
S. PONS,
LODEVE,
} en la Partie Orientale & Meridionale du Languedoc.

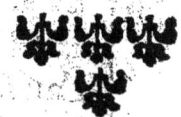

DIOCESE DE MONTPELLIER.

Paroisses.	Feux.	Paroisses.	Feux.
A Gounes.	15	Cournonsec.	64
Agnanne, *V.*	400	Fabregues, *V.*	103
Argelliers.	50	Frontignan, *V.*	
Assas.	52	*J R n r. Ch.*	
Aleyrac.	4	*T F.*	594
Auroux.	26	Fontanez.	9
Baleruc, *V.*	98	Frouzet.	28
Baillarguet.	3	Ganges, *V.*	470
Baillargues.	80	Gigean, *V.*	148
Beaulieu.	26	Gourines.	13
Boiseron.	26	Grabels.	50
Brissac.	120	Gallargues.	54
Buzignargues.	80	Garrigues.	15
Campaigne.	20	Gussargues.	11
Candillargues.	43	Jacon.	10
Castelnau.	76	Juvignac.	40
Cazevieille.	10	La Boissiere.	60
Cazillac.	56	La Causse de la	
Clapiers.	26	Celle.	80
Castriés, *Bar.*	100	La Rouquette.	37
Combailloux.	25	Lattes.	12
Celleneuve.	75	La Verune.	110
Cournonteral, *V.*		La Roque.	70
Marq. sous le		Lauret.	15
nom de Vigno-		Lamargues.	195
les.	258	Letriadou.	6

DU ROYAUME. 249

Paroisses.	Feux.	Paroisses.	Feux.
Le Crez.	20	Montaud.	26
Les Bains.	17	Monflaur.	10
Les Matelles, *V.*	71	Mujoulan.	2
		Murles.	14
Londies.	57	Mudaisons.	62
Luné Viel.	92	Peygeirolles.	33
Lunel, *V. Vig. J R n r.*	664	Perolles.	127
		Pignan.	270
MONTPELLIER, *V.* 8000 *Feux, Ev. Un. C d C. & C d A. B d F. H d M. Mon. de Montpellier J n r. Prés. Sén. Equivalent de Montpellier J n r. Petit Scel de Montpellier J n r. Visiteurs des Gabelles, M P. J C. Mar.* 154 *l.*		Pouffan.	350
		Prades.	29
		Puchebon.	162
		Riftinelieres.	20
		Sauffan.	45
		Saugras.	8
		Sauffines.	32
		Saturargues.	42
		Soruch.	7
		Suffargues.	21
		S. André.	22
		S. Brez.	53
Maurin.	1	S. Bauzille de Puttois.	200
Maguelonne, *V.*	51		
Mauguio, *V.*	200	S. Bauzille de Montmel.	55
Montels.	27		
Montauberon.	27	S. Clement.	8
Montferrier.	42	S. Chriftol.	48
Miravaux, *V.*	122	S. Dreffery.	8
Monbafenc.	130	S. Eftienne d'Iffenfac.	11
Murviel, *V.*	60		
Montarnaud.	77	S. Eftienne de Ga-	

L v

DÉNOMBREMENT

Paroisses.	Feux.	Paroisses.	Feux.
...briac.	32	S. Martin de Londies.	160
S. Georges.	100	S. Seriez.	16
S. Gilly du Fese.	40	S. Vincent.	14
S. Geniez.	52	Ste Croix.	28
S. Hilaire.	3	Teiran.	30
S. Hilaire de Beauvoir.	16	Treviez.	65
S. Jean de Vedas.	75	Valergues.	24
S. Jean de Bueges.	120	Vaillaugues.	26
S. Jean de Cocales.	30	Valflaunés.	31
S. Jean de Corme.	14	Villeneuve, V.	213
S. Jus.	40	Vic & Maureillan.	90
S. Marcel.	9	Vignogoul.	2
S. Nazaire.	20	Viols & Laval.	180
S. Paul.	24	Verargues.	10
		Vendargues.	78

DIOCESE DU PUY.

Paroisses.	Feux.	Paroisses.	Feux.
A Leyras.	144	Bains.	227
Araules.	251	Caires.	202
Arson.	8	Chambon.	210
Aurec.	157	Chamalieres.	164
Baune.	90	Chamelause.	148
Banzac.	300	Chaspinhac.	180
Beffemorel.	64	Chaspasac.	70
Borne.	35	Coubon.	331
Beaulieu.	145	Chadron.	128

Paroisses.	Feux.	Paroisses.	Feux.
Cussac.	66	Loudo.	195
Craponne.	448	Mars.	77
Freissenet de la Tour.	95	Mezeres.	60
		Monistrol, *V*.	516
Freissenet de la Cuche.	88	Montfaucon & Raucoules, *J R*	
Glavenas.	50	*n r*.	254
Goudet.	72	Monstuclat.	130
Grazac.	183	Pressailles.	128
Jonsieu.	10	Polignac, *Vic*.	356
Issigneaux.	849	Rauret.	107
LE PUY, *ou* Ne De DU PUY, *V*. 2926 Feux. Ev. Com. Pres. Sen. la Cour commune du Puy *n r*. Mar. 155 l.		Retournac.	440
		Rioutor.	110
		Rosieres.	364
		Sansac.	163
		Solignac.	187
		Senejol.	76
La Chapelle Bertin.	51	Soissac.	72
La Chapelle Daurel.	70	Solignac prés Roches.	49
Lapte.	200	Salettes.	217
La Voute.	102	S. Athon.	250
Lantriac.	184	S. André de Chalençon.	137
Laussonne.	200		
Landos.	164	S. Bonnet le Froid.	70
Le Brignon.	258	S. Christophe.	129
Le Bouchet S. Nicolas.	90	S. Didier d'Allier.	40
		S. Didier, *V*.	460
Les Estables.	174	S. Estienne de Larderol.	100
Lissac.	90		

DÉNOMBREMENT

Paroisses.	Feux.	Paroisses.	Feux.
S. Front.	312	S. Maurice prés Roche.	240
S. Fortunat.	400	S. Martin de Feugeres.	188
S. Germain.	246	S. Marcel.	146
S. Georges de S. Paulieu.	30	S. Pierre Eynac.	198
S. Georges la Gricol.	120	S. Pal de Monis.	229
S. Genois.	129	S. Poivat, V.	192
S. Genois de Fis.	33	S. Paulieu.	IV
S. Hostien.	280	S. Pierre du Champ.	114
S. Jean de Poelle.	230	S. Quentin.	31
S. Jean de Nay.	154	S. Romain la Cham.	136
S. Jean du Monastier.	222	S. Remy.	122
S. Jean la Cham.	222	S. Victor.	94
S. Julien Moüille-Sabotte.	115	S. Voy.	302
S. Julien de Capteul.	276	S. Vidal.	64
S. Julien du Pinet.	30	S. Vincent.	205
S. Julien Danse.	69	Ste Segoulenne.	292
S. Just.	12	Tance.	591
S. Jure de Bonas.	314	Varennes.	36
S. Maurice de Lignon.	210	Vazeilles.	69
		Vourey.	287

DIOCESE DE MENDE.

Paroisses.	Feux.	Paroisses.	Feux.
Albaret le Comtal.	102	Chanac, *V.*	312
Albaret Ste Marie.	78	Chaulhac.	44
Alene.	238	Chauchailles.	90
Altier.	187	Chadenet.	35
Arcomio.	36	Chasselades.	220
Arzene.	130	Chaldairac.	100
Arzens Dacher.	39	Chastanier.	45
Aumont.	110	Chateauneuf.	130
Auroux.	160	Chavaileilles.	132
Balmes.	21	Cœuvret.	60
Balsiege.	60	Cubiere.	280
Barre des Cevennes, *V.*	112	Cubeirette.	24
Barjac.	213	Crozances.	33
Badaroux.	112	Cubelles.	66
Banassac.	208	Estables & Rivedot.	84
Baniols.	70	Estables de Randon.	103
Bedoneze.	112	Entrenas.	63
Brenoux.	78	Estrepuz.	89
Blavignac.	86	Florac, *V. Bar.*	330
Brugiers & Palhiers.	60	Fontans.	150
Briom.	63	Fontanés.	30
Cassagnas.	115	Fournels.	118
Canilhac.	37	Fressinet de Fourques.	168

DÉNOMBREMENT

Paroisses.	Feux.	Paroisses.	Feux.
Fressinet de Lozere.	133	La Panouze.	94
Fuitgeres.	292	Le Bousquet.	25
Gabriac.	78	Le Bondons.	166
Gabrias.	100	Le Pont Pidou.	184
Greze.	90	Le Pin.	70
Grezes.	70	Le Recous.	65
Grisac.	51	Le Rozier.	170
Grandval.	55	Le Bacon.	28
Grandrieu.	300	Le Malzieu, *V.*	520
Hure.	102	Le Buisson.	140
Javols.	189	Le Born.	86
Ipagnac, *V.*	418	Le Tournel.	150
Julhanges.	42	Le Blaismard.	130
La Carnougue, *V.*	340	Lengoigne, *V.*	372
La Capelle.	44	Le Collet de Dezes.	168
La Cham.	172	Le Tillar.	39
La Chaze.	80	Les Cultures.	35
La Melouze.	35	Les Clanedes.	120
La Nuejols.	95	Les Hermals.	68
La Malenne.	130	Les Laubies.	140
La Val.	60	Les Bessons.	102
La Parade.	74	Luc.	173
La Fage S. Julien.	93	MENDE, *V.*	910
La Fage Montivernoux.	106	*Feux. Ev. Com. Bail.* 140 *l.*	
La Faude Peire.	76	Maracjols, *V.*	661
La Rouviere.	58	Marchastel.	74
La Magdelene.	30	Mazbozon.	35
La Valategere.	66	Molezon.	103

DU ROYAUME.

Paroisses.	Feux.	Paroisses.	Feux.
Montrodac.	123	S. André de La-neize.	48
Monastiers.	116	S. Andeol.	47
Monistrol.	160	S. Amand.	60
Nasbinalz.	178	S. Auban, V.	330
Ne De de Valfran-cisque.	133	S. Bauzille.	64
Nogaret.	106	S. Bonnet.	28
Noalhac.	61	S. Bonnet.	94
Naussac.	73	S. Chely de Tarn.	125
Paulhac.	65	S. Chely d'Acher, V.	450
Pierrefiche.	81	S. Christophe.	100
Prades d'Ellier.	60	S. Denis.	104
Prades de Tarn.	71	S. Estienne du Val-doné.	80
Prevencheres.	160	S. Estienne du Val Francisque.	340
Prinvejolz.	59	S. Frezal de Ven-talon.	116
Prunieres.	81	S. Frezal.	26
Puy Laurent.	35	S. Frezal.	35
Prunet.	103	S. Flour de Mer-coire.	32
Quezac.	253	S. Germain de Calberthe.	328
Recouls d'Aubiac.	150	S. Georges de Le-nejac.	90
Ribenne.	116	S. Germain du Til.	216
Rieutort.	260	S. Geal.	30
Rimeize.	168		
Rocles.	83		
Salelles.	110		
Saumont.	227		
Salces.	80		
Serviere.	166		
Saugues, V.	734		
Serverette, V.	150		

DENOMBREMENT

Paroisses.	Feux.	Paroisses.	Feux.
S. Hilaire de Lavit.	65	longues.	117
S. Julien d'Arpahon.	128	S. Privat du Faux.	112
		S. Prejet de Tarn.	70
S. Julien des Prints.	36	S. Prejet d'Allier.	117
		S. Pierre le Vieux.	87
S. Jean de Chassorgnes.	30	S. Roman d'Olan.	31
		S. Saturnin.	27
S. Jean de la Foulhouze.	96	S. Sauveur de Peire.	74
S. Lager prés Malzieu.	100	S. Simphorian.	235
		S. Sauveur.	43
S. Lager de Peire.	496	S. Venerand.	46
S. Laurent de Muret.	78	Ste Croix.	126
		Ste Enimie, V.	244
S. Laurent de Beires.	36	Ste Eulaille.	33
		Ste Helene.	26
S. Laurent de Treves.	94	Ste Colombe de Peire.	104
S. Martin de Camselade.	90	Ste Colombe d'Auroux.	40
S. Martin de Lansusele.	117	Termes.	101
		Thorax.	230
S. Martin de Bobaux.	98	Treslun.	75
		Vabres.	38
S. Michel de Dezes.	90	Vebron.	230
		Veircirolles.	7
S. Paul le Froid.	125	Ventujols.	180
S. Privat de Va-		Verdezun.	25

DIOCESE DE VIVIERS.

Paroisses.	Feux.	Paroisses.	Feux.
A Cons.	160	Chalençon.	185
Ajou.	40	Chaffieres.	309
Aillon.	219	Chauzon.	58
Alliflas.	85	Chaneac.	85
Arlempde.	105	Chaudeiroles.	108
Arcens.	140	Chomerac.	186
Arric.	300	Coms.	23
Aubignas.	63	Coury.	140
Aubenas, V.		Colombiers.	86
Equivalent d'Aubenas J R n r.	360	Coucourou.	222
		Concoules.	6
Afprejoc.	82	Cous.	140
Aſſion.	132	Cruas.	80
Ayſac.	63	Creyffac.	45
Balezuc, Bar.	73	Creiſeilles.	60
Bane.	314	Dompnac.	80
Baix, J R n r. Ch.	221	Dornas.	66
Beſſas.	38	Entraigues.	135
Beaumont.	115	Fabras.	58
Berzenne.	41	Feugetes.	68
Borée.	240	Flaviac.	77
Brion ou Jaunac,		Fraiſſenet.	40
Com.	35	Gineſſel.	184
Braii.	62	Gluiras.	388
Burzet.	312	Gourdon.	76
Bourg S. Andeol.	625	Gras.	120

DÉNOMBREMENT

Paroisses.	Feux.	Paroisses.	Feux.
Groupieres.	65	La Figiere.	40
Javiac.	242	La Villatte.	32
Joyeuse, *V. D.*	132	Le Theil.	190
Joannas.	140	Le Pouzin, *V.*	
Joannac.	35	*J R n r.*	135
Issamolene.	61	Lesperon.	83
Issarlés.	156	Le Celier du Luc.	53
Juvinas.	124	Le Cros Giorand.	129
La Baume.	140	Le Leage.	189
La Blanchiere.	215	Le Chailar, *B.*	300
La Bastide de Virac.	60	Le Quad.	100
		Le Duvesset.	50
La Borne.	80	Les Sagnes.	29
La Chapelle sous Aubenat.	55	Les Vastres.	154
		Les Noniers.	65
La Chapelle Grailloufe.	112	Lias.	28
		Lubillac.	150
La Cham Raphael.	21	Lussars.	102
La Chapelle sous Chaneac.	65	Malbosque.	123
		Maires.	214
La Gorce.	116	Marcols.	200
La Fare.	38	Marriac.	160
Laurac.	197	Malarcé.	67
Largentiere, *V.*	270	Mercuer.	117
La Souche.	92	Mirabel.	111
La Villedieu.	121	Mezillac.	100
La Verune.	56	Melas.	172
La Fay.	120	Meyse.	121
Larnas.	40	Meyras.	160
La Voute, *V. Ch.*	260	Montpesat, *B.*	100

Paroisses.	Feux.	Paroisses.	Feux.
Monselques.	111	Sampzon.	100
Ne De de Consignac.	10	S. André de la Champ.	110
Niegles.	89	S. Andeol de Bourlenc.	146
Paysac.	170	S. Andeol de Berg.	39
Prades.	82	S. Arcous de Bargs.	156
Pradons.	40	S. Albans en Montagne.	59
Pradelles, V.	300	S. Aulaye.	80
Pranles.	190	S. Andeol de Fourchades.	100
Porlieres.	32	S. Agreve, V.	356
Privas, V.	352	S. Apolinaire de Rias.	67
Primet.	85	S. Arcous des Arbres.	32
Revons.	80	S. Bartelemy le Miel.	66
Ribes.	77	S. Bauzille.	32
Rozieres.	200	S. Christol.	100
Rocles.	150	S. Christophe.	90
Rochemont.	180	S. Cirques de Jausac.	70
Rochesauve.	115	S. Cirques de la Serre.	81
Rompon.	79	S. Cirques.	43
Royas.	106	S. Cirques sous Chailar.	34
Salavas.	64		
Senilhac.	175		
Sampzon.	14		
Sablieres.	176		
Scandolas.	110		
Sillac.	253		
Sauveplantade & Rochecolombe.	70		
Secautres.	63		
S. Alban sous			

Paroisses.	Feux.	Paroisses.	Feux.
S. Cirques en Montaigne.	143	S. Jean Chambre.	106
S. Clement sous Pradelles.	35	S. Jean le Centenier.	102
S. Clement sous Fay.	102	S. Julien de Bottieres.	185
S. Didier.	26	S. Julien la Brousse.	176
S. Estienne de Boulogne.	135	S. Julien le Roux.	50
S. Estienne.	80	S. Julien sous S. Alban.	22
S. Estienne du Vigan.	58	S. Julien de Serre.	90
S. Estienne de Lugdares.	220	S. Lager.	57
S. Estienne la Serre.	60	S. Laurent des Bains.	134
S. Estienne de Fonbelonne.	124	S. Laurent en Coirou.	62
S. Fortunat.	186	S. Montam.	207
S. Geniez de Bauzon.	70	S. Marcel d'Ardeche, V.	312
S. Germain.	41	S. Michel de Boulogne.	60
S. Geniez en Coirou.	40	S. Melany.	90
S. Geniez de la Champ.	180	S. Maurice d'Ardeche.	110
S. Just.	90	S. Martin d'Apt.	88
S. Jean de Pourchairesse.	99	S. Martin l'Inferieur.	38
S. Jean Roure.	99	S. Martin le Superieur.	53
		S. Michel le Rance.	65

DU ROYAUME. 261

Paroisses.	Feux.	Paroisses.	Feux.
S. Martin de Balmas.	240	Thines.	124
S. Martial.	200	Tournon, *V. Com.*	51
S. Maurice sous Chalançon.	60	Tuech.	394
S. Maurice d'Ibie.	68	VIVIERS, *V.* Feux. Ev. Com. Just. ressort. à la Sen. de Nismes. Mar. 130 *l.*	211
S. Michel de Cabryllanoux.	98	Valz.	360
S. Privat.	70	Valgorge.	304
S. Pierre d'Aps.	76	Vallon, *B.*	199
S. Pierre Carroche.	40	Vagnas.	72
S. Pons.	100	Valvigners.	90
S. Paul de Tartas.	134	Ваugé.	110
S. Priest.	78	Vessaux.	211
S. Pierre, *V.*	100	Ucel.	65
S. Remese.	134	Vielprat.	53
S. Romain le Dezert.	98	Veiras.	54
		Vernoux.	385
S. Sernin Despinas.	60	Villeneuve de Berg, *V. Bail. Vig. J R n r. M P.*	477
S. Simphorien.	56		
S. Sauveur.	190		
S. Thomé, *V.*	62		
S. Vincent Durfort.	85	Vizenac.	82
S. Vincent de Barres.	126	Uzers.	45

DIOCESE D'ALAIS.

Paroisses.	Feux.	Paroisses.	Feux.
Alais, V. 1796 Feux. Ev. Com. 1454		Cros.	160
		Dourbie.	185
		Durfort.	158
Alzon.	189	Esparou.	9
Anduze, V.	1040	Ferrieres.	9
Arennes.	4	Gatuzieres.	45
Arre.	52	Gaujac.	16
Arrigas.	119	Generargues.	92
Aveze.	76	La Cadiere.	45
Aulas.	468	Lanuejol.	174
Aumessas.	200	La Salle.	401
Ayusan.	6	Le Vigan, B. J R n r.	540
Bagars.	30		
Bausels.	19	Lespin.	41
Bez.	146	Manoblet.	200
Blandas.	86	Mandagout.	250
Boisset.	44	Meyrveys, J R n r.	450
Camrieu, ou S. Sauveur.	68		
		Miclet.	296
Campestre.	89	Montaulieu.	16
Cendras.	126	Molieres.	115
Cesas & Cambo.	38	Mondardier.	130
Corbes.	31	Nᵉ Dᵉ de la Rouviere.	101
Ceirac.	3		
Colognac.	89	Peyrolles.	31
Conqueirac.	12	Pommieres.	46

DU ROYAUME.

Paroisses.	Feux.	Paroisses.	Feux.
Pompignan.	217	S. Jean de Gardonnenque.	585
Reven.	36	S. Julien.	42
Ribaute.	112	S. Laurent.	152
Rogues.	108	S. Marcel.	138
Roquedur.	57	S. Martin.	100
Saumanes.	72	S. Martial.	192
Sauve, B.	466	S. Phelix.	55
Sumene.	500	S. Pierre.	80
Soustelle.	36	S. Roman.	109
Soudorgues.	163	S. Sebastien.	67
S. André de Valborgne.	404	S. Paul de la Coste.	106
S. André de Majenconles.	266	Ste Croix.	42
S. Bresson.	41	Thoiras.	86
S. Baudille.	84	Treves.	134
S. Bonnet.	21	Vabres.	18
S. Christophe.	71	Valerauge.	611
S. Hilaire.	88	Vezenobre.	231
S. Hipolite, V.	844	Vibrac.	17

DIOCESE D'USEZ.

Paroisses.	Feux.	Paroisses.	Feux.
Aiguese.	72	Arpaillargues.	50
Aigremont.	76	Argeliers.	10
Aguillan.	8	Aramon, V.	505
Alzon.	58	Aurelhac.	15
Arlende.	11	Aubusargues.	48

DÉNOMBREMENT

Paroisses.	Feux.	Paroisses.	Feux.
Avejan.	28	Codolet.	63
Aujac.	172	Conaux & S. Paul.	113
Baron.	25	Combes & S. Julien.	38
Bagnols, J R n r. Vig.	757	Colombieres.	21
Bargeac, V.	114	Combas.	85
Belve Fel.	76	Cornillon.	135
Berias.	242	Concoules.	135
Blausac.	140	Collias.	92
Bourdu.	29	Cruviez & Lascour.	49
Brignon.	65	Crespian.	72
Bocoiran.	88	Deous.	16
Brouzet.	44	Dions.	106
Bouquet.	34	Domessargues.	27
Bouisson.	53	Domazan.	66
Bonnevaux.	68	Drucis.	16
Beaulieu.	80	Euzet.	32
Blannaves.	106	Estezargues.	24
Castillon.	99	Flaux.	24
Cavillargues.	98	Foissac.	20
Cannes, Cleiran, &c.	53	Fontarche & la Brugiere.	101
Casteljau.	6	Fontanes.	30
Castagnols & Vialet.	244	Fons outre Gardon.	75
Chateauneuf.	17	Fons sous Lussan.	96
Chambonas.	248	Fournez.	70
Chambrigaud.	97	Gatigues.	31
Chuselan.	69	Garrigues.	43
Colorgues.	70	Gaujac.	52

Gajan

Paroisses.	Feux.	Paroisses.	Feux.
Gajan.	49	Masmolenne.	27
Genoüilhac, V.	247	Molesan.	50
Goudargues.	80	Montignargues.	24
Gravieres.	180	Montmiral & Robiac.	15
Issirac.	38		
La Bastide & Pagnedoresse.	100	Moussac.	90
		Mons.	35
La Bastide Dorgniol.	13	Mejannes.	34
		Monteils.	56
La Calmette.	132	Monelus.	49
Laudun, V.	375	Montfouin.	234
La Rouviere.	54	Navaules.	78
Lassan.	58	Naves.	56
La Roque.	40	Ners.	65
La Val.	20	Nosiers.	3
Laval & S. Vincent.	172	Orniac.	45
		Oursan.	48
Le Pin.	45	Ponteils.	240
Le Pont S. Esprit, V. J R nr.	800	Ponsilhac.	65
		Portes.	53
Legarn.	29	Poteilleres.	16
Lesplan.	9	Remolins.	85
Les Vens, V.	350	Rivieres.	102
Mannas.	18	Robiac.	112
Maslons.	210	Rousson.	45
Mauressargues & Montagnac.	30	Sagriez.	45
		Sanilhac.	90
Martignargues.	10	Sabran & Megere.	40
Meirannes.	48	Sauset.	89
Monteranc.	195	Salindres.	30

Tome II.

Paroisses.	Feux.	Paroisses.	Feux.
Salazac.	45	S. Estienne de Lorme.	32
Serviez.	43	S. Estienne de Fors.	75
Serignac.	23	S. Estienne de Sermentin.	6
Seine.	30	S. Florens.	120
Servas.	20	S. Gervais.	60
Senechas.	239	S. Geniez, V.	225
S. Anastasié.	137	S. Hilaire.	79
S. Alexandre & Guersan.	135	S. Hipolite de Caton.	21
S. Auban.	22	S. Hipolite de Montagut.	19
S. Ambroise, V.	365	S. Jean de Cirargues.	32
S. André de Crugures.	81	S. Jean de Valcriselle.	179
S. André d'Olelargues.	50	S. Jean de Marvejols.	142
S. André de Roquepertus.	102	S. Just & Vaqueres.	22
S. André Capcese.	102	S. Julien de Valgolgue.	45
S. Andiol, Troillas & Masdieu.	55	S. Julien de Cassagnas.	21
S. Bauzelly.	35	S. Julien de Peyrollas.	110
S. Bres.	32	S. Laurent.	79
S. Capté.	93	S. Laurent de Carnols.	53
S. Cezaire.	45	S. Maximin.	88
S. Christophe.	15		
S. Christophe de Rodieres.	14		
S. Desery.	53		
S. Denis.	46		
S. Eulalie.	24		

DU ROYAUME.

Paroisses.	Feux.
S. Marcel de Carciret.	78
S. Maurice.	56
S. Mainet.	89
S. Martin de Valgalgue.	68
S. Michel Dieuzet.	82
S. Martin la Pierre.	50
S. Maurice de Ventalon.	55
S. Nazaire.	42
S. Pons.	42
S. Privat de Champelois.	50
S. Privat.	25
S. Privat.	7
S. Quintin.	340
S. Siffred.	53
S. Sauveur.	108
S. Theodorite.	40
S. Victor des Oules.	50
S. Victor de la Coste.	107
S. Victor de Mascap.	59
Ste Cecile.	116
Taraux.	49
Thezieres.	50
Trefque.	120
Usez, *V.* 1100 *Feux.* D P. Ev. Bail. Vig. nr. Equivalent d'Usez *J* n r. 150 *l*.	
Valabris.	47
Valerauges.	50
Valance.	40
Valcrose.	37
Valleguieres.	55
Verfueille.	84
Vers.	104
Venejan.	58
Veyremalle.	152
Vic.	51
Villefort, *V.*	283
Vollabregues.	240

DÉNOMBREMENT

DIOCESE DE NISMES.

Paroisses.	Feux.	Paroisses.	Feux.
Ayguemortes, V. Vig. J R nr. Am. T F.	800	Courbessac.	25
		Clarensac.	200
Asperes.	30	Coudoignan.	70
Aubais.	160	Congennes.	100
Aubert.	20	Commiac.	5
Aymargues.	45	Courconne.	90
Ayguevives.	250	Gaillan.	30
Aymargues, V.	400	Garons.	20
Bellegarde.	100	Geneirac.	180
Beauvoisin.	130	Guissac.	250
Bernis.	200	Javerne.	10
Besousse.	90	Junas.	120
Boissieres.	30	La Caila.	150
Boüillargues.	120	Langlade.	40
Bragassargues.	25	Le Donon.	100
Brouzet.	40	Le Grand Gallargues.	220
Cabrieres, J R.	70	Legues.	25
Cavairac.	190	Lezan.	140
Caissargues.	40	Lidignan.	90
Carnas & Monseils.	50	Liouc.	15
		Lougrian.	20
Calvisson, V. Bar.	500	Manduel.	120
Cassaignole.	70	Massanes.	25
Carder.	60	Marvejols lez Gardon.	18
Claret.	150		

DU ROYAUME.

Paroisses.	Feux.	Paroisses.	Feux.
Mavejols.	10	Vig. J R n r.	700
Marsillargues, *V.*	450	Sallemelle & Montredon.	30
Marguerittes.	250		
Milhau.	200	Sinsan.	35
Monpezat.	80	S. Bonnet.	80
Mus.	40	S. Benezet.	40
NISMES, *V.*	4500	S. Cezary.	20
Feux. Ev. Pref.		S. Cosme.	100
Nismes & Beau-		S. Clement.	20
caire Sen. J R n r.		S. Denis.	30
Convention de Nis-		S. Estienne d'Escat.	9
mes. Mar. 160 l.		S. Gervais.	60
Nages & Sortorgues.	90	S. Gilles, *V.*	600
		S. Jean de Rogues.	20
Ortous.	20	S. Jean de Serres.	75
Parignargues.	60	S. Jean de Crioulan & Villeseque.	25
Poulx.	30		
Pucredon.	25	S. Laurent.	250
Rauret.	10	Vaiquieres.	30
Redessan.	50	Vauvert, *B.*	400
Roudillan.	40	Vehau.	120
Saraignac.	180	Vergeze.	220
Savignargues.	50	Vestric.	12
Sautierargues.	20	Villeselle.	8
Siour.	10	Villevielle.	80
Sommieres, *V.*			

DIOCESE D'AGDE.

Paroisses.	Feux.	Paroisses.	Feux.
Agde, *V.* Feux. Ev. Com. Am. 5 g f. 160 l.	1065	Mezes, *V.*	366
		Montaignac, *V.* J R n r. Ch.	503
Aumes.	54	Nezinhan.	117
Bessan, *V. J R n r.*	264	Pezenas, *V. Ch.*	
Bouzigues.	166	J R n r.	1566
Cette, 5 g f.	160	Poumeirols.	164
Connas.	38	Pinet.	27
Coussergues.	2	S. Hipolite.	9
Caillan.	8	S. Martin de Crau.	14
Florensac, *V.*	470	S. Pons.	81
Lasselnau.	267	S. Tubery, *V. J R.*	278
Loupian, *V.*	106	Vias.	249
Marcillan, *V.*	479	Villevairac.	200

DIOCESE DE BEZIERS.

Paroisses.	Feux.	Paroisses.	Feux.
Abelian, J R n r.	111	Aumelas & Montcamel.	34
Adissan.	50	Avenne & Rieusec.	136
Alignant.	165		
Antignaguet.	63	Beziers, *V.* Feux. Ev. Vic. Pres. Siege du Senechal de	2406
Aspiran.	225		
Autignac, S R n r.	96		

Paroisses.	Feux.	Paroisses.	Feux.
Carcassonne. Vig. R nr. Mar. 1641.		Die.	28
		Doutz.	47
Bassan, S R n r.	43	Erepian.	8
Bec de Rioux, V.	471	Espondillan, V.	39
Bernas.	21	Faugeres.	92
Bellargua.	54	Fontes.	165
Brousson.	50	Fos.	47
Boujan, S R n r.	116	Fouzillon.	28
Boussagues.	89	Gabian.	105
Cabrials.	13	Gignac, V.	519
Cabrerolles.	75	Graississac.	88
Cabrieres, J R.	80	Jaussels.	118
Cazouls.	317	Las Aires.	118
Caussigniozouls.	20	Laurens.	78
Campaigne.	55	Le Pujol.	306
Cazouls d'Herault.	66	Levas.	42
Causses, J R.	88	Les Crozes.	22
Caux, V. J R n r.	218	Lespignan.	158
Camplong.	69	Lezignan.	105
Caunas.	34	Lievran Cabraires.	26
Carlencas.	24	Livran.	43
Campilliergués.	5	Lignan.	23
Cers.	66	Lunas, V.	150
Ceilles, B.	186	Magalas.	151
Clairac.	6	Maureillan.	60
Coulombiez.	43	Margon.	36
Corneillan.	164	Maraussen.	123
Colobres.	18	Montady.	26
Colombieres la Gaillarde.	73	Montblanc, J R n r.	171

Paroisses.	Feux.	Paroisses.	Feux.
Marviel, *V*.	337	S. Bauzille de	
Nᵉ Dᵉ de Nize.	9	Silva.	9
Neffies.	140	S. Estienne de	
Nissergues.	14	Mursan.	55
Nizas.	90	S. Geniez.	125
Paillez.	21	S. Jean d'Au-	
Pavillan.	204	reillan.	10
Perret, *J R n r*.	117	S. Martin de Car-	
Pezenne.	51	cares.	25
Pouzolles.	114	S. Martin de Car-	
Pouzols.	39	donnet.	14
Poupian.	50	S. Martin de Cle-	
Pouget.	185	meusan.	47
Portiraignes.	99	S. Nazaire de La-	
Pleissan.	35	darez.	125
Puimesson.	77	S. Paragoire.	226
Puisselicon, *Vig.*		S. Sixte.	75
S R nr.	146	Ste Madelene de	
Puilacher.	14	Monis.	26
Roquebrun, *J R*		Taussac.	72
n r.	201	Theizan, *V*.	217
Roquecels.	21	Tourbes.	125
Roquezels.	33	Tressan.	84
Ronjau, *J R nr*.	175	Vailhan.	27
Savian.	69	Valros, *S R n r*.	73
Serignan, *V. Am.*	322	Valquieres.	40
Servian, *B*.	402	Valmasele.	17
Soumastre.	20	Vendres, *S R n r*.	241
S. Bartelemy d'Ar-		Vendemian.	124
noye.	19	Vinas & Rouvi-	

Paroisses.	Feux.	Paroisses.	Feux.
gnac.	75	made, *V.*	406
Villemagne.	87	Vieussan.	116
Villeneuve la Cre-		Usclas.	24

DIOCESE DE NARBONNE.

Paroisses.	Feux.	Paroisses.	Feux.
Albas.	20	Carames.	5
Albieres.	48	Caumont.	15
Armissan.	89	Canet.	86
Argens.	27	Camplong.	27
Argelieres.	102	Cascastel.	45
Auriac.	33	Castelmaure.	13
Aubian.	6	Camps.	62
Azille, *V. Com.*	257	Celeyran.	6
Bages.	153	Coursan, *S Rnr.*	213
Baligne.	51	Conillac.	58
Bize.	168	Coustrouges.	21
Bizanet.	85	Cuzac.	172
Boilles.	20	Creisse.	67
Boutenac.	38	Cruscades.	18
Boutie.	70	Cubieres.	30
Bouisse.	108	Cugugnia.	28
Buadelle.	2	Davejan, *J R.*	45
Capestan, *V.*	267	Danazac.	42
Caunes, *V.*	269	Derne Guillette.	14
Castanuiels & Pu-		Dones.	4
jols de Bosc.	25	Durban.	58
Castelnau.	48	Durfort.	5

DÉNOMBREMENT

Paroisses.	Feux.	Paroisses.	Feux.
Duliac.	45	Lesignan.	212
Embres.	31	Lespinassiere.	158
Escales.	55	Luc.	50
Fabrezan, S R n r.	189	Lunet.	45
Fulia.	22	Marcourignan.	72
Felines.	27	Marmourienes.	7
Fauste.	3	Maillac.	90
Fitou.	80	Massac.	6
Foncouverte.	52	Maisous.	23
Fonjonceuse.	37	Maironnes.	15
Fourtou.	52	Malriez.	74
Fraisse.	36	Mazerolles.	67
Gaja.	35	Malras.	51
Gasparets.	10	Mirepesset, V.	35
Ginestas, V. Vig.		Montredon, V.	67
S R n r.	141	Moussan.	108
Gruisan.	152	Montels.	21
Homps.	20	Montbrun, V.	26
Jonquieres.	15	Montabech.	6
La Borolle.	12	Mons.	46
La Caumette.	12	Montserre.	18
Lagne.	100	Montgaillard.	33
La Roque de Fa.	47	Montonnet.	38
La Redorte.	82	Montjoy.	36
Laure.	164	Montaut.	27
Las Egues.	16	Montgaillard.	7
Lairiere.	52	NARBONNE, V.	2098
Lac & Villefase.	17	Feux. Arch. H &	
La Palme.	66	Ch. d M. Vig. n r.	
Leaucat.	121	Am. T F. Cap. ou H	

Paroisses.	Feux.	Paroisses.	Feux.
d V. Mar. 1751.		Saliez.	11
Nerian.	45	Sallelles.	130
Nissan.	272	Salsa.	15
Noavilles.	4	Soulages.	48
Ornizons.	38	Sepie.	63
Ouvillan.	194	Sigean ou Sizan,	
Paraza.	43	S R n r.	275
Palairac.	25	S. André.	58
Paziols.	62	S. André Villeroumien.	4
Pador.	34		
Perignan.	183	S. Jean de Cas.	2
Pepieux.	76	S. Jean de Barrou.	32
Periac, V.	167	S. Laurent.	42
Periac de Mere.	95	S. Martin de Toques.	6
Peich Salomon.	6		
Pieuse.	171	S. Martin du Puis.	9
Puisserguier.	204	S. Martin de Villeruham.	33
Portel.	65		
Pouzols.	72	S. Marcel, V.	71
Quarente.	197	S. Nazaire.	100
Quintila.	28	S. Pierre des Champs.	27
Raissac.	18		
Rieux, V. Com.	227	S. Valiere.	61
Ribaute.	24	Tallerac.	33
Roubiac.	61	Tautallel.	47
Roquecourbe.	18	Termes.	33
Rouffiac.	23	Terrals.	42
Roquefort.	39	Thezan.	44
Salles.	132	Tourouzelle.	96
Sarignac.	5	Tournissan.	20

Paroisses.	Feux.	Paroisses.	Feux.
Trausse, *V.*	83	Chanoines.	93
Truillas.	9	Villerouge.	4
Treilles.	7	Villeneuve.	15
Tuchau.	112	Villeseque.	51
Vedillan.	7	Villerouge.	56
Ventenac.	44	Vignevielle.	53
Vinassan.	30	Villemartin.	15
Villa des Ports.	3	Villedagne, *V.*	47
Villerambert.	7	Xitou.	108
Villeneuve des			

DIOCESE DE S. PONS.

Paroisses.	Feux.	Paroisses.	Feux.
A Gel.	65	Fraisse, *S R nr.*	169
Angles.	391	Ferrieres.	36
Aigne.	38	Ferals & Authese, *V.*	117
Ayguesvives.	74		
Azisanet.	105	Felines.	76
Azinian.	43	La Bastide.	329
Beaufort.	14	La Caunette.	74
Beljus & Bouisset.	51	La Liviniere, *V.*	
Cassaignolles.	86	Bar.	125
Cesseras.	117	La Salvetat.	725
Cebazan.	46	Lespinouse.	10
Cessenou, *V. Ch.*		Les Verrieres.	97
S R nr. & Pier-		Minerve.	48
reruë, *S R nr.*	396	Montouliers.	56
Creuzy, *V.*	215	Olargues, *V.*	157

DU ROYAUME.

Paroisses.	Feux.	Paroisses.	Feux.
Olonzac, V.	170	S. Germain.	15
Oupia.	41	S. Julien de Mol-	
Pardeillan, S R		lieres.	25
nr.	92	S. Julien, V.	365
Premian, S R n r.	265	S. Martin de Lar-	
Riols.	164	son.	88
Ruissec.	65	S. Martial.	27
S. PONS, V.	739	S. Vincent.	240
Feux. Ev. M P. à		S. Siran, V.	136
Mazamet. 155 l.		Villepasans, S R	
S. Chignian de la		nr.	113
Corne, V.	561		

DIOCESE DE LODEVE.

Paroisses.	Feux.	Paroisses.	Feux.
Arboras.	40	La Coste.	32
Brignac.	40	La Garigue.	9
Canet.	112	Lauroux.	68
Camboux.	16	La Vacarie.	91
Celles.	26	La Valette.	37
Ceiras.	117	Le Cayllac de la	
Clermont, V.	791	Jou, V.	105
Fouscais.	5	Le Cros.	41
Fouzieres.	9	Le Collet.	24
Junquieres.	56	Le Bosc.	53
LODEVE, V.	840	Le Puech.	42
Feux. Ev. Com. Bail.		Les Plans.	58
150 l.		Les Ribes.	50

DENOMBREMENT

Paroisses.	Feux.	Paroisses.	Feux.
Liausson.	22	S. Felix de Lodes.	70
Lieuziere.	20	S. Guiraud.	45
Madieres.	15	S. Guilhem le desert, V.	152
Merisons.	9		
Moureze.	23	S. Jean de la Blaquiere.	84
Montpeyroux.	382		
Nebian.	121	S. Jean de Fos, V.	240
Nouocelle.	26	S. Martin des Combes.	22
Olmet.	12		
Outton.	72	S. Martin du Bosc.	36
Parlatges.	15	S. Martin des Castres.	10
Pegairolles.	68		
Sallalles.	50	S. Michel d'Alayon.	48
Salsac.	40		
Sorbts.	44	S. Mauriel.	46
Soubets.	220	S. Pierre de la Fage.	20
Somont.	54		
S. André, V.	308	S. Privat.	103
S. Estienne de Gorgas.	89	S. Saturnin.	85
		Villecum.	8
S. Felix de Theras.	9	Usclas.	18
S. Frichoux.	11		

GENERALITE'
DE
GRENOBLE.

Composée de six Elections :

Sçavoir,

GRENOBLE.
VIENNE.
ROMANS.
VALENCE.
MOMTLIMAR.
GAP.
} En Dauphiné.

EVESCHÉ DE GRENOBLE.

Paroisses.	Feux.	Paroisses.	Feux.
Allenard, V.	368	Château-Bernard.	85
Allemond.	164	Chaulonge.	87
Angones.	14	Chazalet.	70
Auris.	40	Chelas.	54
Aubervie.	82	Chichiliane.	167
Barraux.	152	Clavan.	59
Basses Jarces.	34	Claix.	235
Beaulieu.	76	Cievoz.	54
Beaucroissant.	82	Coublerie.	189
Beauvoir.	56	Coignet.	23
Bellecombre.	88	Congnin & Maleval.	166
Bernin.	139		
Beosses.	149	Corenc & le Molard.	85
Bivers.	109		
Bresson.	74	Cras.	69
Brie.	105	Croste.	209
Chabottes.	18	Diovol.	9
Champarillon.	205	Domaine.	138
Champagnieu.	48	Du Freney.	75
Chantelouve.	61	Engins.	82
Chantesse.	49	Entreigues.	106
Chapelle Blanche.	64	Eybens.	100
Chartreuse.	209	Fontaines.	74
Chasselet.	95	Fontanieux.	18
Charanche.	78	Forges.	76

Paroisses.	Feux.	Paroisses.	Feux.
Forteresse.	90	La Vallette.	39
GRENOBLE, V.	4500	La Val.	210
Feux. Ev. Prin. Parl.		La Villette.	116
C d C. C d A. B d F.		Leche.	45
Jud. de Graisivaudan. H d M. Bail.		Lenchâtre.	58
		Le Touvet.	187
M P. T F. Mar.	1181.	Le Versou.	63
Genevray.	75	Le Perier de Valbonais.	130
Giere.	141		
Goncelin, B.	288	Les Adrets.	80
Herbeys.	90	Les Costes.	49
Huet.	70	Livet.	72
Izeron.	154	Lorieux.	36
La Bussiere.	117	Lumbin.	77
La Buisse.	126	Marcieu.	70
La Chapelle du Bard.	180	Mayre.	61
		Meylan.	100
La Ferriere.	179	Montaud.	70
La Grave.	106	Misoin.	47
La Garde.	54	Meaudres.	137
Lalbenc.	197	Mirabel.	333
La Mure, V.	509	*Monbonnot.	23
La Combe de Lancey.	130	Moiran.	245
		Mont de Lans.	147
Lans.	170	Motaret.	68
Lancey.	41	Moretet.	79
La Pierre.	25	Morette.	86
La Riviere.	112	Monteynard.	47
La Terrasse.	155	Murianette.	35
La Valdens.	151	Nantes en Ra-	

Paroisses.	Feux.	Paroisses.	Feux.
tieres.	111	Rouon.	69
Nâcon.	77	Savel.	18
Ne De de Vaux.	66	Sapey.	63
Ne De de Grignon.	126	Sarcenas.	17
		Saffenage.	212
Ne De de Comiers.	41	Seiffinet.	47
Ne De de Mesage.	57	Seiffenis.	106
Ne De Noyeray.	109	Serres de Nerpol.	59
Ornon.	109	S. André Dep.	48
Oute.	37	S. André.	77
Outran.	134	S. Arcy.	62
Oysans le Bourg, V.	328	S. Aure.	145
		S. Barthelemy.	35
Ozenoy-Sans.	163	S. Barthelemy de Chichiliane.	123
Pasquiers.	40		
Pariset.	34	S. Bernard.	55
Pinet d'Huriage.	34	S. Christophe.	55
Pont de Royans, V. Marq.	283	S. Egreve & S. Robert.	106
Pensoimas.	35	S. Estienne de Jarries.	66
Pierre Chastel.	92		
Pinsot d'Allevard.	150	S. Estienne de Crossin.	144
Polienas.	136		
Quaix.	159	S. François de Salles.	121
Quincieux.	40		
Rancuret.	114	S. Georges de Comieres.	44
Revel.	123		
Renage.	129	S. Gervais.	117
Rives.	247	S. Giraud.	6
Risset.	31	S. Hilaire.	53

Paroisses.	Feux.	Paroisses.	Feux.
S. Honoré.	104	S. Nicolas de Voiron.	82
S. Jean d'Avalon.	26	S. Nizier.	39
S. Jean de Vaux.	133	S. Nizier d'Heuriage.	35
S. Jean de Moirans.	150	S. Pancrasse.	35
S. Jean le Vieux.	50	S. Paul de Varces.	104
S. Julien de Ras.	134	S. Pierre d'Extremon.	153
S. Imier.	179	S. Pierre d'Allevard, V.	305
S. Just.	76	S. Pierre de Comieres.	60
S. Laurent du Pont, B.	300	S. Pierre des Champs.	69
S. Martin de la Cluze.	155	S. Pierre d'Avillard.	110
S. Martin de Mizere.	43	S. Pierre de Message.	107
S. Martin le Vinoux.	136	S. Pierre de Provesieu.	111
S. Martin de Cornillon.	20	S. Quentin.	276
S. Martin d'Here.	122	S. Romans.	138
S. Martin de la Motte.	123	S. Theoffroy.	45
S. Martin d'Heuriage.	35	S. Vincent de Mercuze.	140
S. Maurice.	55	S. Vincent du Plâtre.	118
S. Maximin.	132	Ste Agnés.	125
S. Meury.	54		
S. Michel du Mont.	36		
S. Michel.	34		
S. Nazaire.	51		

Paroisses.	Feux.	Paroisses.	Feux.
Ste Marie d'Alois.	44	Villars Aymon.	40
Ste Marie du Mont.	18	Villars Benoist.	249
		Villars Bonnoud.	54
Ste Marie de Pomiers.	65	Villars Darennes.	125
		Villars S. Christophe.	72
Thenein.	114		
Theys.	294	Villars de Lannes.	314
Tolaon.	38	Villars Reculat.	40
Tuyllins, B.	652	Villeneuve.	42
Valbonnais.	223	Villette de S. Laurent.	35
Valjouffrey.	95		
Vatilieu.	38	Vinay, B.	430
Varrées.	119	Vizille, Château.	329
Vaunaveys.	125	Vorepe, V.	336
Venosc.	114	Vourey.	145
Venon.	43	Voiron.	100
Veurey.	156	Voiron, V.	514
Vis.	207	Urtiers.	37

ARCHEVESCHE' DE VIENNE.

Paroisses.	Feux.	Paroisses.	Feux
Agnen.	88	Arzay.	39
Andancelle.	21	Astemonnay.	71
Anneron.	178	Assieu.	66
Annoisin.	45	Auberive & Chef-lieu.	128
Aprieu.	135		
Arcis & Vigneu.	173	Balbin.	43
Artas.	152	Baternay.	34

DU ROYAUME.

Paroisses.	Feux.	Paroisses.	Feux.
Beaurepaire, B.	322	Charantonnay.	108
Beauvoirdemac.	121	Charmes.	55
Beaufort.	72	Charencieu.	71
Bellegarde.	138	Charvieu.	38
Belmont.	62	Charavines.	51
Bessins.	65	Chares & S. Honorat.	61
Bilieu.	52		
Bions.	168	Chasses.	92
Biol.	176	Chassignieu.	28
Bizonne.	98	Châteauneuf, V.	95
Blandin.	77	Châtenay.	88
Bougies.	25	Châteauvillain.	64
Bourgoin, B.	358	Chatte.	221
Boussieu.	85	Chaumont.	34
Brein.	59	Chavanos.	86
Bressin.	86	Chavannes.	39
Bursin.	47	Chelieu.	67
Buys.	44	Chirenc.	150
Cessieu.	68	Chozeaux.	111
Chabons.	161	Clavezon.	67
Châlons.	33	Clerieux.	146
Châlons.	43	Clermont.	34
Chambalu.	64	Clouas.	49
Champagne.	32	Commelle.	155
Chanaux.	122	Communay.	93
Chantemerle.	77	Colombe.	120
Chanas.	75	Cour.	61
Chatonnay, B.	329	Crespol.	95
Chapel. de la Tour.	64	Cremieu, V.	414
Chaponnay.	164	Crose.	22

Paroisses.	Feux.	Paroisses.	Feux.
Culin & les Epares.	135	La Chapelle.	43
Diesmos & S. Oblas.	146	La Jayere.	31
		La Motte Galaure.	64
Dionnay.	81	La Murette, B.	86
Dioissin.	44	Larnage.	53
Dizimieu.	29	La Tour du Pin, V.	240
Domarin.	73		
Eclose.	118	La Verpilliere.	102
Epinouze.	23	Le Passage.	135
Esin & S. Marcel.	88	Le temps & Châtenay.	192
Fay.	33		
Flocheres.	65	Les Arbres, B.	102
Fours.	103	Les Costes d'Array.	110
Gemans.	30		
Gernans.	51	Lentis.	60
Gevissieux.	102	L'Isle d'Abeau.	128
Gessans.	51	Lusmay.	76
Gilon & Zain.	55	Mautaille.	41
Hauterive.	119	Marennes.	118
Herosme.	84	Marsas.	137
Hierres.	91	Marcollin.	82
Jallieu.	280	Massieu.	126
Jarcieu.	139	Margeis.	65
Jamaizieu.	12	Meyrieu.	105
Jardin.	40	Meypin.	32
Illins.	38	Messies.	132
La Coste S. André, V.	603	Mercurol & S. Clement.	70
		Meyrié.	69
La Chapelle de S. Chef.	83	Menuë Famille.	84

DU ROYAUME.

Paroisses.	Feux.	Paroisses.	Feux.
Meange & Chamagnieu.	91	Oyeu.	87
Merlas.	69	Pact.	103
Mont-Severoux.	47	Pannissage.	35
Moy-Dieu.	138	Palissin & Maubec.	123
Mons.	46	Panosas.	68
Mont de Veroux.	48	Peyrins.	229
Montchenu.	87	Pernans.	81
Mours.	101	Penol.	104
Monteüil.	64	Primareste.	92
Montmirail.	104	Pizieu.	80
Miribel.	64	Pommiers.	171
Montrigault.	158	Quel & Seyssuel.	74
Monfalcou.	60	Quinsevet.	29
Moissieu.	80	Rattieres.	23
Montseveroux.	107	Reaumont.	75
Moras.	141	Revantin.	93
Monferra.	56	Recoie & Payrin.	30
Montrevel.	86	Roche.	130
Montceaux.	63	Roche & Chezeneuve.	106
Montagnieu.	161	Romans, V.	
Moras.	48	J R n r.	1413
Murinais.	81	Rossillon.	211
Nantuin & Champier.	153	Rossillon. Peage.	146
Ne De de Montagne.	58	Royas.	49
		Roybon.	312
Ne De de Pitié.	64	Sablon.	139
Oney.	52	Saleze.	98
Ornacieu.	79	Salvignon.	60

Paroisses.	Feux.	Paroisses.	Feux.
Sardreu.	61	S. Barthelemy de Guirel.	18
Savas.	35	S. Barthelemy du Val.	136
Sermons & Faramans.	119	S. Barthelemy.	83
Semons & Lieu-Dieu.	110	S. Baudille.	66
Serre, V.	232	S. Blaise.	45
Serpaize.	38	S. Benoist.	166
Septemes Oysiers.	355	S. Bonnet.	63
Serve.	50	S. Bonnet, V.	87
Serizin.	143	S. Bonnet de Gaulare.	70
Simandre.	27	S. Bonnet.	93
Sonnoy.	62	S. Cassian.	61
Surieu & la Chapelle.	128	S. Clair & Didier.	125
Sussieu.	68	S. Clair.	47
S. Agnin.	75	S. Clair.	69
S. Alban & Vitrieu.	92	S. Christophe.	26
S. Alban.	114	S. Chef.	257
S. Alban.	62	S. Didier de Mare.	40
S. Andeol.	46	S. Didier.	49
S. Anges.	50	S. Donnat.	218
S. Agnen.	100	S. Estienne.	227
S. Antoine, V. & Abbaye.	258	S. Estienne.	70
S. Apolinard.	99	S. Gregoire.	85
S. Ausone.	91	S. Germain.	124
S. Avitte.	28	S. Germain.	72
S. Bardou.	117	S. Georges.	264
		S. Georges.	310
		S. Hilaire.	94

S. Hilaire.

Paroisses.	Feux.	Paroisses.	Feux.
S. Hilaire.	181	S. Maximin.	148
S. Hilaire.	71	S. Michel.	27
S. Hipolite de Cheuzette.	47	S. Michel Paladru.	75
		S. Michel.	40
S. Jean de Bournay, B.	414	S. Michel.	57
		S. Michel Chalon.	33
S. Jean.	79	S. Michel de P.	95
S. Jean de From.	17	S. Marcellin.	148
S. Jean de Marcy.	46	S. Nicolas.	82
S. Jean de Lemps.	230	S. Oudras.	66
S. Jean de Buis.	44	S. Ours.	122
S. Julien.	65	S. Olas & Bons.	110
S. Julien.	47	S. Paul d'Uzeaux.	84
S. Julien de Montsage.	56	S. Paul.	139
S. Just.	52	S. Piérre de Bournay.	111
S. Jean de Soudin.	77	S. Pierre de Creuse.	117
S. Lattier.	144		
S. Marcelin, V. Bail.	454	S. Pierre de Mants.	76
S. Mamert.	39	S. Pierre de Marnant.	39
S. Martin.	42		
S. Martin d'Albon.	82	S. Pierre.	177
S. Martin.	38	S. Pierre de Blay.	57
S. Maurice de l'Exil.	74	S. Pierre de LongeChanal.	43
S. Maurice de Cheuzette.	25	S. Pierre de Pal.	70
S. Maurice des Charmes.	27	S. Pierre de Vernios.	30
		S. Prix.	41

Tome II.　　　　　　　　N

Paroisses.	Feux.	Paroisses.	Feux.
S. Philbert.	134	Tourdan.	125
S. Quentin.	171	Trancoles	38
S. Rambert.	29	Trenieu.	38
S. Romain d'Albon.	134	Tresanne.	43
S. Savin.	235	VIENNE, V.	2338
S. Sauveur.	83	Feux, Arch. Bail.	
S. Sexte.	10	J Rnr. T F. Mar. 105 l.	
S. Simeon.	248	Valencin & Chalestin.	179
S. Sorlin.	44		
S. Sorlin.	276	Vanne.	57
S. Sorlin de Vas.	122	Varassieu.	167
S. Vallier, V.	331	Valancony.	106
S. Veran.	168	Vaux & Milieu.	84
S. Victor.	106	Vezeronce.	139
S. Uze.	92	Vessilieu.	50
Ste Blandine.	99	Vernas.	40
Ste Marie & S. Romain.	104	Venerieu.	75
		Vermelle.	65
Ste Anne d'Est.	69	Villeneuve de Marc.	167
Ternay.	168		
Thein.	198	Villette.	49
Thonas.	72	Vinay.	62
Tignieu.	59	Villars & Chevrieres.	188
Todure.	167		
Toirin & Roche.	81	Viriville.	279
Torche Felon.	84	Virieu.	180
Trablin.	55	Ville & Bethenos.	93
Trol.	41	Voissant.	79
Trontonas.	101		

EVESCHE' DE VALENCE.

Paroisses.	Feux.	Paroisses.	Feux.
Ales, B.	183	Grane.	271
Alixan, V.	301	Jaillans.	75
Auconne.	90	La Baume d'Autun.	72
Autichamp.	59		
Autien.	127	La Baume Corniliane.	106
Barbieres.	109		
Barcelonne.	74	La Bastie Roland.	81
Beauregard.	84	La Motte Fanjas.	53
Beaumont, B.	211	Laupie	83
Besayes.	110	La Vache.	84
Bourg les Valence.	415	Les Tourettes & la Champ.	107
Chabeüil, V. Jurisd. des Conventions. J R n r.	678	Loriol, B.	306
Charpey.	154	Livron, B.	293
Château Double.	147	Manas.	62
Châteauneuf d'Issere, V.	336	Marches.	68
		Marsane.	252
Chabrillan.	205	Meymans.	150
Cleon Dandrans.	77	Mirmande.	275
Cliou Uselat.	73	Montoison & Ambonnil.	248
Comboüin.	188		
Comdiliac.	35	Montmeiran.	281
Etoille, V.	404	Montellier.	292
Eymeu.	93	Moubouché.	101
		Montvendre.	127
Fiançayes.	15	Montelegier.	106

N ij

DÉNOMBREMENT

Paroisses.	Feux.	Paroisses.	Feux.
MONTLIMART, V. 1040 Feux. Vig. Sen. T F. Mar.		cel, V.	242
		Samsons.	99
		S. Didier.	51
Oriol.	148	S. Gervais.	129
Oriples.	44	S. Mamant.	75
Ourches.	37	S. Nazaire.	125
Perver.	186	S. Vincent.	119
Pizancon.	350	S. Thomas.	83
Puy S. Martin.	143	VALENCE, V.	1112
Rochechinard.	74	Ev. Un. Pref. Bail. Sen. ou J R n r. T F. Mat. 128 l.	
Roche prés Grane.	63		
Roche de Glun.	173		
Roynac.	111	Vaunavés.	138
Savasse.	165	Upce.	209
Sautuzange.	122	Urre.	135
Saucet & S. Mar-			

EVESCHÉ DE DIE.

Paroisses.	Feux.	Paroisses.	Feux.
Aix.	87	Barnave.	53
Aleyrac.	9	Barsac.	48
Aouste.	216	Beaumont.	43
Arnayon.	53	Beauneres.	83
Aurel.	159	Beaufort.	66
Aubres.	73	Bezaudun.	85
Auselon.	81	Beconne.	29
Avignonet.	45	Bellegarde.	102
Aubenasson.	17	Boulle.	66

Paroisses.	Feux.	Paroisses.	Feux
Bonneval.	51	Divajeu.	88
Bouventy.	60	DIE, *V. Ev.*	1359
Bourdeauë.	235	Feux. Bail. 135 l.	
Bouvieres.	136	Ensages.	21
Brette.	34	Esaü.	34
Celax.	31	Eschevis.	42
Chamaloc.	46	Espenel.	98
Châtillon.	248	Estables.	47
Charens.	32	Felines.	42
Chasal.	31	Francillon.	45
Chastel-Arnaud.	19	Gigors.	125
Châtelux.	63	Glandage.	127
Charosts.	43	Gleisoles.	20
Chaude Bonne.	48	Grignan, *V. Mar.*	292
Chalançon.	113	Gresse.	132
Châteauneuf de Mazen, *B.*	239	Gumianne.	19
		Guisans.	6
Cheylar.	65	Jensac.	32
Cheissilianne.	151	Joncheres.	50
Clesse.	139	La Batie des Fonds.	42
Condourret.	159		
Cobonne.	46	La Batie de Grece.	39
Comps.	58	La Chapelle.	226
Cordeac.	118	La Chaudiere.	34
Cornillon.	80	La Croix de la Pigne.	91
Crest, *V. Vic. Sen.*	758		
Creyrs.	32	La Poterle.	28
Crupies.	177	La Motte Chalanson.	182
Dieu le Fit, *V. S g f.*	500	La Roche Baudin.	53

DÉNOMBREMENT

Paroisses.	Feux.	Paroisses.	Feux.
La Roche S. Secret.	62	Pennes.	50
Lavars.	80	Pontaix.	108
Le Pilhon.	28	Poyols.	83
Les Prés.	51	Pyegros.	105
Les Portes.	98	Pian de Bais.	105
Lesches.	50	Poet Salar.	51
Luc.	57	Pont de Baret.	84
Luis.	303	Poet la Val.	147
Marignac.	75	Pradelles.	20
Menée Truchenus.	36	Prebois.	70
Menglon & Luzerens.	147	Ravel.	29
		Remensac.	95
Mens.	320	Recouble.	26
Miscom.	36	Romeyer.	74
Mirabel.	94	Rimont.	56
Montmor.	45	Roche Fourchas.	45
Montlaure.	48	Rottiers.	33
Montclar.	119	Roissas.	75
Montjoux.	66	Saillant, V.	287
Monbrizon.	56	Sales & Tourettes	82
Monestier de Clermont.	91	Saou.	178
		Sinard.	76
Monestier du Perse.	69	Soyans.	93
Nonnieres.	61	Suze.	60
Paris & Merlet.	36	S. Agnan.	217
Pegue.	67	S. Andeol & S. Estienne.	54
Perse.	58		
Pettafol.	55	S. Andeol.	53
Petites Vacheres.	19	S. Benoist.	36
Ponnel.	50	S. Didier.	49

DU ROYAUME.

Paroisses.	Feux.	Paroisses.	Feux.
S. Ferriol.	94	S. Sauveur.	28
S. Guillaume.	51	S. Sebastien.	90
S. Genis.	32	Ste Croix.	62
S. Jean d'Herans.	176	Ste Eulalie.	84
S. Jean en Royans.	467	Taulignan, V.	444
S. Julien en Quint.	158	Tellere.	54
S. Julien.	90	Touranne.	21
S. Laurent en Royans.	167	Tresfort.	69
		Tezane.	16
S. Martin en Vercors.	175	Tremmy.	163
		Truinas.	29
S. Martin le Colonel.	66	Valdrome.	166
		Vacieu.	190
S. Martin de Clesles.	69	Vercheny.	88
		Vesc.	169
S. Maurice.	252	Veronne.	42
S. Nazaire.	160	Ville Perdrix.	90
S. Pancrace.	287	Volvents.	110
S Paul.	86	Vinblesse.	56
S. Romain.	34		

ARCHEVESCHÉ D'AMBRUN.

Paroisses.	Feux.	Paroisses.	Feux.
AMBRUN, V. Arch. 145 l.		Ambrun, V. 600 Feux. Arch. Bail. 145 l.	
Aries, B.	340	Avançon.	96
Aigliers.	143	Arvieu.	176
Aiguilles.	200	Barattier.	41

DÉNOMBREMENT

Paroisses.	Feux.	Paroisses.	Feux.
Briançon, V. Bail.	651	Puy S. André.	136
5 gf. Mar.		Puy S. Pierre.	104
Ceillac.	87	Puy S. Eusebe &	
Cerviere.	200	Puy Sagniere.	109
Chancela.	137	Realon.	162
Chantemerle.	90	Remolon.	101
Châteauroux, V.	313	Rousset.	32
Chorges, V.	271	Ristolas.	130
Crevoux.	151	Risoul.	180
Epinasse.	56	Rotier.	99
Felliniere.	132	Sauze.	49
Guillestre.	196	Savines.	136
Langentiere.	198	S. André.	208
La Roche.	106	S. Apolinard.	33
La Salle.	343	S. Clement.	111
Le Château.	117	S. Chaffrey.	94
Le Vayer.	60	S. Crespin.	194
Les Crottes.	230	S. Estienne.	32
Les Orres.	137	S. Martin.	321
Montgardin.	77	S. Sauveur.	166
Molines.	200	S. Uran.	20
Montgenevre.	117	Theus.	87
Monestier, B.	618	Vars.	130
Nevache.	170	Val des Prez.	154
Planpinet.	45	Valoüise.	722
Pontis.	57	Vignaux.	130
Pont de la Vachette.	55	Villars & S. Pancrace.	200
Prunieres.	79	Ville Vieille.	121

EVESCHE' DE GAP.

Paroisses.	Feux.	Paroisses.	Feux.
Agnieres.	100	bel & G P.	103
Agniel.	33	Clozone.	14
Antonaves.	70	Corp & Aspres.	364
Ambel.	29	Etoille & Villebris.	28
Arzeliers	32		
Aubessagnes.	95	Eygaliers.	30
Aspres les Vaynes.	153	Eygians.	33
Aulan.	27	Fresclux.	112
Barsac.	18	Furmeyee.	43
Barret le Bas.	115	GAP, V. 796 Feux. Ev. Com. Bail. Jud. Mar. 130 l.	
Barret le Haut.	23		
Bâtie Neuve.	87		
Bâtie Vieille.	22	Glesier.	77
Bruys.	90	Jarjayes.	69
Chabestan.	36	Infornas.	33
Chabottes.	96	La Bouret.	90
Chanousses.	61	La Bâtie de Monsaleon.	77
Château Vieux.	26		
Château Fort.	38	La Buissard.	52
Châteauneuf de Chabre.	53	La Baume des Arauds.	124
Charbottones.	27	La Cluze.	103
Châteauneuf d'Oze.	28	La Chaup.	124
		La Montagne de Laujuber.	8
Champoleon.	118		
Clemence d'Am-		La Roche des	

DÉNOMBREMENT

Paroisses.	Feux.	Paroisses.	Feux.
Arnauds	154	Montmaur.	127
La Salle Beaumont.	79	Montrond.	8
La Salette.	155	Montjay.	113
La Rochette.	138	Moidans.	48
La Saix.	47	Montbrain.	70
La Rocherte.	52	Monteiglin.	20
Laye.	79	Montclus.	43
La Ragne.	112	Montauban.	108
Layer.	82	Neffes.	109
Lardier.	89	Ne De des Baux.	40
La Jarre.	62	Ouvres.	104
La Morte en Ch.	71	Oze.	66
La Roche sur le Buis.	133	Peyre.	78
Lens.	111	Plan du Bourg.	35
Le Pouet d'Empercipe.	16	Plezian.	113
		Pomerol.	23
Les Corres en Champsaur.	57	Pomet.	45
		Potigny.	111
		Quet en Beaumont.	55
L'Espine.	124	Rabrou.	75
Le Tret.	19	Rambaud.	40
Manteyer.	110	Ribiers.	302
Menouillon.	147	Reilhanette.	79
Mereüil.	37	Rions.	14
Monestier de Clermont.	30	Romette.	82
		Rosans.	71
Monestier d'Ambel.	46	Saleras.	60
		Savournon.	96
Montmorin.	137	Salignac.	140
Montbrun.	228	Saillerans.	56

Paroisses.	Feux.	Paroisses.	Feux.
Serres.	287	cette.	186
Sigottier.	66	S. Maurice en Val.	109
Sigoyer.	182	S. Michel.	70
Sorbiers.	182	S. Michel de B.	76
S. André Bochene.	193	S. Michel de Cha-	
S. André en Rozen.	96	liol.	62
S. André lez Gap.	69	S. Nicolas de M.	67
S. Auban.	72	S. Pierre & S. Mar-	
S. Bonnet, *B. Seig.*	238	tin d'Argençon.	46
S. Didier.	92	S. Pierre Mearos.	31
S. Estienne.	160	S. Pierre de Cha-	
S. Eusebe.	83	liol.	45
S. Euphemie.	73	Ste Catherine.	58
S. Genis.	26	Ste Colombe.	68
S. Jacques.	63	Ste Luce.	58
S. Jean des Vertus.	69	Ste Marie.	24
S. Julien en Bo-		Tallard, *V. Comté*	
chene.	45	*Jurisdiction.*	360
S. Julien en Champ-		Vanterol.	67
saur.	153	Valanca.	5
S. Laurent d'Or-		Valeserre.	72
siere.	306	Verclause.	73
S. Laurent en B.	126	Vers.	45
S. Leger.	53	Veyne, *V.*	294
S. Marcellin.	26	Ventavon.	179
S. Martin d'An-		Upaix.	175

EVESCHÉ DE S. PAUL TROIS CHATEAUX.

Paroisses.	Feux.	Paroisses.	Feux.
Beaume de Trancy.	186	Puy Giron.	41
Chamaret.	95	Rac.	44
Châteauneuf.	151	Restituy.	173
Clansayes.	82	Rochefort.	72
Donzere, *V. Principauté.*	254	Roussas.	88
Epeluche.	111	Suze la Rousse, *V. Comté.*	200
La Touche.	32	S. PAUL TROIS CHATEAUX, *V. Ev.* 350 *Feux. Bail. Just. R.* 140 *l.*	
La Garde Adeymar, *Bar.*	272		
Pierre-Latte, *V. J R n. r.*	440	Valaurie.	100

PARTIE DE L'ARCHEVESCHÉ DE LYON.

Paroisses.	Feux.	Paroisses.	Feux.
Amblagnieu.	69	Charette.	96
Authon.	38	Chassieu.	58
Arandon.	60	Chavagnieu.	155
Bouvesse.	89	Charpieu.	23
Brangue.	106	Colombier.	203
Carizieu.	39	Dourtenay.	202

Paroisses.	Feux.	Paroisses.	Feux.
Crey.	112	S. Bonnet de Mure.	93
Dessens.	55	S. Denis de Bron.	60
Dolomieu.	180	S. Laurent de Mure.	100
Feysin.	136	S. Pierre de Chandieu.	156
Genas.	119	S. Priefs.	157
Heyrieu.	319	S. Saphorin d'Ozon, V. & Solaize.	382
Janariat.	67	S. Thomas de Chandieu.	156
Jons.	91	S. Victor.	85
Jonages.	18	Ste Colombe.	20
La Balme.	78	Toullieu.	79
Meypieu.	51	Trais & Cozance.	131
Meyzieu.	128	Vaux.	139
Mions.	87	Vernissieu.	209
Morestel.	153	Vertrieu.	53
Opteurs & Dep.	159	Vercieu.	65
Pallins.	116		
Puzignan.	117		
Quinieu.	48		
Sermerieu.	154		
Solimieu.	111		
S. Baudille.	135		

PARTIE DE L'EVESCHE' DE BELLAY.

Paroisses.	Feux.	Paroisses.	Feux.
Ouste & hemelin.	388	vin.	245
Avevieres & Vec-		Bâtie de Montgascon.	102

DÉNOMBREMENT

Paroisses.	Feux.	Paroisses.	Feux.
Bouchage.	70	voin.	192
Favergues & Verin.	362	Prellins.	104
Fetillieu.	100	Romagnieu & Avaux.	84
Forestiers & Dep.	164	S. André la Palud.	102
Granieu.	73	S. Didier.	74
Pont de Beau-		S. Martin de V.	36

PARTIE DE L'ARCHEVESCHÉ DE TURIN.

Paroisses.	Feux.	Paroisses.	Feux.
BArdonnesche.	234	Larva.	156
Beaulard.	112	Le Mazelet.	84
Bousson.	94	Le Saulx d'Oulx.	65
Cezane.	187	Les Auverses.	180
Chaumont, *B*.	310	Mentoulles.	135
Château du Bois.	148	Millaures.	96
Château Berlard.	45	Pourciers.	90
Desertes.	60	Rochemortes.	85
Eurres.	100	Salbertran.	100
Exilles, *V. Forteresse*.	380	Savoux.	92
		S. Restitut.	315
Fenils.	112	Ste Marie d'Oulx.	250
Fenestrelles, *Forteresse*.	88	Villacet.	128
		Uxeaux.	171

PARTIE DE L'EVESCHÉ DE VAISON.

Paroisses.	Feux.	Paroisses.	Feux.
Le Buis, V. Bar. Bail. 5. g f.	355	Piegon.	80
Merindal.	87	S. Maurice aux Baronies.	83
Mirabel aux Baronies.	270	Tulette.	230
Mollans.	188	Vinteros.	165
Mons.	360	Vinsobres, V.	315

DÉNOMBREMENT

GENERALITÉ D'AIX,

Composée des Vigueries suivantes de

AIX,
ANNOT,
APT,
ARLES,
AUPS,
BARJOUX,
BRIGNOLLES,
CASTELANNE,
COLMARS,
DIGNE,
DRAGUIGNAN, } En Provence.
FORCALQUIER,
GRASSE,
GUILLAUME,
HYERES,
LORGUES,
MOUSTIERS,
SISTERON,
S. MAXIMIN,
TARASCON,
TOULON,

VIGUERIE D'AIX.

Paroisses.	Feux.	Paroisses.	Feux.
AIX, V. Un. Feux. Arch. Parl. C d C. C d A. Sen. Am. T d M. B d F. Vig. H d M. M P. B d T. 168 l.	774	Feuveau.	2
		Fort de Martigues.	3
		Gardanne.	5
		Geminos.	3
		Gignac.	2
Agueilles.	5	Greasque.	1
Allauch.	4	Grans.	5
Allen..	4	Joucques, Juillette & Taulisson.	7
Artigues.	1		
Aubagne, V. 5 g f.	17	Istres.	18
		Jullians.	1
Auriol, B.	14	La Barben.	1
Aurons.	1	La Cadiere & Bandol, B.	15
Belcodenes.	1		
Berre, V.	12	La Cioutat, V. P d M. Am. 5 g f.	16
Bouc, B. 5 g f.	3		
Cabriez.	3	La Fare.	1
Carri.	1	Lambese, V. 5 g f.	22
Cassis.	4	Lanson.	7
Châteauneuf de Martigues.	1	La Peine d'Aubaigne.	1
Châteauneuf le Rouge.	1	La Roque d'Anteron.	1
Evesnes.	2	Le Bausset.	6

DÉNOMBREMENT

Paroisses.	Feux.	Paroisses.	Feux.
Le Castelet.	5	Nobles.	16
Le Puy & S. Canadet.	7	Seyreste.	2
Le Vernegues.	3	Simanne lez Aix.	1
Lespennes & Septemes.	2	S. Cannat, *V.*	9
Malemort.	5	S. Chamas.	5
Martigues, *V.* Principauté. Am. Siege d'Apeaux. 5 g f.	27	S. Esteve & Janson.	1
		S. Mitre.	4
		S. Nazaire.	10
Meyreveil.	2	S. Paul le Fougassier.	1
Marignanes.	8	S. Savournin.	1
Meyrargnes.	2	Tres, *B.*	21
Miramas.	4	Vauvenargues.	1
Mimet.	1	Velaux.	1
Ners & Pichauris.	1	Venelles.	2
Ollioules, *V.*	24	Ventabren.	3
Peinier.	5	Vitrolles.	4
Peirolles.	2	*Lieux Nouv. affoüagez.*	
Peilobier.	5	Beaurecueil.	1/19
Peipin.	1	Le Sambouc.	2/10
Pellisane.	9	Roquehautes.	1/20
Pertuis, *V. J R n r.*	48	Royere.	8/1
Rians, *B.*	16	Sux.	6/1
Rongnac.	1	S. Antonin.	3/10
Roquefort.	1	S. Marc.	1/6
Rousset.	2	S. Victoret.	1/2
Roquevaire.	6	Thoronet.	
Rougnes & les		Valbonnette.	

VIGUERIE D'ANNOT.

Paroisses.	Feux.	Paroisses.	Feux.
Annot, *V. Vig.*	6	Meaille.	3
Braux.	2	Peyrese.	2
Fugeyret.	4	S. Benoist.	3
La Colle.	1		

VIGUERIE D'APT.

Paroisses.	Feux.	Paroisses.	Feux.
Apt, *V. Ev.* Feux. Bail. Vig. *F R n r.*	31 150 l.	Grandbois.	7
		Gordes.	10
		Goult.	6
Ansouis & Assanes.	5	Jougas.	1
Auribel.	1/3	La Garde.	1
Aurel.	1	La Caste.	2
Baumette.	1/4	Lauris.	4
Buoux.		La Motte d'Aiguez.	1
Cabrieres.	2	Le Villar.	2
Cadenet, *V. Comté.*	13	Lious.	1
Caseneuve.	3	Lurmarin.	5
Castelet.	1	Merindol.	5
Castillon & S. Martin.	4	Monceux.	1
		Mus.	1
Cucuron.	13	Peypin.	1
Gargas.	3	Puyvert.	1
Giegnac.	1/3	Pierrevert.	3

DÉNOMBREMENT

Paroisses.	Feux.	Paroisses.	Feux.
Roussillon.	4	Viens.	6
Rustrel.	1	Villelaure trefemmes.	1
Sagnon.	6		
Simiane.	3	Vitrolles d'Aiguez.	1
Sault, V. Comté.	10	Volioine.	1
Sivergues.	1	*Lieux nov. affouagez.*	
S. Christophe.	1	Le Puget de Lauris.	$\frac{2}{3}\frac{6}{6}$
S. Martin.	1		
S. Savournin.	10	Roquefurs.	
S. Terny.	1	S. Pontalle.	

VIGUERIE D'AULPS.

Paroisses.	Feux.	Paroisses.	Feux.
Aulps, V. Feux. Viguerie.	19	J R n r. Fabregues.	$\frac{1}{3}$

VIGUERIE DE BARJOUX.

Paroisses.	Feux.	Paroisses.	Feux.
Artignose.	1	Coutignac.	12
Auriac.	1	Coutelas.	1
Barjoux, V.	18	Entrecasteaux.	3
Vig. Bail. J R n r.		Fos Amphos.	3
Baudinar.	1	Ginaffervis.	3
Besaudiun.	1	La Bastide du Prevost.	1
Brue.	$\frac{1}{3}$		
Châteauvert.	1	La Roquette.	$\frac{1}{6}$

DU ROYAUME.

Paroisses.	Feux.	Paroisses.	Feux.
La Verdure,	5	Sillans.	1
Moissac.	3	S. Julien.	2
Montmeyan.	2	Tavernes.	4
Pontevez.	1	Varagis.	4
Quinson.	4	Vinon.	4
Regusse.	3		

VIGUERIE DES BRIGNOLLES.

Paroisses.	Feux.	Paroisses.	Feux.
BRIGNOLLES, V. Bail. Vig. Sen. J R n r.	47	La Celle.	1
Besse & Blanquefort.	12	La Roque Brussane.	4
Camps.	1	Le Val.	9
Carces.	4	Meaunes.	2
Cabasse.	4	Monfort.	3
Courrens.	7	Neoules.	2
Flassens.	1	Signe, B.	13
Garcoult.	2	Vins.	1
		Lieu nouv. affouagé.	
		Caduny.	1

VIGUERIE DE CASTELANNE.

Paroisses.	Feux.	Paroisses.	Feux
ALons & Vauclause.	2	Angles.	1
Argens.	1	Blioux.	3
		Brandis.	2

309

DÉNOMBREMENT

Paroisses.	Feux.	Paroisse.	Feux.
Brenon.	$\frac{1}{3}$	Bagargy.	1
CASTELANNE, V.	21	Le Pel.	1
Feux. Bar. Bail.		Meoulles.	1
Châteauvieux.	1	Mouriés.	3
Chasteuil.	1	Peyroulles.	2
Chastillon.	1	Roubion.	1
Crochon.	1	Senez.	3
Demandols.	2	Souleillas.	1
Eoux.	1	S. André.	2
La Bastide des Clapons.	1	S. Julien.	1
		Taloir.	1
La Gardio.	1	Taulanes.	$\frac{1}{4}$
La Martre.	1	Troins.	1
La Mure.	1	Ubrayes.	3
Le Bourguet &c		Vergons.	3

VIGUERIE DE COLMARS.

Paroisses.	Feux.	Paroisses.	Feux.
Auset.	1	Seynes, V. Vig. 5 g f.	26
Barles.	4	Salonnet.	10
Beauvesé.	4	S. Martin.	1
COLMARS, V.	20	S. Vincent.	3
Feux. Vig. J Rn r. 5 g f.		Thoramenos Hautes.	7
La Bréoule.	6	Thoramenos Bases.	8
Le Vernet.	3		
Moncla.	6	Ubaye.	2
Pontis.	1	Verdaches.	1

VIGUERIE DE DIGNE.

Paroisses.	Feux.	Paroisses.	Feux.
Aiglan.	3	Epinouze.	3
Archail.	1	Etoublon.	2
Avoibel.		Gaubert.	4
Aynac.	$\frac{1}{4}$	La Grameuse.	$\frac{1}{4}$
Barras & Tounefort.	1	La Javie & Ste Colombe.	1
Beaujeu.	1	Lambert.	$\frac{1}{8}$
Beines.	2	La Peruffe.	1
Bede-Jean.	$\frac{1}{4}$	La Pene.	$\frac{1}{4}$
Braffe-Daffe.	4	La Roubine.	1
Brufquet.	5	Le Chaffaud.	1
Cafteller.	2	Le Caftelac.	1
Champourcin.	$\frac{1}{20}$	Les Mées, J R n r.	15
Chenerilles.	$\frac{1}{3}$	Les Sieges.	2
Champtercier.	4	Malijay.	1
Chanolles.	2	Mallemoifon.	1
Châteauredon.	1	Mariaud.	1
Creiffet.	1	Marcoux.	4
Courbons.	9	Mefel, B.	6
DIGNE, V. 30 Feux. Ev. Bail. Sen. Vig. 155 l.		Mirabel.	4
		Mellan.	1
		Oraifon.	5
Drays.	$\frac{1}{4}$	Prats.	1
Entragilles.	2	Puy-Michel.	7
Entrevenez.	5	S. Efteve.	1
Eclangon.	1	S. Jannet.	1

DÉNOMBREMENT

Paroisses.	Feux.	Paroisses.	Feux.
S. Julien d'Asse.	1	Thouards.	4
S. Jourson.		*Lieu nov. affouagé.*	
Taneron.	2	Feizal.	1/6

VIGUERIE DE DRAGUIGNAN.

Paroisses.	Feux.	Paroisses.	Feux.
Auvaye.	1	Vig. J. R. n. r. Am.	
Bargeme.	3	s g f. 1804.	
Bargemon, B.	16	Garcin.	2
Bargnols.	2	Gonfaron.	9
Brandon.	1	Grimaud, V.	10
Broves.	2	La Garde.	1
Callas, V.	17	La Gardir.	4
Callien, V.	6	La Motte.	2
Château-Double.	3	La Roque.	1
Clavieres.	4	Le Canet.	7
Cogolin, B.	10	Le Luc, B. Comté.	25
Comps.	5	Le Muid.	11
DRAGUIGNAN, V.	78	Le Pujet.	3
Feux. Vig. Sen.		Les Arcs, B. Marq.	12
J R n r.		Montaurons.	5
Empus & Reyner.	4	Mons.	3
Esclans.	1	Monferrat.	2
Esperel.	1	Pignans, B.	14
Fayence, V.	17	Salernes.	19
Figaniere.	8	Seillans, B.	17
Flayosc.	10	S. Tropez, V. Am.	
Frejus, V. Ev.	44	s g f.	10
		Taradet.	

DU ROYAUME.

Paroisses.	Feux.	Paroisses.	Feux.
Taradet.	1	Lieux nouvellement affouagez.	
Torrettes.	4		
Tourtour.	5	Favas.	1
Trans.	4	La Molle.	1
Trigance.	2	S. Blaise.	1/4
Vidauban.	2	S. Raphael.	1
Verignon.	1	Ste Maxime.	1
Villecrose.	7	Villepeys.	1/2

VIG. DE FORCALQUIER.

Paroisses.	Feux.	Paroisses.	Feux.
Aubenas.	1	La Roque Giron.	1
Auges.	1	La Tour d'Aguez.	1
Aris & Sigonce.	1	Lardicos.	1
Banon.	4	Le Puy de Ganagobie.	1
Beaumont & les Nobles.	5	Leinans.	1
Carmueil.	1	Le Revest de Brousse.	1
Courbieres.	2		
Cruyes.	2	Lincel.	1
Dauphin.	2	Les Omergues.	3
FORCALQUIER, V. Com. Vig. Sen.	27	Leurs.	8
		Mane.	7
Fontaine.	1	Monosque, V.	44
Hongles.	3	Montlaux.	4
La Brillane.	1	Montjultin.	1
La Bastide de Jourdan.	4	Montsalier.	1
		Mirabeau.	3

Tome II.   O

DENOMBREMENT

Paroisses.	Feux.	Paroisses.	Feux.
Montfuron.	1	Ste Croix Alauze.	1
Montagut.	1/8	Ste Tulle.	3
Niouselles.	1	Vachieres.	3
Opedette.	1	Villeneuve.	2
Peyrtuis, J R.	3	Villemus.	1
Pierrerue & les Nobles.	3	Voulx.	4
		Ybourges.	1
Reillanne.	13	*Lieux nouv. affouagez.*	
Saumane.	1	Malcol.	1/8
Seyreste.	4	Malfougasse.	1/10
S. Estienne.	3	S. Martin le Charbonier.	1/10
S. Michel.	8		
S. Maime.	1	Valsainte.	1/20

VIGUERIE DE GRASSE.

Paroisses.	Feux.	Paroiss.	Feux.
A Miral.	1	GRASSE, V. Ev.	71
Andoan.	1	*Vig. Sen. J Rn r.* 180 *l.*	
Auribel.	1	Gars.	1
Antibes, V. Vig. J Rnr. Am. 5 g f.	28	Gourdon.	1
		Le Bar.	5
Biot.	6	La Napoulle.	1
Briançonnet.	3	La Roquette.	1
Cabrias.	2	Mandalieu.	2
Cailles.	1	Mougins.	11
Cannes, V.	9	Mouvans.	3
Châteauneuf.	9	Pegoumas.	1
Ciprieres.	6	Serenon.	6

Paroisses.	Feux.	Paroisses.	Feux.
Sertoux.	1	Vence, *V. Ev.*	
S. Auban.	4	Upis.	
S. Cezari.	2	*Lieux nouvellement*	
S. Vallier.	2	*affouagez.*	
Valbonne.	2	Escragnolles.	1
Valaurie.	6	Le Rouret.	$\frac{1}{16}$

VIGUERIE DE GUILLAUME.

Paroisses.	Feux.	Paroisses.	Feux.
Adalvis.	2	Le Castelet.	3
Auvare.	1	Le Puyet.	1
Cuebris & Sau-melongue.	3	Le Pujet Figette.	1
		Montblanc.	$\frac{1}{4}$
Entrevaux.	5	Mujoux.	1
GUILLAUME, *V.*	6	Sausses.	2
Vig. J R nr. 5 gf.		S. Leger.	$\frac{1}{3}$
Guelongue.	2	S. Antholin.	1
La Croix.	3	S. Cassian.	$\frac{1}{4}$
La Pene Chanan.	2	Salegresson.	1
La Roquelle Chavan.	3	Ville Vieille.	$\frac{1}{3}$

O ij

VIGUERIE D'HYERES.

Paroisses.	Feux.	Paroisses.	Feux.
BEaugencier.	2	Le Puget, *B*.	19
Bormes, *B*.	10	Pierre-Feu.	5
Carnoulles.	8	Soliers, *B*.	25
Coulombrieres.	6	Hyeres, *V. Vig.*	62
Cuers, *B. J Rn r.*	18	5 *g f.* Lieutetenançe du Senechal.	
Farcalqueyret & la Baronie.	5		

VIGUERIE DE LORGUES.

Paroisses.	Feux.	Paroisses.	Feux.
LOrgues, *V.* *Vig. J Rn r.*	31	Tholonet.	1

VIGUERIE DE MOUSTIERS.

Paroisses.	Feux.	Paroisses.	Feux.
ALbiose.	$\frac{1}{4}$	La Palud.	2
Almagne.	1	Levesnes.	$\frac{1}{4}$
Ayguines.	3	Moustiers, *V.*	23
Baudun.	5	*Feux. Vig. J Rn r.*	
Brunet.	4	Majastres.	$\frac{1}{4}$
Châteauneuf.	1	Mayreste.	$\frac{1}{4}$
Esparton.	$\frac{1}{3}$	Montpesat.	1
Greoux.	5	Montagrat.	1

Paroisses.	Feux.	Paroisses.	Feux.
Permuisson.	13	S. Martin de Bromes.	4
Riez, *V. Ev.*	32	S. Martin Lerimat.	$\frac{1}{4}$
Rougon.	2	Ste Croix.	3
Roumoulles.	4	Trevans.	$\frac{1}{4}$
Salettes.	2	Valanzole.	28
S. Jueres.	2		
S. Laurent.	1		

VIGUERIE DE SISTERON.

Paroisses.	Feux.	Paroisses.	Feux.
Astoin.	$\frac{1}{2}$	Cournillac.	1
Aubignose.	2	Cournillon.	1
Auton.	1	Curban.	3
Barcillonnet.	2	Dromon.	1
Barret.	2	Esparon de la Bastide.	2
Baudimont.	1		
Bayons.	2	Esparon de Vitrolles.	2
Bevons.	1		
Belafaire.	2	Entre-Peyres.	1
Châteauneuf le Charbonier.	2	Faucon.	1
		Gigors.	2
Châteaufort.	1	Jarjayes.	2
Châteauneuf de Miraval.	2	La Charce.	1
		La Motte.	5
Château Arnous.	2	Lescalle.	3
Clemensane, *B.*	2	Le Caire.	1
Claret, *B.*	4	Lens.	1
Consonaves.	1	Melve.	2

Paroisses.	Feux.	Paroisses.	Feux.
Mison.	6	Sederon.	3
Montfort.	1	S. Mary.	1
Nibles.	1	S. Simphorien.	1
Noyers.	4	S. Vincent.	3
Piousin.	1	Tharriés.	4
Pommerol.	1	Teze.	2
Puyagut.	1	Vallernes.	6
Puypin.	1	Vaumeilles.	3
Remuzat.	1	Valavoyre.	1
Reynier.	1	Valbelle.	1
Salignac.	4	Venterolles.	2
Sigoyer.	2	Voulonne.	6
SISTERON, V.	47	Villosc.	1
Ev. Sen. Vig. 5 g f.		Vitrolles.	2
150 l.		Urtis.	1
Soribes.	1		

VIGUERIE DE S. MAXIMIN.

Paroisses.	Feux.	Paroisses.	Feux.
Bras.	3	Pourrieres.	8
Esparon.	2	Roquefeüil.	1
La Pene.	1	Rougiés.	2
Le Plan d'Aulps.	1	Seillon, J R.	$\frac{1}{4}$
Masaugues.	1	S. MAXIMIN, V.	42
Meynarguettes.	$\frac{1}{4}$	Feux. Vig. Bail.	
Nans.	3	J R n.	
Olieres.	1	S. Martin.	1
Pourcioux.	2	S. Zacarie.	3

Paroisses.	Feux.	Paroisses.	Feux.
Tournes Gaillet & Saissons.	21	Lieu nouvellement affouagez.	
		Ribous.	1/3

VIGUERIE DE S. PAUL.

Paroisses.	Feux.	Paroisses.	Feux.
Besaudun.	2	Malvans.	3
Carros.	1	S. Jannet.	1
Cagnes.	8	S. Laurent.	1
Coursegoules.	3	S. PAUL, V.	22
Greoullieres.	6	Feux. J R nr. 140 l.	
La Gaude.	2	Tourettes.	2
Le Broc.	8	Lieu nouvellement affouagé.	
Le Loubet & Villeneuve.	2	Courmes.	1/3

VIGUERIE DE TARASCON.

Paroisses.	Feux.	Paroisses.	Feux.
Airagues.	5	Eygallieres.	4
Barbantane.	14	Eygnieres.	10
Bourbon.	5	Graveson.	8
Cabanes.	2	Le Baron.	1/2
Château Regnard, B.	16	La Manon.	1/2
		L'Isle de Barban.	1/2
Cournillon & Confoux.	3	Meillane.	3
		Mollegez	3

DENOMBREMENT

Paroisses.	Feux.	Paroisses.	Feux.
Massoargues.	2	TARASCON, V.	100
Novos.	10	J R n r. Vig. 5 g f.	
Orgon, V.	13	Verquieres.	1
Rougonas.	1	*Lieux nouvellement*	
Rogne Martine.	1	*affouagez.*	
Senas.	7	La Goa.	$\frac{1}{20}$
S. Andiol.	2	Masblane.	$\frac{1}{12}$
S. Remy, V. Vig.	37	S. Deydier.	$\frac{1}{8}$

VIGUERIE DE TOULON.

Paroisses.	Feux.	Paroisses.	Feux.
La Garde.	6	P d M. Ev. Sen.	
La Seyne, V. Bail. 5 g f.	8	Vig. T F. Mar. Am.	180 l.
La Vallette, B.	7	*Lieu nouvellement*	
Le Revest.	4	*affouagé.*	
Six-Fours, B.	8	Ste Marguerite.	$1\frac{1}{4}$
TOULON, V.	60		

VIGUERIE DE BAREME.

Paroisses.	Feux.	Paroisses.	Feux.
BAREME, *V.* Feux. *Vig.*	7	Lambruisse.	2
		S. Jacques.	1
Chaudon.	1	Tartonne.	4
Clumans.	5		

TERRES ADJACENTES.

Paroisses.	Feux.	Paroisses.	Feux.
ARLES, *V.* Feux. *Archev. Sen. Vig. Am.* 5 g f.	200	Feux. *Ev. H d M. Vig. J R n r. Sen. Am.* 155. *l.*	
Allan.	3	Montdragon, *V. Principauté.*	10
Chantemerle.	2		
Colonlelles.	2	Monsegur.	3
Grignan, *Com.*	10	Reauville.	3
Les Baux.	6	Salles.	2
Marseille, *V.*	3200	Sallon, *V.*	45

LES COMTEZ DE ROUSSILLON, ET DE CERDAIGNE.

LE ROUSSILLON ET VALESPIR.

Paroisses.	Feux.	Paroisses.	Feux.
A Leigna.	57	Corneilla del Beriol.	27
Arles.	176	Cabestany.	27
Argeles.	192	Claira.	71
Bonpas.	20	Corneilla de la Ribiere.	97
Broulla.	20	Corsevy.	56
Belloc.	20	Corbera.	154
Baniols & Aspres.	40	Cannet.	231
Bouledamons.	22	Collioure, V.	259
Baho.	53	Ceret.	498
Boulon.	96	Espera del Agly.	66
Bages.	76	Eltech.	38
Baniols de la Marenda.	73	Estagel.	158
Baixas.	156	Embech & la Montagne.	32
Boulleternere.	174	Elne, V.	214
Cassafabre.	18	Forderan.	15
Calte.	11	Fourges.	64
Castel Roussello.	18	Fontanils.	9
Camelles.	50	Garrieux.	13
Castelnau.	34	Homs.	75
Canhau.	39	Isle.	394
Caillamella.	40		
Coustoges.	38		

Paroisses.	Feux.	Paroisses.	Feux.
Llupia.	24	& la Reale de Perpignan.	30
Leca.	11	Perillous.	17
La Cluse.	14	Palol.	9
La Casse des Peres.	18	Peypretortes.	42
La Bastide.	28	Pontella.	43
La Tour d'Elne.	28	Poullestres.	39
Le Sollé.	66	Passa & le Monesty.	47
Les Bains.	51		
La Roque d'Albere.	136	Prunet, Carchan & la Baronie.	41
Mont Loüis, V.	130	Pallau.	72
Millas.	248	Pia.	108
Monné.	16	Pallarda.	101
Montboulo.	39	Pessillia.	212
Montescot.	30	Prat de Molle.	290
Montalba.	29	Reynes.	53
Montserré.	75	Rives Altes.	201
Montesquieu.	74	Salces.	53
Molitg.	131	Serrelongue.	81
Nills.	5	Salagoze.	92
Nasfiac.	77	S. Jean la Sella.	15
Ortossa.	21	S. Jean de Albere.	19
Opol.	76	S. Nazaire.	17
PERPIGNAN, V. Ev. Un. Conseil Souverain.	200	S. Hipolite.	66
		S. Esteve.	55
		S. Felin de Mont.	55
S. Jacques,	60	S. Marsol.	60
S. Jean,	30	S. Jean de Pages.	65
S. Mathieu,	40	S. Sabris.	70

DU ROYAUME.

Paroisses.	Feux.	Paroisses.	Feux.
S. André de Soureda.	56	Texa & Salles.	43
S. André.	53	Tantavel.	57
S. Laurent de la Salangues.	116	Thuir.	225
S. Felix de Val.	166	Tolugues.	52
S. Laurent de Cerda.	180	Toreilles.	117
		Villamolaque.	20
Ste Colombe de las Islas & Font Couvert.	33	Villanova de la Raho.	21
		Villemoure de la Riba.	33
Ste Marie la Mer.	37	Vernet.	66
Taulis.	22	Villelongue de la Langue.	70
Texo de Mont.	3	Vingrau.	53
Trullas.	40	Villarga.	55
Taillet.	31	Villongue de Mont.	85
Terrats.	45		
Trestera.	31		

CONFLANS & CASPIR.

Paroisses.	Feux.	Paroisses.	Feux.
Angles.	48	Corneilla.	43
Aiguatibix.	108	Codolet.	29
Arbusol.	25	Clara.	32
Billarac.	37	Censa.	27
Balestary.	60	Conat.	54
Castell.	21	Cailla.	104
Canavilla.	25	Escaro.	38

DÉNOMBREMENT

Paroisses.	Feux.	Paroisses.	Feux.
Estouer.	79	Prades.	303
Espira.	61	Py & Mantet.	109
Évolle & Aurella.	73	Puygualadour.	38
Eux.	136	Pruner.	83
Feulla.	20	Prats de Valaguir & Fonpedrosa.	112
Filols.	29		
Fourniguer.	45	Reals & Audés.	48
Finestrer.	80	Rigarda.	56
Fontarabiouze & Espesouilla.	52	Rodes.	55
		Ria & Sirac.	74
Glorianes.	37	Sardinia.	105
Jugeols.	21	Sahoza.	78
Joch.	50	Santo & Forges.	63
Llauran.	17	Talau & Mondes dit la Val del Feu.	14
Laleguna & les Coutals.	27		
Mosset.	174	Touax & Entrevals.	7
Mariun.	11		
Matamala.	46	Taurina.	50
Massos.	40	Villars.	8
Marques Hanes.	84	Valmeinia.	35
Niers.	54	Vernet.	66
Nohuedas.	54	Villefranche, V.	133
Ollette.	116	Vig.	133
Orbania.	46	Vinça.	259

LA CERDAIGNE FRANÇOISE

Paroisses.	Feux.	Paroisses.	Feux.
Augustrino.	29	Odello.	38
Bolquera.	50	Osseja Lopuy.	39
Caldegas.	20	Ria.	9
Carol.	73	Pallau.	13
Dorres.	36	Puycerda, V.	140
Egat.	18	S. Pierre des Forçats.	91
Eyne.	28	Ste Elocadie.	16
Ello & Rosset.	32	Targa Bezonne.	24
Estavar.	38	Urs & Flory.	43
Err.	58	Villeneuve les Escaldes.	19
Hix.	7		
La Tour de Carol.	81		
Nahnja.	8		

F I N.

TABLE ALPHABETIQUE

DE TOUTES LES

GENERALITEZ.

A

AIX,	Tome II. page	304
ALENÇON,	II.	72
AMIENS,	I.	48

B

BEARN, & NAVARRE,	I.	397
BOURDEAUX,	I.	356
BOURGES,	I.	213

C

CAEN,	II.	44
CHALONS,	I.	103

D

DIJON,	II.	151

G
GRENOBLE,   Tome II. page 279

L
LA ROCHELLE,   I.   254
LIMOGES,   I.   316
LION,   I.   298

M
MONTAUBAN,   II.   103
MONTPELLIER,   II.   247
MOULINS,   I.   272

N
NANTES,   II.   194

O
ORLEANS,   I.   149

P
PARIS,   I.   1
POICTIERS,   II.   230

R
RIOM,   I.   336
ROUEN,   II.   1

S
SOISSONS,   I.   77

T
TOULOUZE,   II.   225
TOURS,   I.   175

TABLE ALPHABETIQUE

DE TOUTES LES ELECTIONS.

Les Lieux marquez d'une † ne sont pas Sieges d'Elections.

A

Abbeville, *Tome*	I. *page*	56
Agde,	II.	270
Agen,	I.	378
Aix,	II.	304
Alby,	II.	228
Alais,	II.	262
Aleth,	II.	238
Alençon,	II.	73
Amboise,	I.	178
Amiens,	I.	49
Andely,	II.	21

de toutes les Elections.

ANGERS,	Tome I. page	194
ANGOULESME,	I.	330
ANNOT,	II.	307
APT,	II.	307
ARGENTAN,	II.	95
ARMAGNAC,	II.	140
ARNAY-LE-DUC,	II.	167
ARQUES,	II.	7
ASTARAC,	II.	146
AVALON,	II.	169
AUCH, *voyez* ARMA-		
GNAC,	II.	140
AULPS,	II.	308
AVRANCHES,	II.	62
AURILLAC,	I.	353
AUTUN,	II.	158
AUXERRE,	II.	163
AUXONNE,	II.	171

B

BARJOUXS,	II.	308
BAR-SUR-AUBE,	I.	135
BAR-SUR-SEINE,	II.	164
BAUGÉ,	I.	189
BAYEUX,	II.	49
BEAUGENCY,	I.	454
BEAUNE,	II.	175

BEAUVAIS,	Tome I.	page 12
BELLEGARDE, *Voyez*		
AUXONNE,	II.	171
BELLEY, *Voyez* BUGEY	II.	189
BERNAY,	II.	76
BEZIERS,	II.	270
† BIGORRE,	I.	392
BLANC,	I.	222
BLOIS,	I.	160
BOURBON LANCY,	II.	178
BOURDEAUX,	I.	357
BOURG, *Voyez* BRESSE,	II.	184
BOURGANEUF,	I.	328
BOURGES,	I.	214
BRESSE *ou* BOURG EN BRESSE,	II.	184
BRIGNOLS,	II.	309
BRIOUDE.	I.	347
BRIVE,	I.	326
BUGEY, *ou* BELLEY,	II.	189

C

CAEN,	II.	45
CAHORS,	II.	106
CARCASSONNE,	II.	235
CARENTAN,	II.	53
CASTELANNE,	II.	309

Caudebec,	Tome II. page	36
Castres,	II.	232
Chalons,	I.	104
Chaalons sur Saonne,	II.	155
Charolles,	II.	183
Chartres,	I.	165
Chateau Chinon,	I.	289
Chateau Dun,	I.	170
Chateau Gontier,	I.	185
Chateau du Loir,	I.	209
Chateau Roux,	I.	220
Chateau Thierry,	I.	99
Chatellerault,	I.	241
Chatillon sur Seine,	II.	165
Chaumont en Bas,	I.	126
Chaumont,	II.	18
Chinon,	I.	181
Clamecy,	I.	159
Clermont,	I.	95
Clermont en Auvergne,	I.	339
Cognac,	I.	268
Colmars,	II.	310
Combraille,	I.	296
Cominges,	II.	127
Compiegne,	I.	15

CONCHES, Tome II. page 82
CONDOM, I. 381
CORNOUAILLE, *Voyez*
   QUIMPERCORENTIN, II. 221
COULOMIERS, I. 23
COUTANCES, II. 59
CRESPY, I. 93

D

DIGNE, II. 311
DIJON, II. 152
DOL, II. 217
DOMPFRONT, II. 89
DOURDAN, I. 163
DOURLENS, I. 61
DRAGUIGNAN, II. 312
DREUX, I. 43

E

ESTAMPES, I. 39
ESPERNAY, I. 145
EU, II. 11
EVREUX, II. 24

F

FALAIZE, II. 90
FIGEAC, II. 110
FLEURANCE, *Voyez*
   LOMAGNE, II. 133

FONTENAY-LE-COMTE, *Tome* I. *page* 247
FORCALQUIER,　　　　　　II.　　313

G

† GABARDAN,　　　　　　I.　　391
GANNAT,　　　　　　　　I.　　277
GAP,　　　　　　　　　　II.　　297
GEX,　　　　　　　　　　II.　　193
GIEN,　　　　　　　　　　I.　　157
GISORS,　　　　　　　　II.　　17
GRASSE,　　　　　　　　II.　　314
GRENADE, *Voyez* RI-
　　VIERE VERDUN,　　II.　　137
GRENOBLE,　　　　　　II.　　280
GUERRET,　　　　　　　I.　　290
GUILLAUME,　　　　　　II.　　315
GUISE,　　　　　　　　　I.　　97

H

HESVAUX, *Voyez* COM-
　　BRAILLE,　　　　　　I.　　296
HYERES,　　　　　　　　II.　　316

I

JOIGNY,　　　　　　　　I.　　29
JOINVILLE,　　　　　　　I.　　124
ISSOUDUN,　　　　　　　I.　　218

L

† LABOURT,　　　　　　I.　　391

La Charité,	Tome I.	page 228
La Chastre,	I.	224
La Fleche,	I.	186
Langres,	I.	129
Laon,	I.	82
La Rochelle,	I.	255
Lavaur,	II.	242
Laval,	I.	211
Le Mans,	I.	201
Le Puy,	II.	250
Les Landes,	I.	385
Les Sables d'Olonne,	I.	251
Limoges,	I.	317
Limoux,	II.	237
Lion,	I.	299
Lizieux,	II.	76
Loches,	I.	179
Lodeve,	II.	277
Lomagne,	II.	133
Lorgues,	II.	316
Loudun,	I.	182
Lyons,	II.	16

M

Macon,	II.	159
Magny, *voyez* Chaumont,	II.	18
Marennes,		

de toutes les Elections.

MARENNES,	Tome I. page	267
MANTES,	I.	40
MANDE,	II.	253
†MARSAN,	I.	390
MAULEON,	I.	237
MAYENNE,	I.	199
MEAUX,	I.	18
MELUN,	I.	37
MILHAUD,	II.	125
MIRANDE, *Voyez* ASTARAC,	II.	146
MIREPOIX,	II.	239
MONTARGIS,	I.	155
MONTAUBAN,	II.	104
&	II.	245
MONTBRISON,	I.	305
MONTCENIS,	II.	174
MONTDIDIER,	I.	71
MONTFORT LAMAURY,	I.	42
MONTIVILLIERS,	II.	40
MONTLIMAR,	II.	292
MONTLUÇON,	I.	282
MONTPELLIER,	II.	248
MONTEREAU,	I.	25
MONTREUIL BELLAY,	I.	192
†MORLAS,	I.	399

Tome II.

Mortagne, Tome II. page 99
Mortain,   II.   64
Moulins,   I.   273
Moustiers,   II.   316

N

Nantes,   II.   200
Narbonne,   II.   273
†Navarre,   I.   406
Nemours,   I.   35
Nevers,   I.   284
Neufchatel,   II.   13
Niort,   I.   244
Nogent,   I.   26
Noyers,   II.   178
Noyon,   I.   96
Nuits,   II.   177

O

†Olleron,   I.   405
Orleans,   I.   150
†Orthez,   I.   402

P

Paris,   I.   2
Pau,   I.   398
Perigueux,   I.   366

de toutes les Elections.

PERONNE,	Tome I.	page 67
PITHIVIERS,	I.	152
POICTIERS,	I.	231
PONT-AU-DE MER,	II.	33
PONT DE L'ARCHE,	II.	27
PONT L'EVESQUE,	II.	29
PONTOISE,	I.	45
PROVINS,	I.	23

Q

QUIMPERCORENTIN,	II.	220

R

RENNES,	II.	195
RHEIMS,	I.	112
RHETEL,	I.	107
RHODEZ,	II.	118
RICHELIEU,	I.	183
RIEUX,	II.	241
RIOM,	I.	337
RIVIERE VERDUN,	II.	137
ROANNE,	I.	309
ROMANS,	II.	287
ROMORANTIN,	I.	162
ROUEN,	II.	2
ROZOY,	I.	25

P ij

S

SAINTES,	Tome I.	page 260
SARLAT,	I.	374
SAUMUR,	I.	190
†SAUVETERRE,	I.	403
SEMUR EN AUXOYS,	II.	179
SEMUR EN BRIONNOIS,	II.	172
SENLIS,	I.	17
SENS,	I.	27
SEZANNE,	I.	147
SISTERON,	II.	317
SOISSONS,	I.	78
S. AMAND,	I.	226
S. BRIEUX,	II.	214
S. ESTIENNE,	I.	302
S. FLORENTIN,	I.	31
S. FLOUR,	I.	356
S. JEAN D'ANGELY,	I.	257
S. JEAN DE LOSNE,	II.	175
S. LO,	II.	69
S. MAIXANT,	I.	242
S. MALO,	II.	208
S. MAXIMIN,	II.	318
S. PAPOUL,	II.	244
S. PAUL TROIS CHATEAUX,	II.	300

de toutes les Elections.

S. Paul de Leon, *Tome*	II. *page*	212
S. Pons,	II.	276
S. Quentin,	I.	75
Ste Menehoud,	I.	119

T

Tarascon,	II.	319
Thouars,	I.	239
Tonnerre,	I.	32
Toulon,	II.	320
Toulouze,	II.	226
Tours,	I.	176
Treguier,	II.	218
Troyes,	I.	139
Tulle,	I.	322

V

Valence,	II.	295
Valognes,	II.	55
Valromey, *ou* Bugey,	II.	189
Vandosme,	I.	173
Vannes,	II.	205
Verneuil,	II.	86
Vernon, *Voyez* Andely,	II.	21
Vezelay,	I.	46
Vienne,	II.	284

P iij

VILLEFRANCHE, Tome I. page 312.
VILLEFRANCHE, II. 113
VIRE, II. 66
VITRY, I. 122
VIVIERS, II. 257
USEZ, II. 263

Fin de la Table Alphabetique.

www.ingramcontent.com/pod-product-compliance
Lightning Source LLC
Chambersburg PA
CBHW050801170426
43202CB00013B/2509